# 滇西应用技术大学
# 特色学院建设路径探索

主编 杨丽宏

云南大学出版社
YUNNAN UNIVERSITY PRESS

**图书在版编目（CIP）数据**

滇西应用技术大学特色学院建设路径探索 / 杨丽宏
主编. -- 昆明：云南大学出版社，2017
ISBN 978-7-5482-2991-9

Ⅰ．①滇… Ⅱ．①杨… Ⅲ．①高等职业教育－技术学
校－教育建设－研究－云南 Ⅳ．①G718.5

中国版本图书馆CIP数据核字（2017）第098731号

策划编辑：赵红梅
责任编辑：陶燕燕
封面设计：郑明娟

# 滇西应用技术大学
# 特色学院建设路径探索

主　编　杨丽宏

出版发行：云南大学出版社
印　　装：昆明市五华区琟煋教育印务有限公司
开　　本：787mm×1092mm　1/16
印　　张：13.5
字　　数：260千
版　　次：2017年5月第1版
印　　次：2017年5月第1次印刷
书　　号：ISBN 978-7-5482-2991-9
定　　价：40.00元

社　　址：昆明市一二一大街182号（云南大学东陆校区英华园内）
邮　　编：650091
电　　话：0871-65033244 65031071
网　　址：http://www.ynup.com
E-mail：market@ynup.com

本书若发现印装质量问题，请与印厂联系调换，联系电话：0871-64167045。

# 目　录

绪　论 ……………………………………………………………………… 1

第一章　应用技术大学的出现与滇西应用技术大学特色学院的设置 ………… 5
　　第一节　应用技术大学的基本内涵……………………………………… 5
　　第二节　国外著名应用技术大学的发展现状 ………………………… 11
　　　　　　——基于小规模精品特色高校的考察 ………………………… 11
　　第三节　滇西应用技术大学特色学院的设置…………………………… 24

第二章　滇西应用技术大学及特色学院顶层设计 ……………………… 34
　　第一节　滇西应用技术大学建设的基本思路…………………………… 34
　　第二节　滇西应用技术大学特色学院的设置与退出管理办法………… 38
　　第三节　滇西应用技术大学特色学院运行保障机制…………………… 45

第三章　滇西应用技术大学特色学院人才培养方案 …………………… 51
　　第一节　应用技术大学人才培养方案的理论讨论……………………… 51
　　第二节　滇西应用技术大学特色学院人才培养方案的总体思路……… 55
　　第三节　滇西应用技术大学珠宝学院人才培养的具体实践…………… 63
　　第四节　滇西应用技术大学傣医药学院人才培养的具体实践………… 87
　　第五节　滇西应用技术大学普洱茶学院人才培养的具体实践………… 105

第四章　滇西应用技术大学特色学院产教融合、校企合作机制 ……… 141
　　第一节　应用技术型高校校企合作的困境与对策……………………… 141
　　第二节　滇西应用技术大学产教融合、校企合作的总体思路………… 145
　　第三节　滇西应用技术大学产教融合、校企合作的实践……………… 153
　　第四节　滇西应用技术大学产教融合、校企合作的个案研究
　　　　　　——普洱茶学院共建校外实验实习实训基地模式研究与实践 …… 157

**结　语：滇西应用技术大学创办小型精品特色学院的思考** ···················· 174

**附　录** ··························································································· 182

　　附录 1：滇西应用技术大学校企合作工作的指导意见（试行）············ 182

　　附录 2：滇西应用技术大学本科学生实践教学指导性意见（试行）······ 190

　　附录 3：滇西应用技术大学课程教学大纲管理规定（试行）··············· 199

　　附录 4：滇西应用技术大学科研成果奖励办法（试行）····················· 202

**参考文献**···························································································· 207

**后　记**···························································································· 212

# 绪　论

## 一、研究背景

滇西应用技术大学的出现，是借鉴于欧洲应用技术大学成功的办学经验，也是中国高等教育发展的必然趋势，更是滇西经济社会发展的必然要求。基于此，滇西应用技术大学的出现有着深刻的国内外背景以及强烈的现实需求。

### （一）对欧洲应用技术大学办学经验的借鉴

在全球两次金融危机影响下，德国经济先遭重创，而后强劲反弹，出口大增，失业率甚至持续下降，这使得"德国模式"成为人们议论的热门话题。2009年，德国实际国内生产总值同比下降4.7%，出口下降了17.9%，这是自1949年以来经历的最严重的经济衰退。但是德国经济却迅速恢复，在2010年取得了近20年来最高的3.6%增长后，2011年的增长率又达3%，与其他迟迟未能从金融危机阴影中走出的国家相比，不能不说是一个经济奇迹。同样，瑞士在金融危机中也表现不俗，瑞士的企业特别是一些老牌企业，因为良好的产品口碑，又注重技术创新和自主研发，在经济不景气的情况下，消费者更加倾向于购买真正有价值的商品和服务，所以在这次危机中依然取得了良好的销售业绩。

纵观这些能较好地应对金融危机的国家，人们发现，其工业产品和服务受到全球消费者青睐，在生产、设计、加工方面掌握着成熟可靠的技术，是其取得经济成就的重要原因。而究其根本原因，则是这些国家重视技术技能人才的培养，其完备的职业教育体系特别是应用技术大学培养了大量能适应产业升级、技术进步的应用型人才，对国家经济发展发挥了重要的作用。滇西民族贫困地区自然资源丰富，但资源开发和利用能力较弱，产业分散且交通不便，其地形地貌和目前产业发展情况与瑞士经济腾飞前有相似之处。因此，在滇西借鉴瑞士等西欧国家应用技术大学办学经验，试点建设应用技术大学具有现实可行性。

### （二）我国地方本科高校向应用技术大学转型

当前我国经济发展也面临着产业转型升级的艰巨任务，许多企业开始经历从低端制造到中高端制造的转型，对劳动者素质提出了比以往更高的要求。比如在石油、电力行业，数字化、自动化装备的引进和使用，使得生产操作一线对技能型基础工种的需求量激增，很多企业面临生产、研发、技术革新等应用技术人才难求之苦。而传统上，我国高等教育在人才培养类型方面重视培养学术型人才，特别是在本科层次强调学生的理论水平，相对忽视培养具有实践操作能力的应用技能型人才。一些院校，特别是地方新建本科院校，定位模糊，办学同质化，加之办学经费与条件所限，大量开办文科类、管理类学科，造成人才培养结构与产业结构调整脱节，毕业生综合素质不能满足市场需求，一方面导致这类毕业生就业困难，另一方面产业升级需要的技术人才又很难提供。

基于当前社会经济发展对高层次技术应用型人才的需求，高等教育不能满足于培养少数去"发现"或"发明"的研究人员。为经济转型、产业升级提供新型的人才基础和智力支撑，是高等教育发展的重要外部需求。应用科技人才培养和使用将成为我国快速实现工业化，在第三次工业革命竞争中取胜的关键环节。正如 2013 年 10 月教育部在重庆合川举办的首届中德国际教育论坛上指出的："中国经济的升级，需要自己的应用技术大学。"在中国建立新的应用技术大学和促进原有的地方本科院校转型发展的呼声越来越高。据统计，目前全国有 130 余所本科高校已经提出了转型试点申请。

（三）教育部在滇西实施人力资源开发扶贫战略

滇西应用技术大学试点是教育部对滇西扶贫和高等教育发展的创新举措，试点设想也是教育部在定点联系滇西边境山区扶贫过程中逐步成形、不断深化的。2012 年 4 月 17 ~ 19 日，以鲁昕副部长为组长的教育部调研组对滇西边境山区区域发展与扶贫攻坚工作进行了调研。在这次实地调研德宏、保山等州市时鲁部长提出，要在滇西片区针对滇西特色产业发展建设特色学院，如普洱市可针对普洱茶产业建设普洱茶学院、德宏可针对咖啡产业建设咖啡学院等，满足滇西边境山区区域发展与扶贫攻坚对产业技能型人才的需求。教育部在此基础上，提出筹建滇西应用技术大学，并作为探索国家高等教育分类管理的战略性试点之一。2013 年 2 月，教育部发展规划司草拟了《滇西应用技术大学特色学院筹建落地初步申报方案》，滇西应用技术大学筹建工作正式启动。随后，滇西应用技术大学建设试点写进了教育部与云南省人民政府共同编制印发的《加快滇西教育改革和发展共同推进计划（2012—2017 年）》，明确提出了依托大中型企业和行业协会，以省部共建、产教融合、协同创新、开放合作模式，按照现代教育体系建设要求，试办滇西应用技术大学，加快培养地方经济社会发展紧缺高层次技术技能人才，解决产业发展不充分的人才瓶颈制约问题，为人才强省战略服务，被列为云南2014年重点督查的20项重要工作之一。

以上是对该问题研究的现实意义的分析。就学界的研究而言，绝大多数研究者对应用技术大学的研究都偏重于理论建构，实证性研究偏少。虽然从客观上讲理论建构能对教育实践起到重要的指导意义，但对我国目前近600所待转型的地方高校而言，要实现真正意义上的"转型"和建设成为应用技术大学，当前亟须加强对这些高校实际状况的调查了解，查明这些高校目前面临哪些实际问题，其在人才培养目标、师资队伍建设、课程体系转型中遇到哪些有代表性的难题，以及通过怎样的策略才能解决这样的问题。诸如此类的一系列问题的研究和解决，急需来自一线的大量数据和资料，而这些都需要研究者进行大量调查。因此，目前应用技术大学研究在注重理论建构的同时亟须增加实证性研究。[①]

### 二、研究内容

本书主要分为四章。

第一章为"应用技术大学的出现与滇西应用技术大学特色学院的设置"。主要论述应用技术大学的内涵、属性、发展定位，并介绍国外小规模精品特色高校的发展现状、办学特色及经验。论证滇西应用技术大学及特色学院设置的依据、必要性及建设现状。

第二章为"滇西应用技术大学及特色学院顶层设计"。主要论述了滇西应用技术大学的建设思路、特色学院设置与退出原则及特色学院运行保障机制。

第三章为"滇西应用技术大学特色学院人才培养方案"。一方面论述了人才培养方案的总体思路，另一方面论述了人才培养方案的具体实践，主要介绍了滇西应用技术大学珠宝学院人才培养方案、傣医药学院康复治疗学人才培养方案及普洱茶学院人才培养方案。

第四章为"滇西应用技术大学特色学院产教融合、校企合作机制"。主要论述了产教融合、校企合作的总体思路，以及产教融合、校企合作的实践。

### 三、研究思路与方法

本书在理论上梳理和分析了当前应用技术大学建设和中小型精品特色学院中对办学模式、人才培养、师资建设的相关理论分析和讨论，借鉴国内外小型精品

---

① 成伟伟、孙翠香：《应用技术大学研究综述》，载《职业教育研究》2016年第3期。

特色学院建设的理论，特别是建设模式类似的美国、英国私立小型学院的经验，分析提升已有的小型精品特色学院建设实践，形成指导小型精品特色学院相关研究的理论。准确了解国内外现有小型精品特色学院的办学模式，对已有小型精品特色学院进行深入调研，分析应用技术大学筹建的现状和问题。调研小型精品特色学院的总体定位、治理结构、人才培养模式、师资培养体系。

在以上工作的基础上，初步完成小型精品特色学院的建设模式研究，探讨如何建设小型精品特色学院，提出不断完善相关工作的意见建议。具体而言，主要采用以下方法。

第一，文献分析法。搜集、鉴别、整理国内外关于应用技术大学、高等教育转型发展研究的最新成果，在掌握大量资料的基础上，形成对应用技术大学发展思路及模式的基本认识和思考。

第二，调查访谈法。一是深入拟设特色学院的地区进行大量的调查，摸清当地社会经济发展现状，掌握特色学院建设的可行性。二是深入市场，对拟设定专业的市场需求进行调研，深入用人单位，了解对专业人才培养的具体建议，进而形成科学、合理的人才培养体系。三是考察国内外应用技术大学的办学模式及办学思路，为本课题的研究提供有益借鉴。

# 第一章 应用技术大学的出现与滇西应用技术大学特色学院的设置

高等教育的多元化发展模式、多样化发展形态是高等教育大众化的本质所在和必然要求。中国高等教育自身发展的困境所产生的内生动力,以及中国产业结构升级转型与社会转型对高等教育发展所产生的外驱动力,共同作用和催生出的应用技术型大学,是中国高等教育结构的一次重大变革,必将对中国高等教育科学发展产生重大影响。应用技术大学是高等教育克服"同质化"发展的重要举措之一,所以应用技术大学除了大学的基本内涵外,有其特殊性。而滇西应用技术大学的设置,应当凸显特色,走特色发展之路。

## 第一节 应用技术大学的基本内涵

2010年7月,《国家中长期教育改革和发展规划纲要(2010—2020年)》发布,提出要"适应国家和区域经济社会发展需要,建立动态调整机制,不断优化高等教育结构""重点扩大应用型、复合型、技能型人才培养规模""建立高校分类体系,实行分类管理"。2012年11月,党的十八大报告指出,要"推动实现更高质量的就业""引导劳动者转变就业观念,鼓励多渠道多形式就业,促进创业带动就业,做好以高校毕业生为重点的青年就业工作"。这实际阐述了地方本科高校的工作重心:以促进就业为办学导向。

2013年1月,教育部启动地方本科高校转型发展和应用技术大学改革试点战略研究工作,探索地方高校转型发展的方向和路径及现代职业教育体系建设问题,全国有13个省(市、区)的33所地方本科院校和多个科研院所参与项目研究工作。2013年6月,在教育部的指导下,应用技术大学(学院)联盟成立,联盟致力于促进中国高等教育的分类管理,完善现代职业技术教育体系。联盟成员定位于应用技术型人才培养，首批有 35 所高校加入。

2014 年 2 月，李克强总理在国务院常务会议上部署加快发展现代职业教育，提出"引导一批普通本科高校向应用技术类型高校建设转型"。2014 年 6 月，教育部等六部门印发《现代职业教育体系建设规划（2014—2020 年）》（下文简称《规划》）。《规划》明确了应用技术大学（学院）的地位："应用技术类型高等学校是高等教育体系的重要组成部分，与其他普通本科学校具有平等地位。"《规划》指出，要"鼓励举办应用技术类型高校，将其建设成为直接服务于区域经济社会发展，以举办本科职业教育为重点，融职业教育、高等教育和继续教育于一体的新型大学"。

2014 年 4 月 25 日，在河南省驻马店召开了由应用技术大学（学院）联盟、中国教育国际交流协会主办，以"建设中国特色应用技术大学"为主题的首届"产教融合发展战略国际论坛"。178 所高校通过了《驻马店共识》。据联盟秘书处统计，截止到 2014 年 6 月底，应用技术大学（学院）联盟秘书处共收到黑龙江工业学院等 52 所本科院校第二批正式入盟申请。2014 年 6 月 23 日，国务院印发的《关于加快发展现代职业教育的决定》提出："引导普通本科高等学校转型发展。采取试点推动、示范引领等方式，引导一批普通本科高等学校向应用技术类型高等学校转型，重点举办本科职业教育。"应用技术大学的出现已成为高等教育转型发展的必然要求。①

我国应用技术大学的发展大致经历了以上过程。我国应用技术大学转型的主体是部分地方本科院校和新建本科院校，它们基本上都是从原来地方所举办的高职高专或中职中专升格、合并、转型而来。它们中有带有综合性的"地名 + 学院"或所在"城市 + 学院（大学）"，如闽江学院、台州学院、临沂大学、温州大学等；还有的是本身就带有"应用技术型"办学性质的理工学院、工程学院、科技学院、技术学院、文理学院、应用学院等，如厦门理工学院、黑龙江工程学院、重庆科技学院、上海应用技术学院等。这些高校，投资体制与管理体制多为省属省办或省属市办，经费主要来源于所在的中心城市或省级财政，也有少部分属民办本科或独立学院；类型大多是应用型的本科院校，不同于国家和部委属的"985 工程"或"211 工程"大学，也不同于省属的重点传统本科院校。②

---

① 董立平：《地方高校转型发展与建设应用技术大学》，载《教育研究》2014 年第 8 期。

② 同上。

## 一、应用技术大学的概念界定

"应用技术大学"英文名称为 "Universities of Applied Sciences",这个词是德国为消除国际社会对德国应用技术大学的误解而设计的英文翻译,1998 年正式使用。现代意义上的应用技术大学兴起于 20 世纪 60 年代,欧洲的资本主义国家为满足经济社会的快速发展和工业化进程对高技能人才的需求,将工程学校与高等职业学校升级,由此诞生了第一批应用技术大学,形成了一种新的高等教育组织形式。德国从 1967 年开始建立以工程技术专业为特色的新型高等教育机构,1968 年在原有的基础较好的工程技术类学校基础上,合并建立高等专科学校,1976 年颁布的《高等教育总纲法》确立了应用技术大学的法定地位。由此,应用技术大学成为德国"双元制"高等教育体系的支柱之一。[①]

何为应用技术大学?对该问题的认识有三种代表性观点:其一,应用技术大学是一种新型大学,既不同于传统的普通本科院校,也不同于高等职业院校;其二,应用技术大学就是应用型大学,应用型大学是应用技术大学的简称;其三,应用技术大学就是"高等职业院校",但它主要是本科层次的高等职业院校。[②] 其实,应用技术大学是我国社会主义现代化建设进程中产业转型升级和产业技术进步的产物,其基于实体经济发展需求,服务国家技术技能创新积累,立足现代职业教育体系,直接融入区域产业发展,是集职业技术教育、高等教育、继续教育于一体的新的大学类型。中国教育科学研究院课题组在其研究报告中指出,应用技术大学是一种与普通大学并行、以专业教育为主导、面向工作生活的教育类型,是我国教育体系的重要组成部分,肩负着培养高层次技术应用型人才、开展应用科学研究与技术创新、服务就业和区域发展及促进终身学习等多重使命。[③]

应该明确,应用技术大学中的"技术"是一种广泛意义上的"技术",是蕴含"科学、知识、工程、技术、艺术"等应用性科学与技艺含义的名称。"应用技术大学"的内涵相当于德国、荷兰等国的"应用科技大学"(Universities of Applied Sciences)。它是引导部分地方本科院校转型发展为一种新的高校类型

---

[①] 童夏雨:《应用技术大学的概念内涵、基本特征及建设路径》,载《中国职业技术教育》2016 年第 12 期。

[②] 胡天佑:《应用技术大学面临的理论与实践问题》,载《高校教育管理》2014 年第 11 期。

[③] 中国教育科学研究院课题组:《欧洲应用技术大学国别研究报告》,2013-12-10。

的称呼，并非是把所有要转型高校的校名都千篇一律地称作"××应用技术大学"。其实，一所高校的办学声誉、办学品牌、办学地位依靠的是自身的人才培养、科技创新和社会服务的质量高低，而非"校名"是否宏大，如大家熟知的"麻省理工学院"校名中并无"大学"（University）一词，却是公认的世界一流大学。

## 二、应用技术大学的属性及特征

大学在数百年的发展历史中一直保持着相对稳定的组织形态，但大学的职能在发展的过程中得到了不断的拓展和演化。现代意义上的大学起源于欧洲中世纪，大学的主要职能是传播知识并为少数关键职业提供训练。到了19世纪初，德国的洪堡改革使得大学的办学职能得到了拓展，洪堡倡导的"学术自由"和"研究与教学相结合"原则，将科学研究作为核心职能引入了大学，形成了一个崭新的大学理念。进入19世纪中叶，美国的《赠地法案》又赋予了高等教育社会服务的新职能，社会服务职能的引入使得大学和社会之间建立了有机的联系，使得为社会服务和国家发展服务成为高等教育的主要职能，大学也因此开始从社会的边缘走向社会的中心。而兴起于20世纪60年代的应用技术大学，事实上是大学社会服务职能变革中，为满足区域社会经济发展需要而诞生的又一种新的大学组织，它通过从事应用科学研究、服务区域经济社会发展需要和培养应用型技能型人才来完成大学的使命。应用技术大学作为一种大学的组织形态，呈现出与以往各种类型大学相区别的特征。对这些特征进行分析和梳理，对我们把握应用技术大学的本质内涵，促进地方高校转型建设应用技术大学有着非常重要的意义。[①]

从本质属性来看，应用技术大学具有"高""专""技"和"人"的特征。"高"即"高等性"，应用技术大学和其他类型本科高校一样是建立在受过完全中等教育基础之上的、以本科层次为主的教育机构，是培养高层次专门人才的学校，属于高等教育的范畴。"专"即"专业性"，目前世界各国的高等教育都仍然是建立在中等教育之上的专业教育，是面向社会职业分工、培养高层次专门人才的教育。"技"即"应用技术性"，应用技术大学人才培养类型、科学研究与社会服务都以应用技术型为主要特征，这是区别于研究型大学的一个显著特征。

---

[①] 童夏雨：《应用技术大学的概念内涵、基本特征及建设路径》，载《中国职业技术教育》2016年第12期。

应用技术大学虽然是直接面向职业岗位群的教育，但它不是低层次的技工学校或职业技术学校、技能培训学校。那种认为普通本科高等学校转型就是要转到职业技术学校或技能培训学校，就是减少专业基础理论课程、削弱学术水准，就是降低层次、矮化学校的认识是不正确的。"人"即"人文性"，是指应用技术大学培养的人才要具有人文素养、科学素养、职业素养、生态伦理素养等。应用技术大学所培养的人才并非仅拥有专业技术技能的单向度的工具人、技术人、技能人，而应是具有专业技术技能的、身心和谐发展的人。[1]

有学者认为，应用技术大学是社会经济发展、科技进步与教育系统自身发展的产物，因而其具有职业教育与高等教育双重属性。认为应用技术大学成为现代职教体系的重要组成部分，这既满足了社会经济发展对应用型人才在规模和水平上的双重需要，也满足了学生职业生涯发展的上升渠道。同时认为应用技术大学是高等教育范畴下的应用技术大学，应具体体现在三个方面：一是人才培养目标的高等性；二是职业性教育与学术研究的协调和融合；三是区域服务与校企的深度合作与创新。[2]

通过实地考察及梳理相关研究文献，可以发现国内外应用技术大学主要有以下7个显著特征：（1）办学定位于为本地经济服务。欧洲各国应用技术大学的学生培养目标比较明确，都是为了培养具有良好理论知识和文化基础，同时具备专业技能和实践能力的高层次应用型人才，突出应用性和实践性，直接面向社会经济生活，为社会经济发展服务。（2）学制灵活，满足学习者的需求。灵活的学制可以使不同的学习者根据自己的时间灵活安排学习，是应用技术大学满足不同学习者需求的基本保障。（3）招生上注重学生来源多样化。欧洲各国应用技术大学的统一特点是学生来源多样化，招生兼顾职业教育和普通教育学生，为职业教育和普通教育的贯通开辟了通道。（4）人才培养理论与实践相结合。欧洲应用技术大学注重培养学生理论联系实际的能力，通常采用理论学习与实践实习并重的方式，其学制设置、专业设置、课程开设、师资配备和毕业考核等方面都紧扣这一目的。其课程设置含有大量的实践性课程和案例教学，强调学生应用理论知识解决实际问题的能力。（5）办学经费多来源于政府机构。（6）以本科和硕士层次教育为主。欧洲应用技术大学在创办之初获得了学士学位授予权，之后

---

① 董立平：《地方高校转型发展与建设应用技术大学》，载《教育研究》2014年第8期。

② 刘文华、夏建国、易丽：《论应用技术大学的高等教育属性》，载《中国高教研究》2014年第10期。

又获得了硕士学位授予权，以举办本科和硕士层次教育为主。（7）研究侧重于应用性研发创新。

### 三、应用技术大学的发展方向定位

从人才培养的视角出发，我国学者对联合国教科文组织、欧洲有关国家和我国的人才培养类型、课程计划类型、教育类型、高校类型等与人才培养有关且相互联系的不同方面进行了比较研究，在此基础上提出了我国应用技术大学的定位。当前我国应用型技术大学可定位为：定位以分类为前提，按《规划》规定，如果采取二分法，即学术型和应用技术型，则应选择后一类，但因其涵盖范围太宽，既不利于高校发展，也不利于国家管理。如果借鉴欧盟做法，采取三分法，可分为学术型高校（116 所"985""211"工程高校）、专业型高校（400 余所以工程专业为主的高校）、应用技术型高校（647 所 1999 年以来新建本科和三本高校）。应用技术大学应主要选择后一类为主，定位在以"技术"为核心，这既符合国际社会对高校的基本分类定位，又符合我国高校实际。这是对我国应用技术大学的总体定位。[①]

应用技术大学应该按照其本质属性的要求，根据高校所处的区域社会经济发展的战略需求以及自身的办学传统、办学优势与办学特色，科学定位，其发展方向具体表现在[②]：

办学目标定位：应用技术大学应以应用性技术研发与应用技术型人才培养为主来服务地方社会经济建设为学校办学目标，区别于以基础理论研究、重大攻关项目和培养学术性、研究型人才为主的研究型、学术型大学办学目标。通过技术应用的优势来彰显独特功能，把自身打造成为一个融国际化、地方性、开放式和应用型于一体的多科性高水平应用技术大学。

层次定位：按照教育部《关于地方本科高校转型发展的指导意见》，应用技术大学的层次定位应该以普通本科教育层次为主体，培养高技术应用型本科人才，同时兼顾高职高专教育。在高等教育相对发达地区也可以适当发展工程技术类型的专业硕士与博士教育层次，还可以提供面向社会人士的各种继续教育。

学科专业定位：以应用、特色、品牌为导向，根据地方社会经济建设需要和

① 温景文：《我国应用技术大学定位研究》，载《国家教育行政学院学报》2015年第7期。

② 孙泽文、叶敏：《应用技术大学办学定位与建设内容分析》，载《荆楚理工学院学报》2015年第10期。

学校自身办学历史与条件，理、工、经、管、文、艺等多学科专业协调发展。

服务定位："面向行业、立足应用"。以面向和服务地方社会经济建设的发展需要为主，帮助政府制订区域经济发展规划，提供各种制度设计和决策咨询，开展继续教育和新技术推广，向社会开放图书馆和实验室，解决企业技术体系中的各种难题。

人才培养定位：构建以就业需求和素质养成为导向的实践性、创新型、多样化人才培养体系，培养综合素质高、实践能力强、具有创新创业精神和国际化视野的高层次应用技术型专门人才。应用技术大学人才培养目标主要定位在职业领域的工程型、技术型等人才的培养上。[①]

## 第二节　国外著名应用技术大学的发展现状

### ——基于小规模精品特色高校的考察

世界上许多小规模高校尽管在规模上与哈佛大学、耶鲁大学等无法比拟，但它们同样以独具的特色吸引了一流的师资队伍、优质的生源、充足的经费等，走出了自己的特色之路，如美国的加州理工学院、英国的白金汉大学、法国的巴黎高师等。这些规模较小的私立大学的特点就在于"小而精"，拥有自己独特的办学理念和办学特色，拥有自己的优势学科，注重教育质量，故在国际上享有极高的声誉。

### 一、美国文理学院和小规模高校

美国高等教育一直走在世界前列，高等教育的多样性十分突出，既有很多成功的"多元巨型"大学，也有很多成功的小型院校。例如，很多规模较小的文理学院都以其优越的办学条件和高水平的教学质量获得了良好的声誉，在高等教育中独树一帜。据《美国新闻与世界报道》（2006 年版）排名统计，前 50 所文理学院的学校规模一般在 2 000 人左右，师生比在 1:13 到 1:6 之间。与大学和社区学院相比，文理学院的平均课堂规模更小，特别是在本科前两年，学生与教师的接触和交流更多，得到的关注也更多。例如，2009 年麦克莱斯特学院师生比是1:11，该校每年约开设 700 门课程，其中，66% 的课堂规模小于 20 人，14% 的

---

① 董立平：《地方高校转型发展与建设应用技术大学》，载《教育研究》2014 年第 8 期。

课堂规模小于 10 人，最小的课堂规模是 5 人，平均课堂规模为 18 人。文理学院的主要任务是本科教育，因此，学院主要根据教学能力来聘任、晋升和奖励教师，并提供制度和经费上的支持帮助新老教师提高教学水平。例如，麦克莱斯特学院的新教师在第一年可以减少一门课程的教学工作量，可以不参加校内委员会，但须参加每周一次的新教师教学研讨交流会。卡尔顿学院则要对新教师进行为期一年的严格的教学培训，帮助他们适应文理学院的教学环境。另外，与大学和社区学院相比，文理学院的全职教师所占比例非常高，教师中有博士学位或持本学科领域中最高学位者所占的比例也相当高。例如，卡尔顿学院有 200 名全职教师和 25 名非全职教师（包括访问学者在内），其中 96% 的全职教师有博士学位或本领域的最高学位。麦克莱斯特学院有 157 名全职教师，55 名非全职教师，其中 94% 的全职教师有博士学位或本领域的最高学位。文理学院主要招收的是 18 ~ 22 岁的全日制学生，一些精英文理学院录取的学生的 SAT 或 ACT 成绩与哈佛大学等著名研究型大学的本科新生成绩不相上下，突出招生的选择性，也更加强调住宿制对学生培养的作用。

在小规模学院中办学极具特色、对世界具有强影响力的当属加州理工学院。美国加州理工学院的历史并不像牛津大学、哈佛大学那样悠久，规模也不如伦敦大学、斯坦福大学那样庞大，却在当今全球高等教育中处于领先地位。在英国《泰晤士报高等教育副刊》发布的 2011—2012 年世界大学排行榜中，美国加州理工学院荣登榜首，是世界著名私立研究型大学。

美国加州理工学院在百余年的发展历程中，以科学为其唯一的主题，以培养教育、管理和工业发展急需的科学家或工程师为目标，凭借"小而精、引领时代前沿的学科建设、为特色学科的发展创立支撑学科、注重学生基础学科的学习、重视本科生参与科研工作"等办学特色，取得了卓越的成绩，跻身于世界一流大学之列。其主要的办学特色有以下几点。

（1）"小而精"的办学模式。加州理工学院从人数到规模等方面都体现其"小"的特色。学院土地面积只有 50.18 公顷（等于 700 余亩，相当于我国一个市级示范性高中的面积），从 1920 年的 10 名研究生、35 名本科生发展到现在的 1 000 余名研究生、900 余名本科生的规模。师生比例大体上保持在 1:3 的基础上。其院系设置也极为简单，仅有六大学系：生物学、化学及化学工程、工程与应用科学、地质学及行星学、人类学和社会科学、物理数学和天文学。在校生规模保持 2 000 余名，但学院的教授和毕业生中分别有 31 人、32 次（鲍林曾两次获奖）获得诺贝尔奖，平均每 1 000 名毕业学生中有 1 个诺贝尔奖得主，比例为世界大学之冠。

（2）具有前瞻性的学科设置。加州理工学院从建校以来，就定下了"培养创造型的科学家或工程师，以应教育、管理和工业发展之急需"的培养目标，并结合学院自身的优势，进行时代最需要的科学研究。20世纪20年代重点发展天文学、物理学和生物遗传学；在第二次世界大战的影响下，学校结合国际一线前沿，重点发展国防科学；20世纪50年代，又致力于空间科学与技术方面的研究；20世纪70年代，开始对政治学、经济学等社会科学进行研究。学校能够及时地感知和掌握不同的时代发展要求和科学发展规律，并能够及时做出战略调整，从而使学校的发展紧跟时代发展的步伐，始终保持在学科前沿领域占有一席之地。

（3）强化科研的培养模式。加州理工学院不仅注重学生基础学科的学习，还特别注重培养学生的科研能力，鼓励本科生积极参与高水平的科研项目。学院实施的"暑期本科生研究奖学金项目"为本科生提供了参与科研的机会。本科生可以向学校进行项目申请，并获得一定的资金支持。项目结束后，学生需提交书面报告，总结在项目中的研究方法、最终效果等。加州理工学院的本科生都能够积极地参加这种项目，有些还能将自己的科研汇报发表到相应的学术期刊上。这种项目建设让学生在学习和研究的过程中得到了锻炼，提高了学生的科研能力。

（4）一流的师资队伍建设。要想发展成一流的大学，就必须拥有一批一流的师资队伍。加州理工学院从20世纪20年代开始，始终拥有一批国际化的科学家，这也是学院走向国际一流的一个不能或缺的因素。海耳、鲍林、诺耶斯、密里根的到来，带动了学院天文、化学等基础学科的发展；地震学家古腾伯格斯的到来，使世界地震研究中心逐步转移到加州理工学院；美国航空技术的先驱冯卡门的加入，加州理工又带动了美国航天事业的发展……一位位一流大师带来的不仅仅是科学技术、一门学科的建立，更是一种思维，潜移默化地影响了一批又一批他们周围的老师和学生。正是有了这些国际一流科学家的加入，学院才得以培养出一流的科学家与工程师。

**二、欧洲代表性应用技术大学介绍**

英国高等教育历史源远流长，其私立高等教育最早可追溯到1168年创立的牛津大学和1209年创立的剑桥大学，距今已有800余年的历史。尽管有这些著名的古典大学，但英国的小规模高校仍取得了长足的发展，其中以白金汉大学和伦敦政治经济学院最具代表性。

（一）伦敦政治经济学院

英国伦敦政治经济学院由韦伯夫妇、格雷厄姆·华莱斯和萧伯纳创建于1895年。在建校之初，韦伯等人就致力于创办一所与英国牛津、剑桥等传统大学完全不同的学校，一所定位于社会科学研究和教学的全新大学。其主要的办学特色如下。

专注于相对单一的专业领域。专注于社会科学领域，并在此领域内不断积累学术资源，是伦敦政治经济学院取得今天举世瞩目的成就的重要原因之一。大学发展史的无数事实也已经证明，任何一所大学都不可能在所有方面取得成功，必须有所侧重。

直接服务社会政治和经济领域。伦敦政治经济学院呈现出完全不同于传统英国大学的特征，它努力成为一个中立的、无偏见的研究中心，但却带有强烈的实用倾向。学院以"改良社会"为办学宗旨和使命，坚持为实用而开展研究和教学，进而将"成果"提供给社会各个部门的政策制定者和实践者。

坚持自由兼容的多元学术。韦伯一直坚持，学院的研究必须消除偏见，"科学而客观地发现事实"。在成立之初，韦伯便确立了伦敦政治经济学院的办学原则：不做任何政治或经济教条的奴隶，只对知识和真理做无私的追求。这一原则以拉丁文标示于学院的校徽上。为避免主观偏见和附庸盲从，伦敦政治经济学院多年来一直保持着观念的开放，倡导学术的自由辩论和多元思想的兼容并蓄。

采用研究式的教学方法。韦伯的建校理想之一即是"成立一个中心，不仅讲授特别的主题，还要组建学生团体，指导和扶持他们从事创造性工作"，"利用高质量的经济和政治科学研究，教育、培养从事工商业管理的从业者"。

（二）法国巴黎高等师范学校

法国高等教育历史悠久，拥有众多的最古老的大学，如巴黎大学（创建于1179年）、图鲁兹大学（创建于1229年）等，教育质量享誉世界。法国现有400余所高等院校，根据学校的培养目标、招生制度、教学安排和行政管理等特点，可分为三大类：综合大学、高等专业学院、高等专科院校。法国现有300多所高等教育专业学校。这类学校又称为"大学校"，属于法国的精英学校，是典型的法国"特色"。这类学校在法国所享有的声誉远远超过了综合类大学。法国大学校主要有以下几类：工程师院校（EI）；高等师范院校（ENS）；商业院校（ECO）；兽医院校（EV）。

巴黎高等师范学校（以下简称巴黎高师）是高等教育专业学校中的代表。自1794年创立至今，以其独有的办学特色、创造性的办学理念和精英式的教育培养出 11 位诺贝尔奖得主和 7 位菲尔兹奖得主、1 位法国总统、2 位法国总理以及一批批社会精英人物，形成辉煌壮丽的人文景观，成为全世界优秀学子神往的地方。其主要办学特色如下。

高选拔、小规模的招生方式。巴黎高师自 1794 年创立至今，始终是一个建筑面积小（仅有 7.5 万平方米）、学生人数少（不到 1 000 人）、录取比例低（每年 4 万余人报名只招收 200 多人）、师生比例大（近 500 名专职教师和研究员服务于 900 余名学生）、生均资源配置高（现有 40 多个学科和 40 多个研究实验室）、没有国家学历证书授予权的学校。

以优质办学条件，提供优质教育服务。巴黎高师为学生提供优越的办学条件和优质的教育资源，做到教育服务一流。首先是经费保障，巴黎高师每年的学生录取数量由教育部长来定，并在法兰西政府公报上公布，学生享有每月 1200 欧元工资的"实习公务员"待遇，社会地位很高。其次是优越的办学条件。巴黎高师拥有众多世界先进的实验室，拥有数家设备优良、管理先进、藏书丰富的图书馆，为学生触及学科发展前沿、培养创造力提供条件。巴黎高师英才辈出，校园内纪念杰出校友的亮丽人文景观，时时感召鞭策着高师学子。最关键的是提供了一支学识渊博、敬业心强的学界名流教师队伍，每位学生都有名师辅导，确保优秀学生在学校得到个性化的指导。

（三）瑞士的洛桑酒店管理学院

瑞士的高等职业教育特别是应用技术大学为瑞士经济发展提供了有力的人才支持，在自然资源相对匮乏的条件下推动瑞士经济和产业的发展，洛桑酒店管理学院是其中的代表。1998 年，洛桑酒店管理学院被瑞士联邦政府列入高等职业院校序列，隶属于瑞士西部高等专业学院 / 应用科学大学，是迄今为止得到政府承认的唯一一所酒店业职业大学。在瑞士的数十所酒店学校之中，洛桑酒店管理学院也是得到瑞士酒店业民间行业协会——瑞士酒店学校协会认可的 12 所酒店学校之一，并被认为是其中的最佳代表。洛桑酒店管理学院每年要接收 400 余名来自世界各地的学子就读，在校学生总量通常为 2 000 人，是瑞士小规模著名高校的代表。其主要的办学特色如下。

办学立足产业发展需求。瑞士的酒店和旅游管理教育可以追溯到 1893 年，其标志是世界上第一所专业的酒店管理学校——洛桑酒店管理学院（EHL）的建立。

1893 年，Jacques Tschumi 先生本着为瑞士酒店学校行业培养专门人才的目的，开始在毗邻日内瓦湖岸的英格兰酒店（Hotel d'Angleterre）为瑞士酒店学校协会的专业学校讲授一系列有关酒店管理的课程。这一酒店管理教学实践直接促成了洛桑酒店管理学院的建立。瑞士酒店管理教育的初衷，便是为响应 19 世纪末欧洲大陆的旅游热潮而产生的对酒店运作和管理人才的需求。这一时期欧洲旅游业的蓬勃发展，主要表现为英国的有闲阶级和富裕阶层的旅游需求，而瑞士则成为最受欢迎的旅游目的地。

产教融合，致力于培养具有专业水准的行业人才。学院历届毕业生共有约 25 000 名，分布在全球 106 个国家，现在校友会共有 7 000 名成员，其中 65.5% 的人在酒店行业、餐饮行业工作。在酒店行业有非常巨大的影响力。全球几乎所有国际酒店连锁品牌都有洛桑的校友，很多人担任高层职位。全球 25 家著名酒店集团中有 18 家的董事长和总经理是洛桑酒店管理学院毕业生。学院和酒店行业的长期合作，为洛桑实现教学实习、就业推荐创造了良好的条件。洛桑酒店管理学院 2 000 名在校学生中，一般有 1 000 人在校内学习，另外 1 000 人在世界各地的酒店实习。

强调理论与实践相结合的人才培养模式。洛桑酒店管理学院在酒店管理人才培养和旅游教育理念的探索方面卓有成效，"洛桑模式"成为国际公认的酒店管理人员培养的成功模式，学院教学方式是书本知识的教授与实际操作的指导相结合。学院在课程设置、师资选择、教材编写和学生管理上都十分重视这一原则。无论是学制两年至四年的学位学习，还是短期培训，学院都会严格按照一贯的原则精心安排课程和任课教师。洛桑酒店管理学院的教师均经过严格的选拔，绝大多数有在酒店长期工作的经历，有丰富的职业经验，不少人甚至担任过总经理等高级职务。为了使教师队伍始终处于高水平状态，学院实行高工资制，并且鼓励教师一专多能，允许教师在企业中担当一定的职务，甚至主动向企业推荐他们担任兼职顾问，从而保证了教师不脱离经营管理实践，保证了"洛桑模式"的生命力。

（四）芬兰应用科技大学[①]

芬兰应用科技大学创办于 20 世纪 90 年代，芬兰语简称 AMK，意为"多科技术学院"。2003 年芬兰通过法律明确了应用科技大学的地位和使命。芬兰应用科技大学的建立形成了与普通大学共同发展、相互补充的双元格局。

截至 2012 年 11 月，芬兰共有 27 所应用科技大学，在校生近 14 万人，占全部高等教育在校生人数的 45%，校均规模 5 181 人，在芬兰这样一个只有 540 多

---

① 芬兰应用科技大学，http://www2.hhstu.edu.cn/atu/contents/2063/43637.html。

万人口的国家，每 20 万人就拥有一所应用科技大学。

系统化培养实现中高职衔。为适应社会对技术技能人才的培养需要，芬兰职业教育层次不断提升，由中等职业教育逐步提升到本科和硕士层次职业教育。创办应用科技大学的思想最早来自 1981 年经合组织的报告，报告建议芬兰建立有别于传统大学的多科技术学院，以培养应用型人才。1991 年，芬兰试办 20 多所多科技术学院，以专科层次为主。1995 年，芬兰议会通过《多科技术学院法》，以法律形式确立了与普通大学并行的应用科技大学教育体系的地位。2003 年，芬兰修订《多科技术学院法》，赋予应用科技大学职业技术教育学士学位的授予权。2005 年，芬兰再次修订法律，学校获得了硕士学位授予权，从而实现中职与高职学历与学位证书有效衔接。层次的不断提升大大增强了职业技术教育的吸引力，适应了社会经济发展需要。应用科技大学以本科学位教育为主，本科生占94.4%，硕士生占 5.6%，为学生本科毕业后继续学习打开了向上的通道。

芬兰教育与文化部制定了中职与高职统一的专业目录，规定了在人文与教育、文化、社会科学及商业管理、自然科学、技术与交通、自然资源与环境、社会服务与卫生体育、旅游餐饮与家政服务 8 个学科领域进行有效衔接。芬兰应用科技大学根据区域产业结构和社会对人才的需求科学设置学科和专业，注重学科专业设置与区域产业结构对接，人才培养与社会、经济和就业市场需求对接。

应用科技大学课程体系注重与高中阶段教育的有效衔接。应用科技大学学士学位课程学制一般为 3 ~ 4 年，以 4 年制为主，硕士学位课程学制一般为 1 ~ 1.5 年。学士学位课程通过联考不仅招收普通高中毕业生，也招收职业高中毕业生。在大学的前两年教育中，教学计划有针对性地弥补两类生源知识基础和结构上的差异，普高生源适当加强专业基础课学习，而职高生源则适当加强文化课学习。

校企合作创新人才培养模式。芬兰应用科技大学注重校企合作培养技术技能人才，通过企业实习和项目教学培养学生运用知识和解决问题的实际能力。4 年制课程中安排了一个学期的实习课，学生与企业签订书面合同，合同规定学生在企业一线经验丰富的技术人员指导下，参与足够的生产或技术项目，学生不仅将所学知识和技能运用到实际生产和项目中，而且还能在真实的生产环境中培养软技能和认真负责的工作态度。

应用科技大学瞄准区域社会经济发展需求，与地方政府、企业和组织组成发展网络，形成长期稳定的发展合作伙伴关系，共同设立研发项目，学生通过参与项目来培养实践能力和综合职业能力。例如，坦佩雷应用科技大学以作业的形式，吸收学生参与当地企业的研发项目，与学校教师和企业技术人员一起提出新的解决方案，完成企业研发项目。应用科技大学还注重提高教育国际化水平，通过建立国际合作网络和开展国际项目，培养具有创新能力的国际化人才。

多样化形式发展继续教育。发展继续教育，推动终身学习发展，不仅是芬兰国家教育发展战略，而且也是应用科技大学承担的重要使命。学士学位课程招收具有职业资格的成人学生，硕士学位课程招生对象则要求教育背景的一致性和实际工作经历，面向那些取得了应用科技大学本科学位，或具有应用型专业本科学位并至少有 3 年专业工作经历的人员。

实施开放高等教育，推动继续教育深入发展，向企业人员开展定制培训，芬兰应用科技大学在建立学习型社会中发挥了重要作用。赫尔辛基大都市应用科技大学建有开放学校。坦佩雷应用科技大学开放高等教育面向人人，不受年龄和教育背景限制，主要开设大学基础学位课程，一般晚间授课。短期专业化学习课程主要面向已取得本科学位或职业学院本科学位的人员，旨在深化和拓展学习者专业知识，促进个人专业成长，提升应对专业领域发展挑战的能力，课程可在 1 ~ 2 年内完成，授予 30 ~ 60 个学分。行政工商管理硕士课程采用模块循环教学，每月一个教学模块，学员可在一年中任何一个月入学。

（五）奥地利应用科技大学 ①

作为世界上高度发达的工业化国家，奥地利的创新能力在欧盟 28 个成员方创新能力排行榜中位列第六。奥地利高效的创新体制与创新经济、较强的创新能力与其有效的高新技术人才培养模式息息相关，很大程度上得益于应用科技大学。奥地利经济研究所发表的《2025 教育报告》指出，奥地利的经济发展继续需要大量具备劳动技能和社会技能的复合型劳动力，应继续加强应用科技大学建设。

1993 年，奥地利通过《应用科技大学法案》，在 9 个省建立以科学为基础、以实践为导向的应用科技大学（FH）。奥地利联邦政府决定成立应用科技大学的目的，除了实现高等教育的多样化、增加奥地利教育系统的透明度和解决其他欧盟成员国教育系统中存在的问题外，更重要的是加强奥地利高等职业教育体系的独立性，以提高课程的质量和效率。

奥地利中等教育以职业教育为主体。在完成义务教育之后，奥地利学生 20% 上普通高中，80% 选择各种职业教育，其中 14% 的学生上中级职业学校，26% 的上高级职业学校，40% 的学生则接受双元制形式的学徒制职业教育。

---

① 奥地利应用科技大学，http://www2.hhstu.edu.cn/atu/contents/2063/44866.html。

1997 年，奥地利参议院通过一项法律，规定从 1998 年起，凡是接受过正规的学徒制、学校职业教育和职教机构（如护士培训机构、医疗技术培训机构等）培训的学生，以及自学者，在通过一种新的考试以后，可获得进入高等学校学习的资格证书，即所谓第二阶段教育毕业证书。在此之前，只有高级职业学校的学生能够继续升入应用科技大学学习。设置第二阶段教育毕业证书在奥地利教育史上是一个里程碑，因为这是首次承认非学校教育与学校教育授予的知识、技能具有平等的地位。

奥地利应用科技大学的入学条件非常宽松，但竞争较为激烈。高中毕业生、学徒、中等职业学校毕业生都具备录取资格。申请应用科技大学须提交书面材料，经过审查、口试或面试合格后才可以被录取。目前，平均每个应用科技大学的入学机会都有 3 名申请人在争取。

与奥地利的其他大学相比，应用科技大学更加注重技术和职业培训。换句话说，它们主要针对专门领域展开职业培训。课程体系中特别重视实践工作经验。截至 2010 年，奥地利共有 19 所应用科技大学，一共开设了 518 个学位课程，涉及经济和商业管理、旅游、工程科学、计算机科学和信息技术、传媒设计、保健和福利、新闻业和军事服务等领域。虽然成立的时间较短，但由于应用科技大学的办学质量很高，学生就业很有竞争力。

应用科技大学的创办和发展在一定程度上还提高了奥地利抵抗经济危机的能力。根据欧盟的一项调查，2010 年欧洲 25 ~ 49 岁年龄段接受过高等教育的群体中，失业率为 8.2%，而奥地利仅为 2.5%，在 27 个欧盟成员国中排名倒数第二。

为了与欧洲各国高等教育体系对接，奥地利应用科技大学主要提供学士学位（6 学期）、硕士学位（2 ~ 4 学期）以及文凭学位（8 ~ 10 学期），其中一般包括 1 年左右的实习，但不同学科领域之间有所差异。1996/1997 学年，奥地利应用科技大学开始提供适宜在职人员学习的课程。这些课程安排在工作之余，例如在晚上或者周末，也有部分课程采用了远程教育的方式。奥地利应用科技大学中 40% 的课程属于这种类型。如果申请人能提供足够的相关职业活动证明，可以免除实习环节。这样，毕业于机械学院或者有足够工作经验并获得"工程师"资格的申请者可以把学士和硕士课程缩短为 6 个学期。

在奥地利应用科技大学获取硕士学位或文凭学位的毕业生有资格在大学相关专业攻读博士。特别的是，奥地利的学制原则上要求只能在单一领域中提升学位，以不同领域的学士或硕士申请更高学位者原则上不被允许。

### 三、国外小规模精品特色高校办学特色及经验

（一）办学特色

目前国外小规模精品特色高校建设得如火如荼，在建设途中产生了很多值得借鉴的经验，而各个院校的建设经验体现在办学特色上，对其特色进行总结能更好地捋清思路，对滇西精品特色高校的建设起着一定的积极作用。现将国外小规模精品特色高校办学特色做出如下几点分析。

（1）"小而精"的办学定位。从前面所述国外各小规模精品特色高校办学规模、师生人数等可知，各所学院（学校）无论是占地面积还是师生人数在高等教育已趋于大众化的当下，都是采取"小而精"的办学定位，从办学规模上确保教学质量。

（2）师资力量雄厚。想要培养出高质量、具有核心竞争力的学生，雄厚的师资必不可缺。这一点在国外几所院校中极其明显，国外办得较好的院校，师资都十分雄厚，任教老师首先在选拔上就有很严格的要求，不仅在学术上有着很高的造诣，还要求有兼容并包的学术思想，能在不同领域的思想碰撞下，给予学术智慧的火花。

（3）独特的人才培养模式。一流的人才必须先有一流的人才培养模式，由于国内的相关学院还处于起步阶段，在人才培养趋势上各校多有不同，而在较为成熟的西方国家，各所学院对人才的培养都有着独特的方式。例如，在英国，大学本科学制通常为 3 年，90 个教学周，而白金汉大学的本科教育则是 2 年制，80 个教学周；加州理工学院不仅注重学生基础学科的学习，还特别注重培养学生的科研能力，鼓励本科生积极参与高水平的科研项目，学院实施的"暑期本科生研究奖学金项目"为本科生提供了参与科研的机会。

（4）严格控制下的招生规模。小型精品特色高校如何在高等教育大众化背景下做出自己的特点，占有一席之地，为学生提供更好的学习资源，关键就在于控制规模，而规模的控制取决于招收上的把控。招收好而精的优质资源才能凸显办学特色，增大师生比，提高办学质量。

（二）办学经验

国外著名的小规模高校以其独具特色的办学模式，在当前高等教育的发展格局中备受人们的关注。通过对国外典型的小规模高校办学模式进行梳理，我们可以从办学定位、治理结构、人才培养模式与师资队伍建设 4 个方面借鉴其发展经验，为滇西小型精品特色学院的建设提供思路。

（1）办学定位清晰。一所小规模的高校需要明确办学定位和目标。这就要求高校一方面要集中力量打造优势学科和专业，获取在某一或某些学科专业上的比较优势；另一方面要紧密结合社会发展所需，在科学研究和人才培养等方面能适应并推动社会经济的发展。

与普通高校相比，小规模高校的学科体系更为简单，二级学院的数量较少，且并不完全覆盖所有学科，优势学科的建设成为其办学的重点。伦敦政治经济学院校长克雷格·卡尔霍恩在谈到伦敦政治经济学院作为小规模高校取得成功的原因时认为，"一所小规模的高校需要明确自己的定位，搞清楚自己的目标和专长，伦敦政治经济学院也只会专注于社会科学领域"。伦敦政治经济学院在发展战略上突出其社会科学的学科优势，保持学术研究和人才培养的领先地位，同时，不断调整和拓宽社会科学研究范畴，纳入更多交叉学科。

在学院办学与社会发展的紧密度方面，小规模高校更加关注学术研究在社会生产实践中的实际运用效果，充分体现基础性与应用性的结合。如伦敦政治经济学院在办学过程中以基础理论研究为核心，不断聘请世界一流学术泰斗和精英到校工作，就重大理论和现实问题展开研究，以保持教学和研究的高度学术水准；在重视基础理论研究的同时，也积极开展应用性研究，为社会提供战略咨询和管理建议。而巴黎高等师范学校确立的"通过一种高水平的学术与文化训练，培养有志从事基础或应用科学研究的学生从事大学和中学教学，为法国行政部门和企业服务"这一明确的办学目标也直接指导着巴黎高师最终发展成为小规模著名高校的代表。

（2）治理结构精简高效。精简高效的治理结构是小规模高校取得良好办学效益的关键。因其小而精的结构体系，学院的管理更能体现民主、自治与人性化。结合办学性质来分析，公办、民办的小规模高校在治理结构上都有值得借鉴之处。

私立的小规模高校在管理体制上更加灵活。以美国文理学院为例，作为公认的提供优质本科教育的一类高校，在学院的管理上实现了高度自治。设立董事会作为学院最高权力机构，充分保障了学院的自治权与能动性。校长是学院最高行政负责人，由董事会任命产生并向董事会负责。此外，教师通过教师大会和教师委员会的平台间接参与学院管理，学生可以参加学院委员会，因而参与管理的程度也相当高。

（3）多措并举提高人才培养质量。坚持以提升教育教学质量为核心目标是小规模高校成功的又一经验。从招生、考试、毕业要求、日常的教学管理到人才培养模式的探索，强调人才培养质量是小规模高校的共同经验。

从招生来看，严格挑选新生、确保学生质量是小规模著名高校的一般做法。美国著名的小型文理学院本科录取率都普遍较低，达特茅斯学院每年约 2 万人申请入学，录取率 10% 左右；而巴黎高师每年申请入学人数约 4 万人，招收 200 人左右。著名的小规模高校在教学管理上通常十分严格。如加州理工学院每年只招收 800 名左右本科生，但最终毕业拿到学士学位的不过 600 多人，"压力"就是加州理工学院的代名词。据统计，最终能毕业的学生平均每个星期学习 50 小时，严格要求、严格管理是加州理工人才培养质量声誉的基础。

著名小规模高校对于人才的培养形式比较多样，做到了培养基础学习能力与提升科研实践水平的并重，突出本土化教育特色与培养国际化学术视角的并举。小规模高校不仅注重学生基础学科的学习，还鼓励其积极参与科研项目与社会实践活动。在基础学科的学习方面，这类学校重视借助通识课程帮助学生形成学术思维，并通过基础课程的教授让学生掌握专业领域内基本的理论知识，为之后的专业性学习做好铺垫。在项目与活动参与方面，要求学生参与教师课题研究，如文理学院在学生申请入学时专门为其安排导师，除了帮助学生解答生活学习上的困惑之外，还要带动学生参与研究；学院还注重针对学生的专业进行社会实践能力的培养，如瑞士洛桑酒店管理学院将专业技能教育与实践教育融合，并在本科学习的不同阶段分类开展实践训练。

此外，著名小规模高校强调本土化教育特色的打造与国际化教育视野的形成。一方面，学院根据优势学科建设的需要，在人才培养过程中，注重将学生培养成学科领域内的技术精英。加州理工学院在创办初期，因学校发展目标定位于追求最重要的科学研究，所以在多年的发展道路中，大力培养数学、物理、化学、工程等研究领域的人才。另一方面，提供较多国际交流学习的平台，积极开拓海外教育市场。通过引进国际一流的学术专家参与学院的教学研究工作，给予了学生更多接触前沿的机会，学习研究的视野更加开阔。

（4）师资队伍建设措施得力。取得特色化办学成效的根本条件在于组建起优秀的教师队伍，这是保证办学质量的必要成分。小规模高校在对师资队伍建设的过程中，致力于形成高素质、高水平的师资团队，以提升学校的教学质量与研究水平。

为了提高师资队伍教学水平，伦敦经济政治学院的做法是制定了一整套保持教研水平的评价与检查制度。如：任何本科专业及课程的开设都必须接受一个由所有教学系科代表组成的校内委员会的评审；组成教师、学生委员会，由校学生会主席担任主任，认真听取学生对教师授课情况的评价与建议；加强对教师的培训与教育提高等。

小规模高校采取引进学术大师的举措提升师资队伍研究水平。以普林斯顿大学发展历史为例，该校的历届校长都深知优秀的师资团队对于学校发展的影响深远，因而一直注重聘请一流的科学家来校工作。这些知名学者为学校带来了诸多资源，也提升了师资队伍的整体水平，并能够在新兴学科与专业建设过程中发挥巨大作用。

此外，一些小规模高校注重保证师资队伍的稳定性。普林斯顿大学为聘请来的教师竭力创造宽松的发展空间，除了必要的薪酬经费保障之外，还给予教师生活上的关怀；达特茅斯学院重视创造自由的学术研究环境，坚持学术自由的办学理念，不仅培养了学生独立思考的能力，也为学院教师的创新性教学研究营造了良好的氛围。这些人性化的管理策略对学校高水平师资队伍的稳定起到了关键作用。

（5）立法和文化为应用科技大学的发展提供了保证。[①]荷兰是欧盟人口密度最高的国家，地少人多的国情使得荷兰必须发展知识经济。应用科技大学在知识的生产和运用之间建立密切联系，促进了知识经济的发展，使荷兰这个低地国家的竞争力始终排在各国前列。荷兰的应用科技大学可以追溯到1682年成立的海牙皇家艺术学院，原被视为中等教育的一部分，1986年的《高等职业教育法案》确立了其与大学教育同等的法律地位。1996年，荷兰颁布《职业教育与成人教育法》，将所有类型的职业教育和成人教育都纳入立法范围，并首次将职业教育与普通教育分开，在立法上为职业教育的发展提供了保证。

荷兰应用科技大学的发展得益于荷兰社会各阶层的重视及其社会文化氛围。在荷兰民众的观念中，虽然职业教育和普通教育的区分非常明显，但两者一样重要，没有优劣之分。并且，应用科技大学毕业生的失业率低于普通大学，两类大学毕业生的工资水平也相差不大，很多学生都愿意上应用科技大学。

---

① 《立法和文化为应用科技大学的发展提供了保证》，http://www2.hhstu.edu.cn/atu/contents/2063/44701.html。

## 第三节　滇西应用技术大学特色学院的设置

推进滇西边疆片区发展和扶贫是建设滇西应用技术大学的重要目标。滇西应用技术大学特色学院的设置要从滇西边境片区区域特点出发，全面分析滇西边境片区产业布局、产业发展规划对高层次技术技能型人才的需求，剖析产业发展与特色学院设置、专业设置之间的内在关联性。同时，要瞄准地方优势特色产业和区域经济社会发展的人才和科技需求，准确把握地方性、区域性办学特征，特色学院专业设置要突出与产业发展的紧密衔接。

### 一、滇西民族贫困地区建设应用技术大学的依据[①]

（一）滇西民族贫困地区经济社会发展状况

滇西片区土地面积 20.9 万平方千米，有 26 个世居民族，15 个云南独有少数民族，8 个人口较少民族，3 个特困民族，滇西片区 10 州市 56 个县（市）中，民族自治县达到 21 个，呈现出多民族、边境、贫困的特点。2010 年年末，片区总人口 1751.1 万人，超过云南省全省人口的 1/3。其中，超过 86% 的人口（1499.4 万人）居住在农村，城镇化率仅为 27%。滇西地区自然资源丰富，人文条件独特，与东南亚、南亚多国接壤或相邻，与周边国家产业互补性强，是国家面向西南开放的重要桥头堡，发展潜力巨大。滇西民族贫困地区经济和社会建设虽然取得了巨大的成绩，但在发展程度上与全国特别是发达地区差距明显，并呈继续拉大趋势。2013 年，2300 元扶贫标准以下人口为 267.8 万人，贫困发生率为 18.0%，比全国平均水平（8.5%）高 9.5 个百分点，是国家连片特困地区之一（见表 1）。

表 1　2012 年滇西 10 州市人均收入、人均国民生产总值　　　　（元）

| 地区 | 城镇人均收入 | 农村人均收入 | 人均国民生产总值 |
| --- | --- | --- | --- |
| 保山 | 18 907 | 5 331 | 15 398 |
| 丽江 | 18 621 | 5 094 | 16 871 |
| 普洱 | 17 267 | 5 020 | 14 286 |

① 徐延宇、杨丽宏：《民族贫困地区应用技术大学建设的探索与思考——以滇西应用技术大学的筹建为例》，载《云南民族大学学报》2015 年第 9 期，第 156–157 页。

续　表

（元）

| 地区 | 城镇人均收入 | 农村人均收入 | 人均国民生产总值 |
|---|---|---|---|
| 临沧 | 16 398 | 5 158 | 14 375 |
| 楚雄 | 20 292 | 5 418 | 21 022 |
| 红河 | 19 712 | 5 468 | 19 908 |
| 西双版纳 | 17 909 | 6 174 | 20 309 |
| 大理 | 20 138 | 5 689 | 19 282 |
| 德宏 | 17 662 | 4 763 | 16 408 |
| 怒江 | 14 221 | 2 773 | 13 955 |
| 10 州市平均 | 18 112.7 | 5 088.8 | 17 181.4 |
| 云南省平均 | 21 075 | 5 417 | 22 195 |
| 全国平均 | 24 565 | 7 917 | 38 449 |

※ 根据相关统计数据整理。

　　同时，滇西产业结构不合理，特色产业发展总体滞后，企业规模小、科技含量及产业化程度低，产业新技术、新成果推广缓慢，长期在低附加值产业链的低端徘徊（见表 2）。实际情况表明滇西的贫困是素质型贫困[①]，缺乏高层次技术技能人才是滇西产业发展不充分的主要原因。

表 2　2012 年滇西 10 州市三产业增加值情况　　（亿元）

| 地区 | 第一产业增加值 | 第二产业增加值 | 第三产业增加值 | 全部工业增加值 |
|---|---|---|---|---|
| 保山 | 112.92 | 133.93 | 143.11 | 100.06 |
| 丽江 | 36.61 | 89.74 | 85.89 | 56.68 |
| 普洱 | 112.88 | 133.56 | 120.41 | 84.72 |
| 临沧 | 107.64 | 150.55 | 94.78 | 112.53 |
| 楚雄 | 134 | 239.54 | 196.48 | 193.99 |

---

① 教育部全力推进定点联系滇西边境片区工作，载《教育部简报》第218期。

续　表

（亿元）

| 地区 | 第一产业增加值 | 第二产业增加值 | 第三产业增加值 | 全部工业增加值 |
|---|---|---|---|---|
| 红河 | 155.45 | 485.15 | 264.84 | 411.78 |
| 西双版纳 | 67.53 | 68.16 | 96.95 | 44.51 |
| 大理 | 145.99 | 284.92 | 241.15 | 235.2 |
| 德宏 | 57.66 | 67.48 | 75.87 | 51.74 |
| 怒江 | 11.44 | 26.16 | 37.34 | 17.56 |
| 10 州市总计 | 942.12 | 1 679.19 | 1 356.82 | 1 308.77 |
| 云南省 | 1 654.6 | 4419.1 | 3 450.72 | 4 236.14 |
| 10 州市占云南省比例 | 56.94% | 38.00% | 39.32% | 30.90% |
| 全国总计 | 52 377 | 235 319 | 231 626 | 199 900 |
| 云南省占全国比例 | 3.16% | 1.88% | 1.49% | 2.12% |

※ 根据相关统计数据整理。

## （二）滇西民族贫困地区高等教育发展滞后

总体而言，云南高等教育发展滞后。一是高等教育入学率低。2013 年，云南普通高校共有 67 所，在校本专科生 54.9 万人，高等教育毛入学率 25.8%，比全国平均水平低 8.7 个百分点。二是本专科结构比例不合理。云南每百万人口有本科院校 0.62 所，为全国平均水平的 72.04%，每十万人口普通本科在校生 770 人，为全国平均水平的 69.8%。滇西地区每百万人口有本科院校 0.27 所，每十万人口普通本科在校生 245 人，这两个比例分别仅为全国平均水平的 30.82%、24.95%，特别是面向滇西特色优势产业发展的学科专业偏少。三是职业教育体系不完善。云南现有普通本科高校多数是由师专升格而成，其中滇西 6 所本科高校 5 所由师专升格，现有本科高校转型难度大。人才培养的专业结构极不适应滇西经济社会发展要求。四是滇西片区高等教育层次偏低。截至 2014 年 6 月，云南省有 30 所本科院校、37 所高职（专科）学校，滇西片区 10 个州市 19 万平方公里、1 600 万人口仅有本科院校 6 所（含 1 所独立学院）、高职（专科）11 所。滇西地处边境，战略位置重要，但高等教育对外辐射力弱（见表 3）。

表3　滇西10州市产业发展急需人才表

| 地区 | 产业发展急需人才类型 |
|------|---------------------|
| 大理 | 旅游管理及服务、文化创意与设计、物流管理、职业教育等方面人才。 |
| 保山 | 商贸物流管理、新能源开发与利用、珠宝玉器产业、新型建材、特色农产品加工及产业管理等方面人才。 |
| 普洱 | 茶产业、农产品加工产业、新能源及清洁能源产业、商贸物流产业、矿业深加工、职业教育等方面人才。 |
| 楚雄 | 生物制药产业、农产品深加工、矿业深加工、物流产业、职业技术教育等方面人才。 |
| 丽江 | 旅游业、酒店管理、文化创意产业、商贸物流、职业技术教育、生态宜居环境设计与规划等方面人才。 |
| 临沧 | 石油化工产业、矿业加工、新材料、农产品加工及物流管理等方面人才。 |
| 西双版纳 | 国际贸易、旅游管理与服务、民族文化创意产业、口岸管理、进出口加工、医药与生物技术开发、物流管理、职业技术教育等方面人才。 |
| 红河 | 农产品（烟草）加工、民族文化创意产业、新能源和清洁能源、职业技术教育等方面人才。 |
| 德宏 | 水利水电、国际商贸与物流、生物技术、特色农产品深加工、职业技术教育、咖啡产业等方面人才。 |
| 怒江 | 水利水电建设、农产品深加工、文化保护与开发、物流管理、生物技术、清洁能源产业等方面人才。 |

## 二、设置滇西应用技术大学特色学院的必要性

（一）滇西应用技术大学设置的必要性[①]

1. 有利于推动少数民族人力资源开发，实现扶贫

民族贫困地区建设应用技术大学要立足于区域发展的需要，立足于少数民族脱贫致富的需要，通过应用技术人才的培养，实现人力资源开发，变"输血式扶贫"为"造血式扶贫"，实现精准扶贫。教育部在滇西调研时发现，素质型贫困是滇西经济社会发展落后的根本原因，那么通过对人力资源的深度开发，最大限度地发挥滇西自然资源的生产要素价值，提升滇西产业、企业的发展水平和质量，最终实现滇西经济社会快速发展、加速发展和可持续发展，实现滇西人民群

---

① 徐延宇、杨丽宏：《民族贫困地区应用技术大学建设的探索与思考——以滇西应用技术大学的筹建为例》，载《云南民族大学学报》2015年第9期，第157–159页。

众脱贫致富的梦想。而对人力资源深度开发，应用技术大学建设是当前有效可行的选择。

云南在西部大开发中处于重要战略位置，习近平总书记提出要把云南建成中国"面向南亚东南亚的辐射中心"，处于开放最前沿的滇西民族贫困地区将迎来加快发展的重要战略机遇。建设滇西应用技术大学，作为人力资源开发扶贫的重要突破口，可以有效解决因应用人才瓶颈问题导致经济社会发展相对滞后的现状。通过大量培养地方优势特色产业急需的高层次技术技能人才，有利于加快滇西特色优势产业振兴步伐，大力提升滇西产业发展水平，实现滇西精准扶贫。滇西应用技术大学的建设还将发挥集聚外来优秀人才、留住滇西优秀人才的作用，形成支撑滇西经济社会发展的高端人才群体，探索人力资源开发扶贫的新道路和新模式。因此，可以说应用技术大学的建设将满足滇西经济社会发展和人力资源开发扶贫的紧迫要求。

2. 有利于引领和主导地方优势主导产业的发展

优势主导产业是具有一定规模、能够充分发挥经济技术优势、以技术优势改变生产函数并对经济发展和产业结构演进有强大的促进和带动作用的产业。

发展优势主导产业是民族贫困地区实现区域发展目标的重要途径。从滇西产业发展来看，主导产业发展虽然在当地经济总量中占有重要地位，但产业发展水平不高，处于产业链低端，产业效益未能充分释放。据统计，2012 年全省茶叶种植面积居全国第一，茶园面积 580 万亩，采摘面积 472 万亩，茶叶产量达 27.35 万吨，茶叶综合产值 223.29 亿元，其中农业产值 71.09 亿元，工业产值 102.20 亿元，首次突破百亿元。茶叶加工企业普遍存在产品科技含量低、附加值低，产业发展仍处在以销售原料茶为主的初级阶段。

云南省毛茶价格位列全国倒数第二，仅为全国平均单价的一半，成品茶价格为全国平均价的 36%，位列全国倒数第四，茶企业多、散、弱的现状难以改变。行业科技水平不高，企业技术创新意识弱，产品结构不够合理。作为云南茶品牌的普洱茶产业多年来以原料茶为主，企业技术提升、产业转型升级是普洱茶产业发展的最大障碍。导致这一问题的关键是缺乏茶叶种植、加工生产、营销、茶文化传承高层次技术技能人才来推动茶产业发展。因此，应用技术大学需要通过人才培养和应用研究为地方优势主导产业服务。

应用技术大学的办学理念应是使学校与地方经济社会发展互为依托，坚持面向和服务地方发展需要，大学发展的根本动力来自于推动优势特色产业发展的能力。滇西应用技术大学分布在不同州市的特色学院，根据产业发展的需要办学和设置专业。如，设立在丽江的国际酒店管理学院就针对丽江旅游产业发展所需的高级酒店管理人才，当前只设置国际酒店管理一个专业；设立在普洱市的普洱茶学院只设置了服务滇西和云南茶产业发展的茶学专业（包括普洱茶文化与商贸方向以及茶叶生茶与管理方向）；设立在临沧市的农业学院针对临沧的高原特色农业发展需要设立红茶专业和干果专业；等等。滇西应用技术大学的人才培养定位是培养当前所急需的高层次技能人才，特别是地方优势特色产业发展所需高层次技术技能人才。

除了人才培养外，应用技术大学还要成为支撑产业升级和技术积累的重要战略平台。应用技术大学的科学研究应主要定位为应用研究。通过鼓励教师研发产业发展关键核心技术、共性技术，对产业发展开展全面研究，为企业提供技术支撑和咨询服务。

3. 有利于促进少数民族文化的繁荣和发展，推进民族团结和谐与共同进步

民族贫困地区高等教育发展的重要作用之一是推动民族文化的传承和发展，这也是民族贫困地区应用技术大学办学的重要使命。挖掘民族文化、繁荣民族文化是文化产业发展的目的。滇西应用技术大学建设植根于多民族丰富的文化土壤，发展民族文化产业、推进民族文化进步也是滇西应用技术大学建设的重要目标。云南省是我国少数民族文化资源最富集的地区之一，25 个世居少数民族的文化样式各具特色、充满魅力，如白族的本主文化、傣族的贝叶文化、哈尼族的梯田文化、纳西族的东巴文化等等，丰富多彩的少数民族文化资源是民族文化产业发展的基础。

云南文产集团根据不同民族的特点、习俗及历史背景推动民族文化产业发展，已初步形成文化产业链。云南文产集团决定创办滇西应用技术大学文化产业学院，根据云南和滇西丰富的民族文化优势和民族文化产业发展的巨大人才需求市场，将主要培养的是表演、民族文化创意与传承的专业技术人才。

傣医、傣药的发展历史悠久，1983 年被国家列为四大民族医药重点开发，2011 年被列入国家非物质文化遗产保护名录，但由于西双版纳缺乏人才的支撑，致使傣医药的发展较湄公河流域的泰国缓慢。为发展民族医药，带动高端康复健康产业，推动傣医药文化繁荣，滇西应用技术大学将设立傣医药学院，与西双版纳傣药开发与药材种植基地、傣医药应用协同创新基地合作，吸纳合作企业、合作高校（包括国外高校）及相关的研究机构，构建西双版纳傣医药集团，构成支撑健康产业的完整的产业链，并通过协同创新机制和平台，形成定制化的人才供应链，为傣医药事业和傣医药文化发展提供技术人才。

在这个过程中，滇西应用技术大学民族文化相关的学院聘请民族文化传承中的工艺、技术大师作为兼职教师，依靠这些大师培养高层次文化人才，传承创新少数民族文化。

（二）滇西建设小型精品特色学院的必要性

在当前条件下，坚持小型、精品、特色化办学道路是滇西应用技术大学特色学院办学的可行也是必由之路。

（1）以小型、精品、特色化作为滇西应用技术大学特色学院建设路径符合当前高等教育改革和发展的趋势。在我国高等教育事业快速发展进程中，很多高校包括职业院校出现贪大求全、规模扩张速度过快、千校一面等现象，严重影响到教育质量和学校发展。然而，反观国内外一些小规模高校放弃规模上的追赶，却以特色、质量获得声誉，最终独树一帜，最大的原因是其多年来坚持小而精的办学模式，形成特色化办学道路，有针对性地培养社会所需的人才。在当前经济结构调整与产业升级转型的背景下，高等职业类院校更需要重新思考发展路径。小型精品特色学院的建设已经成为高等教育未来发展的一个新选择，推动着高校服务社会的功能得到有效发挥。

（2）要实现滇西应用技术大学既定的办学目标，需要推动特色学院走小型、精品、特色化办学的道路。特色学院办学成败直接到关系滇西应用技术大学建设和发展进程，直接关系到滇西应用技术大学能否实现"创办一个学院，振兴一个产业，致富一方群众"的目标。当前，特色学院的建设已有了很好的顶层设计，办学思路明确，推进有力，但特色学院建设仍是白手起家，基础设施、师资队伍等条件需要逐步完善，同时在办学之初突出特色、保障质量是关系未来办学成功的关键一步，这就决定了当前特色学院只能通过小规模办学确立特色、获得声誉，推动可持续和健康发展。

（3）小型、精品、特色化办学是特色学院建设的可行之路。特色学院的建设有良好的顶层设计，创新灵活的制度框架是小型、精品、特色化办学的基础。特色学院分布在滇西各州市，贴近地方产业发展，目前的专业设置符合地方经济社会发展需要，办学规模小有助于高层次应用技术人才培养质量的保障，同时也可以在地方经济社会发展变化过程中更为灵活地服务产业变化需求。滇西应用技术大学有各种办学体制的特色学院，也为形成精简、高效、灵活的管理机制提供了条件。

### 三、滇西应用技术大学及特色学院的建设现状

2012 年，教育部在对滇西工作调研的基础上，提出滇西应用技术大学建设试点，作为探索国家高等教育分类管理的战略性试点之一。2013 年 2 月 19 日，教育部发展规划司草拟了《滇西应用技术大学特色学院筹建落地初步申报方案》（以下简称《方案》），正式启动滇西应用技术大学特色学院筹建工作。

通过筹建准备工作，滇西应用技术大学的 10 所特色学院已经相对成熟，拟进行重点建设。10 所特色学院为：珠宝学院、咖啡学院、高原农业学院、国际酒店管理学院、普洱茶学院、健康护理学院、民族民间艺术学院、文化产业学院、傣医药学院，办学方包括保山市、临沧市、普洱市、德宏州、西双版纳州、大理州、丽江市以及云南机场集团、云南文投集团 7 州市政府和 2 家企业，涵盖服务滇西民族医药、高原特色农业、民族民间工艺、旅游等滇西特色优势产业的专业。目前，学院的建设主要存在以下问题。

（1）时间紧迫，特色学院各筹建单位工作进展不平衡，筹建方案还存在一些不足，个别筹建单位还存在地方本位主义、"搭便车"等思想。

（2）少数特色学院的专业设置与现有的高等教育专业同质化的问题，未能充分突出服务地方优势特色产业的目标。

（3）特色学院和大学总部的筹建过程中国家和省级层面政策中存在的体制机制方面的瓶颈问题，需要建立特事特办机制。在应用技术大学和各特色学院筹建中涉及的土地出让、税收减免、财政补助、专项奖励、双帅型队伍建设、实践实训平台建设等事宜，需要特事特办，给予必要的扶持政策。

**附件：**

### 滇西应用技术大学珠宝学院

首先，设置珠宝学院是珠宝产业发展的客观需要。近年来，世界珠宝产业发展迅速，珠宝首饰行业销售额持续增长，年平均增长率达 4%。珠宝产业的发展已从低端资源竞争转化为价格、产品、品牌竞争。中国珠宝产业也呈现出快速发展势头，消费额由前几年占全球 1% 跃居世界前列，成为继住房、汽车之后的第三大消费热点。据中国珠宝协会（以下简称"中宝协"）统计，2013 年，国内珠宝市场销售额 4700 亿元人民币，超过全球珠宝市场的 30%，珠宝首饰企业已经超过 6 万家，从业人员达 600 万人。

中国翡翠业发轫于云南，发展后劲依靠云南，云南的翡翠推动了中国乃至整个亚洲珠宝业的发展。中国每年 4 000 多亿元人民币的珠宝销售额，大多数原料来自云南。2009 年至 2013 年，由缅甸进入云南的翡翠原料从 5 100 多吨增至 1 万多吨，从业人员从 50 万人增至 100 万人，销售额从 200 亿元人民币增至 370 亿元人民币。

目前，云南珠宝产业以昆明为中心，西南延伸到普洱、西双版纳，西北延伸到大理、丽江、香格里拉等风景旅游区终端零售市场，连接瑞丽、盈江、腾冲、龙陵等口岸和产业基地的四个基层市场，形成了"一个中心、两条黄金线路、四个热点区域、三大市场"的产业大格局和南亚、东南亚国家珠宝玉石的主要集散地，腾冲—盈江—瑞丽—龙陵为中心的原材料边贸市场，昆明—瑞丽—腾冲为主的加工及成品批发市场，昆明、石林、大理、丽江、西双版纳等旅游景区，缅甸东部掸邦四个经济特区为主体的成品外销型交易市场，国际化的珠宝交易中心和集散地网络已经形成。旺盛的市场需求和日益凸显的品牌效应推动了珠宝产业自觉发展，"玉出云南"成了云南翡翠的代名词。"买翡翠，到云南；游云南，买翡翠"成了国内外游客的共识。目前，云南正以资源、品牌为依托，以技术为支撑，以文化为内涵，着力培育一批龙头企业，争取用 5～10 年时间建成中国珠宝玉石产业大省，世界重要的珠宝玉石集散、销售和加工中心。

2013 年，云南滇西地区珠宝产业年销售额达 230 亿元人民币以上，占全省的 62%，从业人员占全省的 60% 以上。随着滇西地区经济社会的发展，尤其是空中、陆地交通网络的日趋完善，加之旅游等产业的拉动，一些知名企业和玉雕人才队伍纷纷落户滇西地区，从事珠宝行业的人员越来越多，对珠宝营销人才和加工人才的需求愈加旺盛。

其次，当前相关专业人才培养不能满足产业发展需要，设置珠宝学院能解决珠宝产业人才需求和技能支撑的问题。

中宝协统计、发布的数据显示，目前，全国玉石雕大师仅有 100 多人，600万从事珠宝产业的人员中，受过正规培训的仅占 1%。预测未来 10 年珠宝行业人才需求量将达到 1 000 万人以上，其中，珠宝首饰工艺技术、珠宝首饰设计、珠宝贸易及企业管理等高级专业人才需求量将超过 100 万人。据不完全统计，2014年全国普通高校珠宝相关专业本科在校生为 2.5 万人左右，2010—2014 年毕业生人数累计 1.3 万人，与珠宝产业发展的人才需求相差甚远，缺口巨大。与广东、福建等地相比，云南珠宝产业人才尤其匮乏，珠宝玉石产业仍处于"一流原料、二流设计、三流加工、四流价格"的境地。主要表现在：一是加工专业人才缺失。据统计，20世纪末，云南玉石专业人才占全国玉石专业人才的50%以上，而现在仅占20%，使得云南丧失了传统加工工艺的优势，目前只有数量较少、规模较小的加工企业分散在昆明及滇西的腾冲和瑞丽。如滇西地区的保山和德宏，2013年年底从事珠宝翡翠加工的分别有7 000余户5万多人和6 000余户5万多人，技术人员分别占12%和10%左右，分别为6 000多人和5 000多人。二是工艺技术落后。据统计分析，云南珠宝玉石产业100万从业人员中，中专以上学历的仅占30%，本科以上学历的更是凤毛麟角。如滇西的保山5万珠宝玉石从业人员中，高中及以上学历者不到20%，接受过专业培训的不到10%；可生产高档翡翠成品的仅占20%，具有玉雕专业职称的仅有200多人。为此，亟须培养高层次珠宝设计加工、经营与管理技术技能型人才。

　　基于以上珠宝产业发展现状和人才需求情况分析，学院设置这一紧缺专业是必要的、可行的。而从当前申报筹建的其他特色学院来看，其基本情况与珠宝学院类似，设置这些特色学院具备一定的必要性和可行性。

# 第二章　滇西应用技术大学及特色学院顶层设计

顶层设计是一个工程学术语，是运用系统论的方法，从全局的角度，对某项任务或者某个项目的各方面、各层次、各要素统筹规划，以集中有效资源，高效快捷地实现目标。应用技术大学作为一种新的大学类型，其发展必须有系统、科学的顶层设计。而滇西应用技术大学及特色学院的发展，要做好顶层设计，明确建设思路、建设原则及发展定位。

## 第一节　滇西应用技术大学建设的基本思路

### 一、指导思想

从滇西边境山区经济社会发展的战略需求出发，同步规划职业教育与经济社会发展，充分嫁接部委属高校优质教育资源，建设一所与区域特色优势产业深度融合，高起点、高标准、高水平的新型应用技术大学。重点培养支撑产业技术进步和转型升级的高层次技术技能人才，推进人力资源开发扶贫示范区建设，服务滇西边境片区区域发展与扶贫攻坚国家战略。积极与国内外高校、行业企业、科研院所共建应用技术研究平台，解决产业发展的关键技术问题，推动重大科技成果产业化，增强高校为地方经济社会发展服务的能力。大胆创新办学模式，为全国现代职业教育体系建设、高等学校分类发展和应用技术型高等学校设置的改革探索提供有益的经验。

### 二、总体定位

以本科教育层次为主，适时开展专业硕士研究生教育，高等教育、职业教育、继续教育融合发展。按照产教融合、校企合作的模式，培养服务于区域特色优势产业转型升级和发展急需的生产、管理一线的具有良好理论知识和人文素养、爱岗敬业的高层次技术技能人才。科学合理设置专业，建立专业随产业发展的调整机制，为打造创新型、开放型和绿色化、信息化、高端化"两型三化"产业，推动云南产业转型升级服务。突出地方性、应用性、开放性、国际化特点，凸显政、产、学、研、用一体化，建成引领滇西、全省乃至西部的具有国际竞争力的高层次应用型人才培养高地。

### 三、基本原则

按照"分层治理、产教融合、需求驱动、合作办学、开放衔接、省部共建"的原则，建设新型的滇西应用技术大学。

（一）分层治理

借鉴瑞士应用技术大学模式，采取一个总部加若干特色学院、应用技术研究院（1+N+M）的开放式办学构架，实行大学和学院两级分层办学、分层管理。总部为公办性质，特色学院可为公办、民办、中外合作办学、混合所有制等。特色学院在大学统一领导下相对自主办学。

（二）产教融合

深化产教融合，鼓励行业、企业及科研院所参与学校建设、管理和人才培养全过程；同时，按照协同创新模式，由对口支援高校、科研机构、合作企业与滇西应用技术大学共同创建对滇西产业发展和高层次人才培养具有重大带动作用的应用技术研究院、实验实习实训平台、大师工作室等，成为区域技术技能积累与创新的重要载体。协调推进人力资源开发与技术进步，推动教育教学改革与产业转型升级衔接配套。鼓励实行"校中厂""厂中校"的运营模式。

（三）需求驱动

以服务特色优势产业转型升级发展为目的，按照"产教对接、空间贴近、带动滇西、辐射周边""扶特、扶优、补缺"的原则设置特色学院。以产业发展对技术技能人才（岗位）需求为驱动和促进学生就业为导向，推动专业设置与产业需求对接，构建以岗位职业能力为标准的课程体系，推行毕业证书与职业资格证书"双证书"制度，强调教学过程与生产过程紧密对接，并为在职在岗职工提供终身学习机会，为产业发展提供充足的高层次技术技能人才，实现"创办一个学院、振兴一个产业、造福一方百姓、传承一方文化"。应用技术研究院以贴近地方主导产业、紧密结合产业发展需要为原则设立。

（四）合作办学

学校积极探索发展股份制、混合所有制等合作办学模式，以产权为纽带，积极引进资本、知识、技术、管理等要素参与办学。以地方政府为主导，骨干行业企业、科研院所、部（省）属高校或者民间投资者参与办学，明确办学各方的责权利关系，确保权力平等、机会平等、规则平等，为实现共同目标开展办学活动。积极落实国家和云南省制定的鼓励发展职业教育的有关政策措施，争取骨干行业企业和地方特色优势产业行业协会、合作社等经济组织和地方政府共同作为举办人。每个特色学院至少要与一所部属或东部地方高校、一个骨干行业企业、一所在昆高校、一所地方高校或科研机构等建立起实质性的合作办学机制。通过购买服务、委托管理、网络资源共享等形式，嫁接优质教育资源，将区域特色优势产业需求与特色学院专业设置有机结合，建立合作共赢机制，激发各方参与办学的积极性，实现资源最大整合与共享。

同时，结合积极引进国外优质教育资源，面向以南亚、东南亚国家为主的留学生市场、就业市场、产业发展市场，选择国外有关院校和企业，建立以项目为纽带的国际教育合作交流。

（五）开放衔接

建立产业链、人才链、教育链和创新链紧密对接的新型"滇西应用技术大学产教联盟"（以下简称"产教联盟"），旨在通过建立产教对接平台，实现人才培养、技术支撑、产品研发目标，达到产教互动共赢。"产教联盟"成员，包括每个特色学院合作的行业、企业、科研院所和高校，并积极发展境外合作院校加盟。通过多主体参与办学，制定章程，进一步明确"产教联盟"各成员单位在办学中的责任、权利和义务，实现办学主体、办学模式和办学体制机制创新。特色学院通过建立由地方政府、行业企业和高校组成的"校企合作委员会"和"专业教学指导委员会"，构建"政府主导、行业指导、企业参与"的办学机制。各特色学院要与滇西特色优势产业紧密衔接，确定重点衔接的地方中、高职院校，同时与开设相应专业的部委属高校等合作院校联合开展课程和学分互认等合作，构建从中职、专科、本科到专业学位研究生的培养体系，形成多样化选择、多路径成才的"立交桥"。同时，建立服务于行业企业在岗职工的继续教育培养模式，结合各特色学院所开设专业，为对口行业在岗人员打通"工作—学习—工作"的有效提升路径，建成承担行业企业在职人员学历教育与继续教育的人才培养基地。

（六）省部共建

滇西应用技术大学由云南省人民政府与教育部共建。教育部实施宏观规划、政策引导、项目支持，云南省人民政府为主要管理方，负责完善分级管理、统筹社会参与、设置人员编制、筹措办学经费等。特色学院投入以举办州（市）、企业行业为主，国家、省级政府给予适当补助，充分动员社会力量积极参与。

## 四、运行模式

（一）"三位一体"的运行模式

1. 总部

总部是管控、服务、协调与创新中心。主要职能包括办学定位、发展规划、办学制度设计、标准制定与质量保证、重大事项审批、技术孵化与创新、国际预科教育、研究生教育、继续教育、信息平台支持与公共服务等。具体为：制定大学章程、规划，统筹学院学科专业设置，以及特色学院设置与退出；制订招生计划、负责学籍管理；建立互联网应用技术大学资源平台和信息化管理服务平台；建立质量评估监控机制和绩效考核评价机制；建立大学合作联盟、校企合作联盟、专家咨询委员会等平台；建立协同创新中心、应用技术研究院（所）、产业孵化基地和具有发展前景的学院；建立研究生院，开展国际教育交流项目及在岗职工继续教育；管理、协调、指导办学过程，承担大学公共基础课和部分专业基础课；指导建设"双师型"教师队伍；指导特色学院党团建设。

2. 特色学院

特色学院是大学内设的教育教学主体。在滇西应用技术大学章程的框架内制定学院章程、发展规划和内部管理制度，结合自身特点和本区域产业发展的实际需要，自主办学、协同合作、差异竞争、特色发展；积极探索具有自身特色的校企合作、服务面向、专业设置、课程体系、师资队伍、实践教学、科技研发和产学研平台建设等。特色学院要紧紧围绕云南建设成为经济贸易、科技创新、金融服务、人文交流四个中心定位严格论证遴选。特色学院要坚持"成熟一个，建设一个"的原则，规划与现实结合，按照应用型本科人才培养的标准、本科高校办学基本条件的要求建设。

3. 应用技术研究院

应用技术研究院是技术创新中心、产业孵化基地、地方智库，结合滇西特色优势产业发展和特色学院的专业设置需求，由相关高校、科研院所、行业企业按照协同创新模式组建，开展科技成果转化及推广，实现"政、产、学、研、用"一体化，成为特色学院的实验实习实训基地，为应用型人才的培养提供高水平的师资，为行业企业的技术应用和技术创新提供服务。应用技术研究院可直属大学，也可由特色学院组建。

滇西应用技术大学总部设在大理州大理市，特色学院布局在滇西特色优势产业聚集的州市，应用技术研究院可依托总部或特色学院建设。总部及特色学院按照"统一规划、相对自主、资源共享、特色发展"的原则运行。

统一规划。滇西应用技术大学总部及特色学院秉持共同的使命、战略目标、质量标准和价值追求，遵循相对统一的基本制度、政策措施，包括学习制度、专业、课程建设，学习成果认证，资源共建共享，质量标准和保障体系等。

相对自主。各特色学院根据各自的办学性质，制定相应的学院章程；结合本区域经济社会发展需要和基本条件，自主制定相关内部管理、改革发展政策；积极开展非学历继续教育。

资源共享。滇西应用技术大学推进网络平台与优质教学资源的共建共享，提高质量，逐步扩大规模，降低成本。鼓励社会各方参与数字化学习资源共建、基于网络的专业和课程教学团队及科研团队共建。充分利用行业企业现有生产设施设备条件支撑实验实习实训和人才培养，实现校企有限资源的高度整合。

特色发展。鼓励特色学院根据所在区域经济社会发展需要，探索形成各自的办学特色，形成有特色的校企合作、师资队伍、专业和课程体系，培育有特色的实验实习实训基地。

## 第二节　滇西应用技术大学特色学院的设置与退出管理办法

根据《高等教育法》《民办教育促进法》，参考《普通本科学校设置暂行规定》、《高等职业学校设置标准（暂行）》、《国务院关于加快发展现代职业教育的决定》（国发〔2014〕19号）、《现代职业教育体系建设规划（2014—2020年）》，对特色学院的设置与退出制定本办法。

### 一、特色学院设置要求

（一）办学层次和定位

学院设置前，须对当地经济、社会发展及人才培养需求进行充分调研与论证，按照"创办一个学院，振兴一个产业，致富一方群众"的原则，明确符合当地优势特色产业发展需要的办学定位，做到同步规划职业教育与经济社会发展，协调推进人力资源开发与技术进步，推动教育教学改革与产业转型升级衔接配套，推动地方经济社会发展和加快脱贫致富。特色学院以本科教育为主，并开展非学历教育和继续教育，条件具备时应开展专业硕士教育，培养高层次技术技能人才和技术创新人才。

（二）办学规模

每个特色学院设置初期，4 年内全日制在校生规模达到 500 人以上，具体办学规模根据相关产业需求设定。非全日制学生折合学生数不低于全日制在校生的 50%。

（三）办学模式

1．实行合作办学模式

特色学院合作办学方包括地方政府、企业、行业协会、科研机构、国内外高校（含对口支援部委属高校、东部高校、省属重点高校、当地高校及境外高校）等。

2．鼓励各类办学主体联合办学

特色学院可由各类办学主体通过独资、合资、合作等多种形式举办，办学性质可为公办、民办、中外合作办学。以政府投入为主举办的为公办，以行业企业为主投入举办的为民办，境内外高校及企业合作办学的为中外合作办学。积极探索建立股份制、混合所有制特色学院，允许以资本、知识、技术、管理等要素参与办学并享有相应权利。

3．签订合作协议

合作办学各方要在坚持互利共赢的基础上，签订合作办学协议。合作办学协议应当包括办学宗旨、培养目标、出资数额和方式、各方权利义务、合作期限、争议解决办法等内容。资金、实物、土地使用权、知识产权、管理资源、教育教学资源等均可成为股份的组成。

（四）校企合作

（1）推进特色学院与企业"双主体"联合办学，建立校企合作、工学结合的人才培养体系。将工学结合贯穿教育教学全过程，学生从入学开始就接受相应的动手和实践课程，并根据培养目标同步深化文化、技术和技能学习与训练，实现就业需求和人才培养的有机衔接。

（2）举办或合作办学的企业所提供的实习实训岗位数量不低于学院每年需要实习实训岗位的 60%，所提供的岗位要专业对口、层次对应。

（3）合作企业是学院"双师型"教师的主要来源。"双师型"教师可包括具有高级职称或具有中高级职业资格证书的企业人员，必须在学院和行业企业间合理流动，确保在企业的必要工作时间。

（4）鼓励实行"前厂后校"运行模式。结合特色学院建设，同步配套建设研发中心、技术创新中心等。

（五）校校合作

（1）通过部省统筹协调或特色学院主动联系开拓，由部属高校、东部高校、云南省属重点高校以对口支援或直接合作办学的方式开展校校合作。

（2）通过教育部统筹协调或特色学院主动联系开拓，有条件的学院应积极与国外同类型高校实行合作办学，或开展实质性国际合作与交流。

（六）治理结构

（1）特色学院根据办学性质采用理事会（董事会）或院务会领导下的院长负责制。理事会（董事会）成员来自行业、企业、社区和其他合作办学方的比例不低于50%。

（2）特色学院设立专业指导委员会，指导专业与课程建设和实习实训工作，委员会成员中来自用人单位的比例不低于50%。

（3）特色学院院长由理事会聘任，实行公开招聘或由企业或合作办学高校派出。院长应当具有较高政治素质、管理能力、专业素质，品德高尚，年龄不超过70岁，负责学院的教育教学、科技研发、非学历培训和行政管理工作。来自企业的必须具有丰富的本行业管理经验和工作经历，来自高校的必须具备本行业的学科专业知识和一定的高等教育管理经历。

（4）特色学院行政领导班子和行政管理队伍要精简高效。

（七）专业设置

（1）在对当地经济社会发展、产业发展、人才培养类别与规模需求进行充分调研与预测的基础上，按照与当地优势特色产业的职业和岗位需求对接的原则确定办学专业和规模。做到按职业需求设置专业，再按专业需求构建学科支撑，为实现培养具有核心专业技术技能和多学科知识复合支撑的高层次复合型技术技能人才提供保障。

（2）坚持"有所为、有所不为"的原则，对当地现有教育机构的办学情况进行全面评估，在此基础上实施特色发展、差异竞争策略。每个特色学院设置初期原则上不超过2个专业。

（3）逐步健全专业设置随产业发展动态调整的机制。

（八）课程体系

（1）适应经济发展、产业升级和技术进步需要，建立专业教学标准和职业标准联动开发机制。

（2）实现专业设置、专业课程内容与职业标准相衔接，培养目标、专业设置、教学过程互相衔接，形成对接紧密、特色鲜明、动态调整的职业教育课程体系。

（3）按照科技发展水平和职业资格标准设计课程结构和内容。通过用人单位直接参与课程设计、评价和国际先进课程的引进，增强职业教育对技术进步的适应性。

（4）按照真实环境真学真做掌握真本领的要求开展教学活动。教学内容上，按照企业真实的技术和装备水平设计理论、技术和实训课程；教学流程上，依据生产服务的真实业务流程设计教学空间和课程模块；教学方法上，通过真实案例、真实项目激发学习者的学习兴趣、探究兴趣和职业兴趣。

（5）与有关行业、产业信息化进程紧密结合，将信息技术课程纳入所有专业。在专业课程中广泛使用计算机仿真教学、数字化实训、远程实时教育等技术。

（6）全面实施素质教育，科学合理设置课程，将职业道德、人文素养教育贯穿培养全过程。

（九）师资队伍

（1）结合所设置的专业，特色学院须具备充足的师资保障，特别是"双师型"教师保障，并建立有效的"双师型"教师队伍建设机制和教师培养提高机制。

（2）广开渠道，创新体制机制，建立并完善一支由行业公认专才及能工巧匠、学术带头人、骨干教师、兼职教师相结合的高素质、高水平"双师型"教师队伍。师资来源包括引进行业企业专才、社会公开招聘、对口高校支援、国际合作、企业兼职等多种方式。

（3）根据特色学院办学规模，应确保师生比不得低于1/18（含专兼职教师）。对于实践教学环节，教师比例还应适当提高。具有副高级以上专业技术职务、职业资格证书或技术技能证书的专任教师人数不低于专任教师总数的30%。到2020年，有实践经验的专兼职教师占专业教师总数的比例达到60%以上。

（4）积极与当地政府沟通协调，将教师队伍建设纳入当地人才发展规划，并制定教师人才引进、招聘、薪酬的创新性制度，形成人才能进、能出、能发展的有效机制和氛围。

（5）建立并完善教师资格标准，实施教师专业标准。

（6）每个专业必须引进至少一名对口行业企业的一流人才领衔专业建设与教学。对操作技能要求高的特殊专业，新任专任教师必须具有两年以上企业相关岗位的工作实践。来自行业企业的兼职教师不低于学院教师总数的1/4，一般不高于 1/2。

（7）建立并完善包括教师企业实践制度在内的教师培训制度，实行 5 年一周期的教师全员培训，促进教师队伍专业化发展。

（8）建立专业教师实践企业基地，实行新任教师先实践、后上岗和教师定期实践制度，专业教师每两年专业实践的时间累计不少于两个月。

（9）在合作办学的行业企业和高校建立"双师型"教师培养培训基地，同时也推动企业把人才培养和培训基地建在学院，实现资源共享、互动共赢。

（10）建立有效机制，加强特色学院科研教研队伍建设，提高科研能力和教学研究水平。

（11）建立有效机制，加强教师队伍师德建设，增强教师的荣誉感和责任感。

（十）基础设施

（1）土地和校舍。特色学院要有与办学规模相适应的教育用地和教学设施，并充分利用合作企业的实习实训基础设施。原则上学院自有的生均建筑面积不低于 15 平方米。

（2）实验实习实训及图书资料条件。特色学院应配备满足教学、培训需要的仪器设备，学院自有和合作企业的设备数量要达到教学和实习实训要求，生均教学科研仪器设备值不低于国家本科学校设置标准。学院还应配备满足教学和科技研发需要的各类（纸质和电子）图书资料。

（3）信息化条件。特色学院应建有高水平的信息化基础设施和网络教育与服务平台体系，接通宽带网络，实现"优质资源班班通""网络学习空间人人通"。

（4）食堂、宿舍及体育活动设施。特色学院应建有能够满足办学需要的后勤保障服务设施，或通过社会化和资源共享的方式解决需求。学院还应具有满足教学及师生课外活动所需的体育运动设施和相应的活动空间。

（5）特色学院基础设施建设要按照学院发展目标一次性规划、分步实施，预留发展空间，建立灵活多样的投融资体制。

（6）基础设施建设可采取政府投资、举办方投资、土地置换、BT 或 BOT 等多种方式进行。

## 二、特色学院设置申请与审批

（一）提出申请

特色学院设置申请由举办方向总部提出。一般分为筹建申请和资格认定申请两个阶段。符合资格认定条件的，可以直接申请资格认定；完全具备招生条件的，也可直接申请资格认定和招生。

（二）申请材料

申请材料包括下列内容：（1）拟建特色学院的名称、校址、类型、办学定位、专业设置、规模、管理体制、办学特色、服务面向；（2）当地经济社会发展与产业发展调研情况及相应的人才培养需求预测、办学效益、本地区高等教育的布局结构及拟设置特色学院实现差异化共赢发展的举措；（3）拟建特色学院的发展规划，特别是师资队伍建设规划、专业与学科建设规划、校园基本建设规划、学生规模发展规划、产教融合及校企合作发展规划；（4）拟建特色学院的经费来源和财政保障；（5）拟建特色学院的培养方案和教学执行计划；（6）拟建特色学院的校内外实验实习实训条件；（7）拟建特色学院的合作企业现状及发展需求。

（三）考察评议

总部在接到筹建或资格认定申请后，首先进行形式审查。形式审查通过后，邀请有关行业企业、规划、人才、财政、教育教学、劳动人事、基本建设等有关部门和专家共同组成评审委员会，进行考察、评议，并提出评议报告。

（四）评议结果

在考察、评议之后获得通过的特色学院，由总部批准设置。未通过总部形式审查或未通过评审委员会考察、评议的候选特色学院，总部将以书面形式告知学院及其建设主体。

（五）批准类型

批准设置的特色学院，分为批准筹建、批准资格认定、批准资格认定并批准招生3种情况。

批准筹建的特色学院，原则上应在2年内完成筹建，最长不得超过3年。筹建完成后向总部提交资格认定申请，经总部按以上相同程序和资格认定标准组织评审和资格认定，认定获得批准后按具体批准通知准备招生，正式招生前应至少提前6个月向总部提交招生申请，经总部审核并批准后即可正式招生。

批准资格认定的特色学院，按具体批准通知准备招生，正式招生前应至少提前 6 个月向总部提交招生申请，经总部审核并批准后即可正式招生。

批准资格认定并批准招生的特色学院，可按总部批准的招生专业、时间、规模等要求组织招生。本科生、专业学位研究生的招生信息由总部统一向社会发布。

### 三、已设置特色学院退出机制

（一）预警监控

（1）总部根据批准特色学院设置时明确的特色学院办学要求，对特色学院办学行为、内部管理、人才培养、社会服务、毕业生状况、校企合作情况等方面建立严格的监控督促制度，通过多时段、多途径的检查、监督，及时了解学院情况，定期形成学院评估报告。

（2）评估工作坚持公平、公正、公开的原则，评估结果及时通知特色学院并在适当范围公示。评估结果按正面、负面定性表达，具体情况又以不同等级进行定量描述。

（3）对评估不达标的特色学院，总部将对其提出定期整改处理意见，并提出整改具体要求。整改期一般为一年，最长不得超过两年。

（4）在整改期的特色学院，总部将视情况采取派驻工作组、派驻代表、责令情况上报并核实验收等方法进行监督、指导。

（5）在整改期的特色学院须停止各类招生，并认真负责地做好在读学生的培养与管理工作。

（6）在整改期的特色学院须将以该学院名义对外签署的各类合作协议及各项协议所对应项目的进展情况，在整改期开始的前两个月内汇总向总部提交报告，包括全部协议复印件，并配合总部掌握、协调有关情况。

（7）在整改期的特色学院须定期向总部提交整改进展报告，汇报整改进展情况，并配合总部的实地整改考察工作。整改进展报告原则上每月提交一次，最长间隔不得超过两个月。

（二）取消资格

（1）在整改期的特色学院须珍惜机会，积极整改，并在整改到期前、自评整改达标后向总部提交整改达标评估申请。总部在收到申请后，将及时组织对特色学院再次进行检查评估，并给出评估报告。

（2）对于整改达标的特色学院，总部保留特色学院资格；对于整改不达标甚至办学情况继续恶化的特色学院，总部将取消其特色学院资格。

（3）整改不达标的特色学院，在正式宣布取消特色学院资格之前，必须以高度的社会责任感，认真负责地做好在读学生的培养与管理工作，包括积极配合总部和其他有关特色学院做好部分学生转入其他特色学院相关专业就读的工作，以及在规定期限内完成对全院各类学生的妥善安排工作等，确保安全稳定。具体工作要求细则另行制定。

（4）整改不达标的特色学院，在正式宣布取消特色学院资格之前，必须以高度的社会责任感，在保障做好在读学生的培养与管理工作的同时，认真做好教职工的妥善安排工作，确保安全稳定。具体工作要求细则另行制定。

（5）取消资格的特色学院，从总部宣布取消资格之日起，即脱离滇西应用技术大学，一切法律关系即行解除，该学院今后的运行与管理、民事责任、资产归属等均自行负责，与滇西应用技术大学及其总部无关。

（6）总部将另行制定特色学院退出机制的实施细则。

## 第三节　滇西应用技术大学特色学院运行保障机制

保障机制主要侧重于考察特色学院是否具备顺利办学所需的内外部保障条件，包括当地政府的支持，如当地政府是否将学院的建设和发展纳入地方经济社会发展规划，地方政府是否出台相关优惠政策解决特色学院在基本建设、科技研发和人才引进方面的困难。

### 一、创新办学管理体制

（一）管理体制

学校实行党委领导下的校长负责制，并建立院长联席会议制度。创新总部管理模式，精简高效设置机构、配置人员。以产业化、市场化的机制和手段举办高等教育。成立职业教育投资集团，设立董事会和教育发展基金，学校办学资金除财政拨款、收取学费、社会捐资等外，还可来自资本市场。通过教育发展基金与社会资本对接，盘活大学拥有的动产、不动产和知识产权，多种方式筹集资金办学。通过"产教联盟"，按资本运营方式，推动与大学相关企业上市融资，支持学校发展。

特色学院实行院长负责制，完善院党政联席会议制度，集体讨论决定重大事项。成立理事会，理事会中，来自行业、企业、社区和其他合作办学方的成员比例不低于50%。设立专业指导委员会，成员来自主要用人单位的比例不低于

50%，使办学各方充分发挥办学的主动性和积极性。

（二）专业设置

严格专业遴选与设置。特色学院的专业设置要充分体现滇西现有和未来行业及产业发展的需求，要与省级有关部门建立沟通协调机制，确保专业随产业发展的动态调整。重点瞄准区域特色鲜明、发展潜力大的产业，据其发展对核心技术技能人才的质量、水平和规格的要求设置专业。每个特色学院专业设置必须服务服从于地方产业发展规划，同时开展对相关产业从业人员技术技能培训，使得非全日制学生折合的当量学生数不低于全日制在校生数的50%。具体办学规模根据产业需求设定，保持一定的弹性幅度。建立学校与相关行业企业产业发展和人才需求动态变化的定期对话机制，建立专业教学标准和职业标准联动开发机制，实现行业企业参与教学全过程。深化产业链分析，根据岗位能力要求，灵活调整和设置专业及专业方向，打造专业群，形成紧密对接、特色鲜明、动态调整的职业教育课程体系，培养产业发展需要的复合型人才。各专业要有完备的强化实验实习实训环节的培养计划和人才培养方案；可结合学院的实际情况引进合作院校的培养计划或国外优秀的课程体系、教材；建设高层次的专业骨干教师和"双师型"教师队伍。

（三）招生制度

学校实行宽进严出，即入学的"宽松"与教学的"严格"紧密结合。学校实行开放式、多层次招生方式，健全并逐步实施"文化素质＋职业技能"、单独招生、综合评价招生和技能拔尖人才免试等考试招生办法。并根据职业学生特点，开展春秋两季招生。学校招生生源多样化，即普通高中毕业生、各类各层次职业教育学生、在岗职工、同等学力学生等均可入学。注重与中职、高职的衔接，适度提高招收职业院校毕业生和有实践经历人员的比例。开展以职业需求为导向、以实践能力培养为重点，与相关部委属高校、科研院所、行业企业联合开展专业学位研究生培养试点。

（四）培养方式

建立学分积累与转换制度，实行弹性学制和完全学分制，本科学历层次的基本学制为2～6年（针对招生生源不同，分为：普通高中毕业生3～6年，各类职业教育毕业生2～6年）。以学分制和模块化课程为基础，针对不同生源，实施个性化的人才培养方案。学校和特色学院通过与部（省）属高校建立紧密合作关系，利用现代教育技术、网络技术等手段，实现优质教育资源共享。可以通过购买服务、委托管理等方式获取学分，学校和合作院校之间、特色学院之间建立学分银行，并实行学习成果互认衔接。特色学院的公共课及部分基础课程教学以总部为主，专业课程教学按照项目教学、案例教学、工作过程导向教学等教学模式进行，专业课程运用真实任务、真实案例教学的覆盖率达到100%，主干专业课程建设中用人单位的参与率达到100%；以专业课程设计和课程体系建设为重点，达到复合型、创新型、应用型人才培养要求。

（五）实验实习实训机制

将理论学习和技术技能训练有机融合到人才培养方案和教学全过程中，实现知行合一、理实结合。实验实习实训条件建设采取校内外结合的方式，在校内科学安排基础训练、专业训练和生产性实训。合作企业提供与人才培养目标和规格相适应的实验实习实训岗位，保证学院实验实习实训总人数需求的60%以上。实验实习实训学分为总学分的30%～50%（理工农医类不低于40%）。

（六）毕业生就业

建立行业岗位人才需求年度舆情信息反馈机制与学生就业质量评价机制，确保人才培养与市场需求紧密对接。严把出口质量关，坚持岗位标准与教学标准一致，按岗位需求培养高层次、高素质、高技能的应用型人才，培养学生"学一行、干一行、爱一行"的爱岗敬业精神，做好毕业生就业指导工作，确保学生就业能力、就业需求与岗位相匹配，实现毕业就能上岗，提高学生就业能力与就业质量。鼓励多渠道多形式就业，允许学生休学创业，促进创业带动就业。

（七）教师聘任和管理制度

采取社会公开招聘、行业企业及科研院所引进、对口高校支援和国内外机构聘请等多种方式，建立并完善一支由行业领域公认专才、学术（技术）带头人、骨干教师等相结合的高素质、高水平、国际化的专兼职教师队伍。所有专业都必须引进行业领域一流人才支撑专业建设并担任骨干教师。建立行业、企业及科研院所管理技术人员与学校骨干教师相互兼职制度，推进学校和行业、企业及科研院所共建"双师型"教师培养培训基地。"双师型"教师可以包括具有高级职称或具有高级职业资格证书的行业、企业及科研院所人员，均需要在学校和行业、企业及科研院所间合理流动，确保必要的工作时间。学校具有副高级以上专业技术职务、职业资格证书或技术技能证书的专任教师人数应不低于专任教师总数的30%；来自行业、企业及科研院所的兼职教师人数应不低于学校教师总人数的1/4，不高于1/2。允许教师建立工作室，鼓励校内创业。完善教师培养和培训制度。

（八）学生管理制度

在总部和具备条件的特色学院全面实施"书院制"学生管理模式。书院负责学生课外日常管理。每个书院相当于一个主题社区。通过书院的组织形式为学生提供非课程形式教育，实现学生文理交融、专业互补、个性拓展，培养学生实践能力和自我教育、自我管理、自我服务的精神与创新意识、民主意识，引导学生立体成长，全面发展。

## 二、创新办学保障机制

（一）基本建设

总部校园由云南省人民政府和大理州负责建设，包含综合管理、教学科研、云教育中心等主要设施。特色学院校园由举办方筹资建设，自有的生均教学行政用房建筑面积原则上不低于 15 平方米。学院自有以及整合合作行业、企业和科研院所的教学仪器设备达到教学基本要求。可通过社会化和资源共享的方式解决后勤服务设施。应用技术研究院可由总部设置建设或依托特色学院建设。

（二）办学经费

政府公共预算、企业投入、学费收入是滇西应用技术大学经费的主要来源，教育发展基金作为重要补充。总部日常办学经费及相关发展经费纳入省级财政年度预算。公办特色学院生均拨款按照省属高校办法核定，民办及混合所有制等特色学院根据办学情况给予一定补助；各特色学院日常办学经费由所在地州（市）政府、参与举办的行业企业以及社会给予相关投入，学费标准实行备案制，省政府根据办学情况给予一定奖补。探索财政拨款体制改革，建立按照绩效评价标准进行拨款的机制。设立人才引进和应用技术研究专项资金，用于支持人才引进和应用技术研究项目的启动和相关课题经费的配套，实现教学科研互动。

（三）教师和管理人员队伍

云南省人民政府统筹安排总部一定数量的事业编制，确保学校工作正常运转。学校按 2020 年在校生规模 8 000 人、2025 年 16 000 人为基数，合理制订人员需求规划。省有关部门积极支持，人员编制根据工作实际需要逐年到位，具体机构编制事项按程序报批。积极探索事业单位用人机制转变，推行以聘用制度和岗位管理制度为主要内容的事业单位人事管理制度，校级领导正职按正厅、副职按副厅配备，在岗在位时享受相应的正厅级或副厅级待遇。实行"非升即走""评聘分离""人走岗留"的政策。总部设立专项资金引进人才，积极推行符合应用技术类型高校特点的教师薪酬制度，鼓励多劳多得、优劳优酬和教师以知识、技术等要素参与分配。总部的机构编制采取"分两步走"的思路由省级保障，先行解决筹建期的机构编制，在建成以后再根据实际，本着精简高效的原则予以保障。特色学院和应用技术研究的机构编制，由所在州市根据实际情况予以保障。省级部门指导和支持州市做好特色学院编制工作。

建立更加灵活的人员聘用机制，调用在职和聘用退休的优秀人才支持学校建设。学校积极引进高层次人才，引进人才享受云南省有关特殊政策；学校积极推进在校教师能力提升计划，实行"非升即走"的政策。积极争取有关系列的中高级职称评审权，逐步实现适应校内不同岗位性质的中高级职称自主评审，实行评聘分离；探索学校内部认可的各类校聘中高级专业技术职务（职称）及岗位，人走岗留。学校自主认定"双师型"教师资格，绩效工资内部分配向"双师型"教师适当倾斜。参照现有的特岗教师模式实行特岗教师聘用制。民办特色学院享受民营企业引才政策，引进人才所需的购房货币补贴、安家费以及科研启动经费等费用可依法列入成本。

（四）质量控制机制

建立多层面的高等教育质量保障体系，将内部控制和外部评估有机结合，为教育教学质量评估、绩效考核评价、教育教学舆情监测、人才需求和就业质量评估等提供重要依据。内部实行双层质量控制，总部建立人才培养基本标准，学院建立内部质量管理机制，大学教授委员会对学院实行年度质量评估。外部实行多维评估，建立行业企业评价调查系统和独立第三方专业评估系统。建立特色学院办学评估与退出机制，实施总部对特色学院的办学行为、内部管理、教学效果等方面严格的监控制度，定期形成对学院的评估报告，并对评估不达标学院提出限期整改要求。根据不同生源，制订个性化培养方案，严格课程质量认证和考评，保证教学质量，建立必要的淘汰制度。

（五）智慧教育体系

加强滇西应用技术大学信息化基础设施建设，建设全息网络环境、云数据中心、大数据分析应用系统和多维物联网感知体系，实现全校教育通信、教学科研、校院基础设置的有机整合和科学管理。加强专业数字化资源课程建设，广泛采用计算机仿真教学、数字化实训、远程实时教育等技术，逐步实现数字化资源覆盖所有专业。开展 MOOCS 教学，实现校院间、特色学院之间资源共享，降低办学成本。

附件：

### 特色学院设置要求及评价指标体系

| 一级指标 | 二级指标 | 基本内容 | 权重 |
|---|---|---|---|
| 1. 办学思路（25%） | 1.1 学校定位 | 办学层次及定位明确，发展目标与战略规划清晰，办学特色鲜明、服务面向合理。 | 10% |
| | 1.2 办学模式 | 办学性质明确，合作模式与协议具体，地方政府、行业企业、对口院校、特色学院的权责关系清晰。 | 10% |
| | 1.3 管理模式 | 学院理事会（董事会）、专业指导委员会等组成结构合理，领导班子和管理机构职责清晰、人员精简高效；有特色学院章程，教务、人事、财务、后勤等制度健全。 | 5% |
| 2. 产教融合（25%） | 2.1 校企合作 | 合作单位明确，合作模式清晰，实习、实训条件符合要求。 | 10% |
| | 2.2 "双师型"教师 | 专兼职"双师型"教师数量、结构合理，每个专业至少有一位本行业企业高技能优秀人才；建立"双师型"教师在校企间合理流动的机制。 | 10% |
| | 2.3 合作研发 | 合作建设相应的技术研发、创新中心等平台，或已形成详细合作方案，且已开展实质性的前期工作。 | 5% |
| 3. 专业建设（20%） | 3.1 专业设置 | 学科专业设置要服务于当地特色优势行业企业的主体岗位需求，专业发展规划合理且具有可持续性。 | 10% |
| | 3.2 培养方案 | 培养方案须由学校、企业双方共同制订，突出实践教学，课程体系模块化。 | 10% |
| 4. 基础设施（15%） | 4.1 土地与校舍 | 具有与办学规模相适应的教育用地和教学设施。 | 8% |
| | 4.2 实验实训条件 | 校内应配备满足教学实习实训需要的基本仪器设备。 | 7% |
| 5. 保障机制（15%） | 5.1 政策支持 | 政府支持，并将学院建设发展纳入当地经济社会发展规划，在学院基本建设、科技研发、人才需求规划等方面同频共振，实现资源共享。 | 5% |
| | 5.2 经费投入 | 有稳定的经费投入渠道，各方资金到位、经费充足。 | 4% |
| | 5.3 人才引进 | 建立健全人才引进激励机制，在引进人才的住房、职称评定、研发经费等方面充分保障。 | 3% |
| | 5.4 风险评估 | 建立有效的办学风险评估和防范机制。 | 3% |

# 第三章 滇西应用技术大学特色学院
# 人才培养方案

## 第一节 应用技术大学人才培养方案的理论讨论

大学最核心、最基本的功能是人才培养。自从应用技术大学出现以来，对应用技术大学如何培养人的问题，学者进行了有效的探讨。下面主要围绕应用技术大学人才培养定位、培养方案的设计理念与原则、当前应用技术大学培养中存在的问题等展开论述。

### 一、应用技术大学人才培养定位分析

应用技术大学在"培养什么人"以及"如何培养人"方面，注重人才培养的职业化，注重培养多样化人才，注重技术技能的传承，目标是建立一个与经济社会发展相适应的人才培养结构。因此，应用技术大学在进行人才培养定位时，须强调技术技能型人才的培养，重视职场的回归。具体须把握以下关键点。

（一）定位的依据

1. 职业适应性

如果按照应用技术大学的指标指向，在学校就需要开始培养对职业非常适应并具备铰强职业能力的学生，即技能人才培养从应用技术大学就开始。

2. 培养规格的多样性

由于社会行业发展的多样化，企业和社会对人才的需求趋势也不再单一，呈多样化趋势。多样化、多规格正是国家中长期教育改革和发展规划纲要中的一个新的方向性指引，也是应用技术大学人才培养的必然要求。

3. 学校发展的实际和地方的产业特色

应用技术大学在人才培养定位时，必须从学校本身的实际出发，量力而行，

同时须将自己的专业建设等与地区产业特色相挂钩，优先发展和建设一批与地方产业直接对接的专业，避免新设本科院校同质化、同构化，形成错位竞争，切实提高应用技术大学的服务能力和生存能力。

（二）定位的中心点

1. 应用和服务能力

在促进地方本科院校转型之际，应用型本科院校应遵循服务地方的原则。在人才培养、科学研究、社会服务和文化传承上始终坚持"地方性"，在发展路径上始终坚持"地方化"，在办学实践中始终坚持"地方型"，学科和专业设置应紧密结合地方经济和产业结构的特征。

2. 专业核心能力

应用技术大学在课程建设中，必须结合学校实际加强专业核心课程建设，并在核心课程建设的基础上，凝练专业核心能力。在建设专业核心课程时，须提炼反映专业培养的基本素养与要求的基础性核心知识，对课程的整体设计进行宏观把握，在课程内容安排上与经济社会发展需求相对接，教学计划注重与实践相结合，学生毕业时，技术应用和技能实践能力能够得到很好的体现。

3. 职业能力

地方本科院校向应用技术类型转型，在本科阶段开展职业教育，促进高等教育、职业教育等融合发展，培养学生的职业能力则是开展本科阶段职业教育不可缺少的一环。当前社会已步入职业化时代，职业化也是国家提高核心竞争力的关键因素。[1]

## 二、应用技术大学人才培养方案设计理念与原则

应用技术大学设计本科人才培养方案最基本的依据包括三个方面，即国家的法律和政策规定、学校的办学定位和人才培养目标、人才成长成才规律和教育规律。虽然所有的高校在设计人才培养方案的过程中都会自觉不自觉地把这三个方面作为基本依据，但是不同类型的高校其出发点是不同的。应用技术大学从根本上来说是以培养高层次技术人才为出发点。

应用技术大学设计本科人才培养方案的基本理念就是学校的"人才培养意识形态"，它潜移默化地指导着全校师生员工和管理人员的管理、教育、教学、科

---

[1] 倪杰、王小云：《应用技术大学人才培养定位、目标和规格探索》，载《新余学院学报》2016年第2期。

研和学习活动。这些基本理念主要包括应用技术大学的办学观和教育教学观。

应用技术大学设计本科人才培养方案的基本原则主要包括：培养对象的针对性原则、培养规格的需求导向性原则、培养模式的系统性原则、课程设置的基础性和应用性原则、实践环节的技术能力核心和实战性原则、第二课堂的有效性原则、职教和普教体系之间的衔接性原则、方案设计过程的开放性原则。[①]

### 三、应用技术大学人才培养中存在的问题

实践教学有待加强。大部分应用技术大学仍然以普通本科高校的教学思想在进行着教学活动，在课程设置和教学模式上和普通本科高校趋同，强调学科的完整性，注重系统地掌握理论知识，没有突出实践教学的重要性，实习和实训环节相对薄弱。这样培养出来的人才和普通本科高校是没有区别的，没有强化培养应用技术人才的特点。应用技术大学培养的学生应该通过实习和实践等大量的实践教学环节来强化学生的应用技术能力，才能凸显出应用技术人才"理论＋技能"的能力和特点。

没有掌握市场的人才需求。现阶段应用技术大学的教育模式比较封闭，没有真正做到以市场需求为导向。要想培养与经济和社会发展相适应的应用技术人才，就必须以开放的心态真正了解市场的需求，并按照市场的需求有目标、有计划地进行应用技术人才的培养。因为高校所传授的理论知识和实践技能与市场真实需要的知识和技能还有比较明显的差距，无法完全适应市场需求的变化。教学内容与市场需求严重脱节，与培养应用技术型人才的目标也不相吻合，以致所培养人才不能尽快适应市场的需求。所以，应用技术大学培养人才必须以市场需求为导向，其课程体系中必须强化技术和能力的重要性，教学内容必须根据市场对人才的真实需求进行重新设计和规划，只有这样才能真正培养出满足市场需求的应用技术人才。

"双师型"教师缺乏。随着新建本科院校向应用技术大学转型，这些院校的教师同时也在向"双师型"教师转型。"双师型"教师是指以行业素质为内涵，以教师职称与行业技术职称为外在特征，集教师素质、行业素质于一身的具有较高的文化和专业理论水平、熟练的专业应用技术能力及实践教学能力的高素质教育工作者。尽管应用技术大学的"双师型"教师队伍建设发展很快，但是从质量

---

① 严欣平：《应用技术大学本科人才培养方案设计理念与原则》，载《高等建筑教育》2016年第1期。

以及师生比上看，仍然落后于应用技术大学的发展要求，特别是有企业工作经验的教师少之又少。这就导致应用技术大学很难培养出实践能力强、符合企业需要的优秀毕业生。

实习、实训基地不能满足需求。实践教学是培养学生把在课堂上学习到的理论知识转化为应用技术能力的重要途径，它能够很好地体现出应用技术大学人才培养的应用性特色。实习、实训基地又是应用技术大学非常重要的实践教学场所，所以其重要性不言而喻。但在现实中，应用技术大学由于种种原因，实习、实训基地的数量和质量都不能满足实践教学的需求，学生实践的机会较少。校外可提供实习机会的实习基地不多，覆盖专业和行业较窄，实习时间和内容也极其有限，大部分实习基地提供的实习岗位往往与理论教学内容关联度不高，这就导致学生很难将在课堂上学习到的理论知识应用到实践中去，为应用技术人才的培养带来很多障碍。

应用技术大学是以培养应用技术人才为目标的高等学校，它与普通本科院校和高职高专都有很大的区别，应用技术大学培养的学生是以市场需求为导向，以"理论＋实践"的教学方式为主要手段，培养的人才直接面向市场和企业的需要。[①]

### 四、需求导向的人才培养策略

（一）强化实践教学环节

应用技术大学最重要的一点就是打通理论教学与实践教学之间的隔阂，使二者能够更好地融合到一起，最终培养出理论知识丰富、实践操作能力强的应用技术人才。

（二）以需求为导向制订人才培养方案

应用技术型大学要改进人才培养方案的制订模式，不能一味地闭门造车似的制订人才培养方案，而是要考虑到应用技术大学所在地方的经济和文化特色，结合本地的优势和特色，本着为地方服务和输送应用技术人才的目的制订人才培养方案。

（三）全力培养"双师型"教师

目前，"双师型"教师的缺乏制约着应用技术大学的进一步发展，绝大部分

---

① 陈江、王作铁、李平：《需求导向的应用技术大学人才培养模式研究》，载《绥化学院学报》2015年第11期。

高校教师都进行理论研究和教学，而真正在企业工作过并且具有相关实践经验的教师少之又少，这就给应用技术大学的发展带来了困难。

（四）强化实习基地的功能

实习基地是应用技术大学在人才培养过程中把理论知识转化为实践技能的最主要的手段和途径。传统的实习方式是以学校的统一安排为主，学生自行联系实习单位为辅。学生和企业双方对实习工作的积极性较差，一旦没有教师和企业专家的及时指导，实习过程最终流于形式。①

## 第二节　滇西应用技术大学特色学院人才培养方案的总体思路

为进一步深化高等教育教学改革，贯彻落实《国务院关于发展现代职业教育的决定》（国发〔2014〕19号）、《现代职业教育体系建设规划（2014—2020年）》和《教育部　云南省人民政府加快滇西教育改革和发展共同推进计划（2012—2017年）》文件精神，根据《滇西应用技术大学试点方案》的要求，为保证应用型本科工作卓有成效地开展，保证教育教学质量，现对本科专业人才培养方案制订提出以下原则意见。

### 一、指导思想

以邓小平理论、"三个代表"重要思想、科学发展观为指导，遵循高等职业教育发展的基本规律，创新教育思想、改变教育观念，深化体制机制改革。坚持以立德树人为根本，以服务发展为宗旨，以促进就业为导向。以教学改革为核心，大力改革教学内容、课程体系，改进教学方法和手段。借鉴国内外应用型人才培养成功经验，深化产教融合、校企合作，切实构建工学结合、理实一体、顶岗实习等具有鲜明特色的应用型人才培养模式，大力强化学生实践、创业、就业能力和创新精神的培养。

### 二、基本原则

特色学院制订人才培养方案，要紧紧围绕应用型人才培养目标，构建人才培养方案，并遵循以下基本原则。

---

① 陈江、王作铁、李平：《需求导向的应用技术大学人才培养模式研究》，载《绥化学院学报》2015年第11期。

1．遵循规律，改革创新原则

深化产教融合、校企合作，创新校企（校）联合培养、工学结合、理实一体、顶岗实习的应用型人才培养模式。面向市场需求，面向地方产业需求，面向技术技能培养需求，正确处理好传授知识、培养能力、提高素质三者之间的关系。全面拓展学生的综合素质，培养学生的自主学习能力、创新能力和就业能力，注重学生的个性发展，切实保证各专业培养目标的实现。

积极探索中等和高等职业教育紧密衔接机制，贯通中高职一体培养。灵活调整和设置专业及专业方向，建立专业教学标准，有机融合相关认证课程，逐步构建专业认证体系，实行"双证"并举。

2．育人为本，突显能力原则

贯彻育人以学生为本、教学以能力为本、服务以就业为本的原则。各特色学院根据产业行业需求进行分析，确定各专业人才培养目标和人才培养规格。通过对典型岗位的细致分析，清晰设计学生未来所从事职业岗位（群）所需要的知识、能力、素质和技能要求，并制定出各专业职业岗位（群）的职业能力标准。根据各专业职业岗位（群）的职业能力标准设置课程体系，改革课程内容，实现课程内容与职业标准的对接。

3．构建模块，个性培养原则

人才培养方案整体采用"大平台"＋"多模块"的模块化教学培养方式进行。根据培养目标，实现岗位群内岗位技能的融通，使得同一课程满足不同层次的生源和不同专业方向的要求。

"大平台"的课程设置和理论教学学时安排要体现"适度必需，够用实用"原则。模块内课程设置和教学学时要突出实验、实践和技能训练教学学时安排，课程可根据培养目标和产业需求，先定内容，再定课程，再确定模块，教学目的性要强。

"大平台"主要有：公共基础理论平台、专业能力技能平台、综合素质教育培养平台、第二（课外素质）课堂平台。

"多模块"主要有：专业通用基础模块、专业（方向）技能模块、技能拓展模块、综合素质培养模块、实验实习实训能力培养模块。

4．工学结合，理实一体

坚持理论和实践教学、能力与素质、职业技能与就业能力作为一个整体设计人才培养方案。对教学目标、教学内容、课程体系、实验实习实训、职业技能进行统一规划，实现"四双"要求，即"双师""双课""双纲""双考核"。

### 三、人才培养方案的主要内容

各专业人才培养方案制订，应包括以下内容：

（1）专业人才市场需求和就业前景分析；

（2）应用型人才本科专业目标定位；

（3）培养目标阐述；

（4）职业岗位（群）能力与技能分析；

（5）业务培养规格与具体要求；

（6）学生专业能力教学标准；

（7）职业资格证书要求；

（8）修业年限、毕业最低学分及授予学位；

（9）主要课程（学位课程）；

（10）教学进程表；

（11）全程教学计划表；

（12）集中实践性教学环节计划；

（13）考试与考核要求；

（14）综合素质培养计划；

（15）课程结构及学时学分统计表。

### 四、具体要求

（1）特色学院在人才培养方案制订前，应成立由高等教育专家、合作院校、相关行业企业专家组成的专业建设指导委员会，负责指导专业、课程设置和人才培养模式改革，制订人才培养方案。委员会成员中主要用人单位成员比例不低于 50%。

（2）按照产教融合、校企合作的原则，专业设置要与区域经济优势特色产业相结合，并对产业状况进行需求分析，针对产业链的各环节、生产岗位（群）的技能需求写出分析报告，确定人才培养规格层次、专业体系、培养方式和质量标准。

（3）专业修业年限、学位授予按国家相关规定要求执行。本科实行完全学分制和弹性学制，基本学制本科为 4 年。

（4）全程教学计划表设置的基本框架。按公共基础课程平台、专业能力技能平台、综合素质教育平台和第二（课外素质）课堂平台，16 个模块进行设置，并将课程分为必修课和选修课两类，除指定选修课外，其余课程均为必修，公共基础理论课平台和综合素质教育培养平台课程，由校总部结合具体情况统一规划和设置。其余课程均由各特色学院在学校要求范围内结合实际自主设置。

（5）人才培养方案制订时要根据学科专业性质，注重课程的先行后续关系，合理安排课程教学学期和学时分配。

（6）考试与考核要求。人才培养方案中课程考核方式分为"考试""考查"两种，并注明。

（7）学分与学时分布

①本科课程总学分为210学分，共计3 432学时，其中课内学分为180学分，合2 892学时，课外学分为30学分，合540学时。

②除军事理论课为20学时为1学分，体育课为32学时为1学分外，其余课程均为16学时为1学分。

③思想政治理论课的学时学分按照中宣部、教育部有关文件标准执行，其教学采用理论联系实际的形式，安排了部分学分学时进行实践教学。

④《大学语文》突出国学内涵，体现语言表达应用和应用文写作，安排两个学期共4学分，64学时。

⑤《大学英语》按照教育部大学英语改革意见的精神以及同层次大学成功经验执行，突出语言能力的培养，总学分为12学分。

⑥工艺美术专业不设置高等数学课程，其余专业高等数学分为两个学期进行，分别上4个学分的微积分和2个学分的线性代数。

⑦"形势与政策"分为两个学期进行，共1学分，以讲座形式进行。

⑧"专业导论"课程分两部分进行，共2学分，32学时，以一课多师开展讲座的形式进行，其中第一学年安排1学分16学时，第二学年安排1学分16学时。

⑨"专业认知"课程在第一学期安排1学分16学时，全部以实践形式开展。

⑩列入《方案》的实践教学环节的累计学分（学时）一般在30%～50%之间（理工农医类不得低于40%）。规范第二课堂（课外教学）考核，其学分（学时）统一规定为30学分（480学时）。

⑪安排教学计划时，第八学期一般不安排课内课时，其余7学期，每学期课内学时不得低于20学分，也不得超过30学分。

附件：

## 滇西应用技术大学中高职衔接方案指导意见

为贯彻落实党的十八大提出的关于加快发展现代职业教育的战略要求，实现技术技能人才的系统培养与终身培养，构建完善的现代职业教育体系，滇西应用技术大学作为改革试点应运而生。应用技术类型高等学校举办的是本科层次的高等职业教育，条件成熟的时候还应进行专业硕士的培养。因此，特制订滇西应用技术大学与中高职衔接的方案。

一、指导思想

滇西应用技术大学以《国家中长期教育改革和发展规划纲要（2010—2020年）》《国务院关于加快发展现代职业教育的决定》和《现代职业教育体系建设规划（2014—2020年）》为指导，以教育部《中高职人才培养相衔接三年行动计划（2013—2015年）》《关于推进中高职衔接课程体系建设的指导意见》《教育部关于推进中等和高等职业教育协调发展的指导意见》和《滇西应用技术大学试点方案》为依据，以适应滇西地区经济转型升级、社会进步和产业的发展为依托，以探索与中高职衔接内涵及建立与中高职衔接模式为目标，创新中职、高职、本科职业教育融通人才培养模式，打通技术技能人才的培养发展通道，最终建立知识链、教育链、人才链、产业链的有效衔接。

二、主要内容

滇西应用技术大学将围绕滇西乃至云南经济社会发展和人的全面发展需要，结合区域经济结构、社会结构、人才结构和教育结构实际，积极探索与中高职教育的有机衔接和无障碍贯通，创新衔接模式，为现代职业教育体系的构建起到引领示范作用。按照系统培养、多样成才的原则，特色学院、研究院所、协同创新中心要与滇西产业紧密衔接，与滇西中高等职业教育衔接，每所特色学院确定要重点衔接的中、高职院校。加强职业教育与普通教育沟通，为学生多样化选择、多路径成才搭建"立交桥"。

（一）招生与考试制度的衔接（此项内容由学院提出申请，总部审核实施招考工作）

招生与考试制度是制约中高职衔接的瓶颈，滇西应用技术大学按照顶层设计、分类指导、鼓励探索、稳步推进的原则，完善多样化入学选拔模式，大力推广"知识＋技能"的考核评价方式，逐步形成统考招生、对口招生、单独招生、技能招生、中高职贯通招生等多种形式的现代高等职业教育考试招生制度，构建符合高等职业教育人才选拔规律和特点的招生工作体系。

1. 对口专业的中高职学生采取"知识 + 技能"的考核招生方式。

对报考滇西应用技术大学对口专业的应届及往届中高职学生，学校采取"知识 + 技能"的考核招生方式。招生形式：单独招考（中职学生分为升专、升本两个层次，高职学生则为专升本）。主要考核内容：专业核心课程的基本知识和基本技能。考核方式：理论综合笔试（包括专业基础课和专业课内容）、实践操作技能。

2. 对在校优秀中高职生，按比例保送到滇西应用技术大学对口专业就读。

为了调动中高职学生在中高职教育阶段的学习积极性，促进其健康全面发展，学校每年按专业招生人数的一定比例在重点衔接的中高职学校中招收品学兼优的保送生（中职学生分为升专、升本两个层次，高职学生则为专升本）。基本条件：中高职学习期间各科成绩均在优良以上（具体单科成绩、平均成绩可根据专业适当调整）、思想品德良好的德、智、体全面发展的优秀学生，个人申请，学校推荐。招生对象：应届对口专业的中高等职业学校毕业生。

3. 在国家级和省级技能大赛中获奖的中高职学生，符合相关条件及有关专业要求者可免试直接升入滇西应用技术大学对口专业学习。招生对象：应届对口专业的中高等职业院校毕业生。

（二）学制的衔接

滇西应用技术大学全面实行学分制和弹性学制。对达到专科录取标准的中职学生实施 3～5 年学制，学习合格后获取专科毕业证书；对达到本科录取标准的中职毕业生实施 4～6 年学制，对招入的高职高专毕业生实施 2～3 年学制，学习合格后获取本科毕业证书和学士学位证书。条件成熟后招收 2 年制专业硕士。

（三）专业的衔接

对中高职学生通过单独考试、保送、技能大赛等中高职衔接直通车入学的学生，存在学习专业衔接的问题，一般要求对口专业学习。同时，针对这类学生文化基础知识薄弱，但专业知识和技能掌握较好，特色学院要专门制订"中高职衔接人才培养方案"，按衔接模式组织教学。如 3 年学制的可采取"1+1.5+0.5"（1 年文化基础课、1.5 年专业基础和专业课、0.5 年专业实践）培养模式。

（四）人才培养目标的衔接

明确中职、高职和本科相同或相近专业在培养目标上的递进、延展和衔接的关系，保证学生在各学习阶段都能获得相应的学习能力和职业发展能力，为继续教育、终身学习和职业生涯发展奠定良好的基础。

在人才培养目标的衔接中，要充分发挥行业指导委员会的作用，通过项目立项，组织专家进行企业调研、岗位调研，组建中职—高职—本科院校校际合作和企业合作，制定和开发一体化的教学平台，实现人才培养方案、核心课程标准、教材、教学质量评价标准体系、教学资源一体化，实现中职—高职—本科教育衔接的人才培养链，加快中高职衔接的步伐，也使衔接直接进入标准化，有利于职业教育的健康发展。在条件成熟时，还可进行专业硕士的培养。

（五）课程与教学内容的衔接

专业课程与教学内容的衔接是衔接的核心和难点。在制订一体化的人才培养方案时，应加大文化课的学时比例，提高学生的文化素养。专业核心课程需要中职、高职、应用技术大学教师与行业企业专家通力合作，在人才培养目标和规格的指导下，按照职业技能标准、行业企业岗位实际，开发一体化的课程标准，明确各阶段的专业核心课程的教学重点，调整课程结构与内容，合理确定各阶段课程内容的难度、深度、广度和能力要求，形成既层次分明，又衔接贯通的专业核心课程体系，使学生的职业能力和职业素质达到相应的学历要求。

（六）教学质量评价的衔接

根据产业结构需要和企业岗位要求，结合中高等职业院校培养目标，以能力为核心，以职业资格标准为纽带，促进中等和高等职业教育人才培养质量评价标准的衔接。

由学校总部、特色学院、行业、企业和社会等方面共同参与，以文化知识标准、技能标准和职业素质标准为基础，分行业制定人才培养质量评价通用标准。建立由就业（用人）单位、行业协会、研究及咨询机构等多元主体参与的职业教育质量评价委员会，完善中高职第三方质量评价机制，将实习期间和毕业之后企业用人的满意度、毕业生就业率、创业成效等作为重要指标，实施质量年度报告计划。

（七）中高职院校校际的衔接

每所特色学院要确定重点衔接的中高职院校（至少各1所），牵头制订校际合作实施方案，成立中高职校际合作指导委员会，研究中高等职业学校合作项目、合作形式以及人才培养、师资共建、实训设备共享等。定期举办校际合作常规活动，促进中高等职业学校在各领域的深化合作，实现校际合作衔接的制度化、规范化、常态化，推进中高等职业教育人才培养的有效衔接和资源共享。

三、组织与保障

中高职衔接是构建职业教育体系的重要组成部分，是打通技术技能人才的培养发展通道，是建设人力资源强国的重要举措。滇西应用技术大学拟在深入调研的基础上，借鉴国内外先进理念和经验，建立滇西应用技术大学具有自身特色的中高职衔接人才培养模式，在云南乃至全国发挥示范引领作用。

（一）加强组织领导

严格按照教育部、云南省教育厅制定的制度和政策，指导特色学院和相应的行业组织开展相关的咨询活动。组织成立由教育、人社和产业部门的专家组成的咨询委员会，对衔接工作中的重大问题提出建议。

（二）加大经费投入

积极争取落实相关经费支持，为方案实施提供必要的资金保障。坚持政府主导、行业企业和全社会广泛参与，鼓励行业企业和社会各界以多种形式支持行动计划的实施，鼓励企事业单位、社会团体和公民个人捐资助学，形成多元投入机制，推动中高职衔接体系建设。

（三）加强督导注重过程

把中高职衔接工作作为重要内容，纳入特色学院的评估体系之中。以特色学院中高职衔接方案规划的目标要求为依据，加强工作评价和绩效评估，建立工作成效公示、奖惩结合制度，督促各学院履行责任，落实任务目标。加强实施过程管理，确保实施进度和成果质量。

（四）坚持调研为先导

针对计划实施中的重点、难点及关键问题深入开展调查研究和理论探索。各特色学院要把中高职衔接体系建设作为重点关注领域，组织力量实施攻关计划，为衔接实践和科学决策提供有力的理论引导。特色学院在计划实施中要坚持调查研究，积极吸收国内外先进理念和经验。鼓励和支持特色学院与相关行业企业和科研机构开展中高职衔接的协同探索，推动重大理论和实践创新。

四、实施进程

每所特色学院可分阶段开展中高职衔接工作：

调研了解阶段：充分对滇西片区乃至全省与学院对口中的高职学校专业的教学管理情况及学生学习情况进行充分调研，争取政府、行业的支持，最好能成立行业的中高职教育联盟。

制订实施阶段：制定出一套有效、可行的促进学院与中高职学校互助合作的人才培养方案和教学管理制度（教学计划管理制度、教学运行管理制度、教学质量管理制度、教学资源管理制度等），并实时开始实施。

总结修正阶段：通过"中高职衔接方案"一轮的实施，总结实施效果，进行讨论修正，形成正式教学管理制度。

## 第三节　滇西应用技术大学珠宝学院人才培养的具体实践

### 一、专业技能素养培养方案——珠宝学院宝石及材料工艺学专业人才培养方案（玉雕设计与加工工艺方向）

近年来，世界珠宝产业迅速发展壮大，珠宝首饰行业销售额持续增长，平均年增长率达 4%，中国珠宝产业发展也呈现了快速增长局面。2013 年，我国内地珠宝市场销售额 4 700 亿人民币，从业人员近 600 万人。

在产业高速发展的大背景下，云南珠宝玉石产业在全国仍处于"一流原料、二流设计、三流加工、四流价格"的境地。在广东、上海、北京等地珠宝玉石加工业蓬勃发展的同时，云南珠宝玉石产业仍旧没有从单纯的"原料提供者"转变为"加工者"，设计加工工艺落后，产品附加值低。据统计，在云南从事珠宝产业的从业人员达到 100 万人左右，但经过系统珠宝专业培养和继续教育培训人员不足总额的 1%，即高层次珠宝设计、加工、营销人员尚不足 10 万人。以保山、德宏为例，2013 年底保山市珠宝翡翠加工经营户达 7 000 余户（腾冲 4 000 多户），从业人员 5 万多人（腾冲 3 万多人），玉雕加工专业技术人才近 6 000 人（腾冲仅 2 000 多人），而临近的德宏有珠宝加工经营户近 6 000 户，从业人员 5 万多人，玉雕加工人员不足 5 000 人，加工人员仅占从业人员的 10% 左右。而以保山、德宏为主的滇西片区加工人员更为缺乏，专业人才缺口巨大。在滇西地区，高端加工专业人才培养缓慢。在保山市近 5 万名从业人员中，高中及以上学历者不到 20%，接受过专业培训的不到 10%。加工户中可生产高档翡翠成品的仅占 20%，具有玉雕专业职称的仅有 200 多人。珠宝行业企业对有良好的综合素质和熟悉玉雕工艺的高层次玉雕设计和加工人才需求巨大，但人才培养和供给明显不足。

云南滇西地区与宝石级翡翠的产地缅甸接壤，是云南面向南亚、东南亚开放的"桥头堡"，是东南亚"最大的翡翠集散地"，区位优势独特，历史文化悠久，翡翠文化底蕴深厚，是云南珠宝产业的主要阵地。但云南滇西地区珠宝企业的玉石加工、设计能力普遍较弱，管理模式单一，产业规模较小，亟须对产业进行转型升级改造，对玉雕设计与加工工艺高层次人才需求非常旺盛。

宝石及材料工艺学专业（玉雕设计与加工工艺方向）的学生具有扎实的专业理论基础和过硬的设计、雕刻能力，无论是大型珠宝公司，还是小型珠宝作坊，都有迫切需求。学生毕业后可以在与玉石雕刻专业相关的各类珠宝公司和玉雕工作室就业，可以到中等专业学校、高等院校从事玉石雕刻教学工作，也可以自主创业，该专业毕业生的就业前景是十分光明的。

（一）专业目标定位

宝石及材料工艺学专业（玉雕设计与加工工艺方向）培养立足滇西、服务云南、面向全国、辐射南亚东南亚，针对珠宝行业的玉雕设计与加工工艺领域，通过理实一体化、工作室项目化教学过程的实施，培养理论知识够用、实用，技术应用能力较强的人才，能胜任玉石切磨、设计、雕刻、抛光等工作岗位，促进云南滇西地区珠宝产业发展。

（二）培养目标

本专业培养目标：培养具有扎实的理论基础，较强的实践能力，较高的职业素质，掌握珠宝玉石材料基本知识，具备常见玉石鉴别能力，具备白描绘画基本技能、玉雕创意设计与雕刻能力，熟悉玉雕文化知识的高素质技术技能型应用型人才。

（三）职业岗位（群）能力与技能分析

根据全国及云南玉雕市场需求，特别是滇西地区珠宝产业发展状况和企业需求，学生今后就业的岗位知识、能力分析见表1。

**表1　岗位（群）描述及能力分析**

| 序号 | 核心工作岗位及相关工作岗位 | 岗位描述 | 职业能力要求与素质 |
|---|---|---|---|
| 1 | 宝玉石雕刻设计（相关岗位） | 具有深厚的艺术文化修养，了解消费者的消费心理需求；善于辨识和利用玉雕材料，使用现代设计方法和手段，进行作品创意设计，确定玉雕设计方案，绘制设计图；进行玉雕作品设计创意的解说。 | 了解珠宝玉石文化知识，并能够合理运用；有珠宝玉石的市场观念；熟悉各种玉料的特点；熟悉现代设计创意的构思方式，具备创意设计能力；熟悉现代玉雕设计手段；具有绘制设计图的能力；具有工艺美术品鉴赏能力。 |
| 2 | 宝玉石雕刻工艺技术（核心岗位） | 善于辨识和利用玉雕材料；能理解设计师的设计意图；能对玉雕作品进行二次创作；善于操作各种玉雕设备，利用各种玉雕技法进行作品加工。 | 具备美术设计知识和能力；掌握玉雕材料知识；掌握宝玉石雕刻加工技法；具有美术鉴赏能力；掌握常规玉雕设备使用和维护技术；了解中国古玉与玉文化；毕业具有工艺品雕刻工（高级）证书。 |

续 表

| 序号 | 核心工作岗位及相关工作岗位 | 岗位描述 | 职业能力要求与素质 |
|---|---|---|---|
| 3 | 宝玉石作品鉴赏、评价与评估(相关岗位) | 善于辨识玉雕材料;能理解设计师的设计意图;能对玉雕作品进行艺术价值和文化价值评价;了解国际、国内珠宝市场现状。 | 了解珠宝市场现状;<br>掌握一定的玉雕材料知识;<br>熟悉宝玉石雕刻加工工艺过程;<br>具有作品鉴赏能力;<br>掌握珠宝首饰营销知识;<br>熟悉珠宝首饰评估和拍卖过程。 |

（四）规格与具体要求

宝石及材料工艺学专业（玉雕设计与加工工艺方向）人才应满足以下要求。

1. 综合素质方面

（1）热爱祖国，热爱社会主义，拥护中国共产党的领导，掌握马列主义、毛泽东思想、邓小平理论和科学发展观的基本原理及建设有中国特色的社会主义基本理论；有正确的世界观、人生观和价值观；具有良好的职业道德和较强的法制意识；

（2）诚实守信，具有团队协作精神和良好的职业操守；

（3）热爱珠宝事业，具有较高的职业理想和事业心，专业上勇于探索和创新；

（4）掌握科学的学习、思维和工作方法，具有严谨的学风、科学的态度；

（5）具有一定的文学艺术修养，有较强的人际沟通能力和组织协调能力，有集体荣誉感；

（6）具有较好的身体素质和心理素质；

（7）积极主动地参加专业社会实践，自觉培养良好的专业素养。

2. 专业素质方面

（1）具有一定的相关专业外语基础；

（2）掌握一定的专业文化与历史知识；

（3）掌握宝玉石鉴定、鉴别的基本原理和方法，具有常见宝玉石鉴别能力；

（4）具备一定的玉料采选及绘画设计能力；

（5）系统掌握玉石雕刻的基本原理和方法，具备常见玉雕造型的设计、加工能力；

（6）具备一定的玉雕艺术品鉴赏及评价能力；

（7）具有较好的自学能力和灵活运用专业知识解决实际问题的工程实践能力。

（五）专业能力标准

宝石及材料工艺学专业（玉雕设计与加工工艺方向）岗位能力如表2所示。

**表2　宝石及材料工艺学专业（玉雕设计与加工工艺方向）专业能力标准**

| 能力要求 | 能力标准一级指标 | 能力标准二级指标 | 主要课程 |
|---|---|---|---|
| 基础能力 | 1. 具备宝石专业基础能力；<br>2. 了解宝玉石地质知识；<br>3. 熟悉热学、光学、力学等物理知识。 | 1. 掌握珠宝检测仪器使用方法；<br>2. 具备简要描述玉石产地特征的能力；<br>3. 能在宝玉石鉴别中使用大学物理相关知识。 | 宝石学基础<br>宝石地质学与矿物学<br>大学物理 |
| 专业技术能力 | 1. 掌握白描绘画技法；<br>2. 具备常见玉石鉴别能力；<br>3. 了解中国古玉与玉文化；<br>4. 具备立体造型设计能力；<br>5. 熟练掌握玉雕相关技术；<br>6. 了解其他雕刻材料工艺性能；<br>7. 了解现代玉雕设备及其工艺；<br>8. 科学评价及鉴赏优秀玉雕作品；<br>9. 具备玉雕设计创新能力；<br>10. 能够用缅甸语简单交流。 | 1. 具备常见玉石材料选材及玉料绘画设计能力；<br>2. 具备区分翡翠及其相似玉石的能力；<br>3. 熟悉图案创作方法及传统玉器纹样；<br>4. 具备将立体塑形的相关技法转化为玉雕技法的能力；<br>5. 掌握玉石各种中、高级雕刻技法；<br>6. 掌握常见有机材料类雕刻技艺；<br>7. 熟练掌握不同玉种的雕刻技巧；<br>8. 熟悉电脑设计与雕刻工艺技法并善于科学运用；<br>9. 能够利用所学的玉石文化、宗教等相关知识描述玉雕作品文化内涵；<br>10. 具有玉雕工艺、设计、技法的创新和开拓能力；<br>11. 具备常用缅甸语的听、说、读、写能力；<br>12. 具有在玉雕中运用中外工艺美术知识的能力； | 白描<br>玉材选料及设计<br>翡翠宝石学<br>图案学与传统玉石纹样<br>立体造型技法实训<br>玉雕设计与加工工艺基础<br>玉雕高级技法<br>有机材料雕刻技法<br>特种材料雕刻技法<br>计算机辅助设计与雕刻<br>玉雕设计与创意<br>缅甸语 |

续　表

| 能力要求 | 能力标准一级指标 | 能力标准二级指标 | 主要课程 |
|---|---|---|---|
| 专业技术能力 | 11. 熟悉工艺美术发展历史及艺术设计理论知识。 | 13. 熟悉艺术设计的原理与方法，具备常见艺术造型的设计能力。 | 中外工艺美术史<br>艺术设计基础 |
| 综合素质拓展能力 | 1. 具备一定的汉字书法能力；<br>2. 了解周边国家文化；<br>3. 具备一定的美学思想；<br>4. 具备摄影基本技法；<br>5. 熟悉中国传统民间、民俗文化；<br>6. 基本的玉器投资、收藏理念。 | 1. 具备在玉雕作品中雕刻书法文字的能力；<br>2. 熟悉东南亚国家相关历史文化；<br>3. 具有一定的设计审美能力；<br>4. 掌握玉雕产品的摄影能力；<br>5. 掌握并能够运用中国民间、民俗图样于玉雕作品中；<br>6. 具备传播玉器投资、收藏相关知识的能力。 | 书法<br>东南亚文化简史<br>中外美术作品鉴赏<br>玉雕作品摄影基础<br>中国传统民间民俗文化<br>玉器投资与收藏 |

（六）职业资格证书要求

宝石及材料工艺学专业应用本科毕业生职业资格要求如表3所示。

**表3　宝石及材料工艺学专业职业资格证书及要求**

| 职业资格证书名称 | 鉴定及发证部门 | 备注 |
|---|---|---|
| 工艺品雕刻工（高级） | 人力资源和社会保障部 | 玉雕设计与加工工艺方向毕业要求 |

（七）修业年限、毕业最低学分及学位授予

宝石及材料工艺学应用本科学制原则上为4年，修业年限为3~6年。学生通过培养方案规定的全部教学环节，毕业最低学分达到188个学分，成绩合格达到毕业要求，授予工学学士学位。

（八）主要课程（学位课程）

宝石地质学与矿物学、宝石学基础、艺术设计基础、白描、图案学与传统玉石纹样、中外工艺美术史、翡翠宝石学、玉材选料及设计、玉雕设计与创意、计算机辅助设计与雕刻、玉雕高级技法等。

（九）教学进程表

培养方案教学进程安排按学年和学期编制，每学年共40周，实行3学期制。

（十）课程设置计划

课程设置及每学期学分分配情况详见表4。

（十一）集中实践性教学环节计划

具体安排详见附表5。

（十二）考试与考核要求

培养方案中公共基础课程与专业基础课程原则上实行教考分离，实行闭卷或开卷考试，成绩按"7+3"原则（即考试成绩占70%，平时成绩占30%）计分。

专业核心技能课、职业技能课程侧重过程考核，教师可根据课程内容、性质和特点，按"2+6+2"或"4+4+2"的原则［即理论考核占20%（或40%），技能考核占60%（或40%），平时成绩占20%］计算成绩。理论考核采用闭卷（或开卷）模式进行考核，技能考核通过撰写实践报告、案例设计及实际操作等形式进行考核，部分课程推荐采用理实一体的考试方法。

教学实践性环节和技能训练环节考核成绩分为"优、良、中、及格、不及格"5级，并参考职业资格证书获取情况。

综合文化素质拓展课程实行过程性考核。

（十三）课程结构及学时学分统计表

宝石及材料工艺学专业（玉雕设计与加工工艺方向）专业培养计划总学时、学分统计、各类课内教学学时、学分分配表详见附表6。

表4　宝石及材料工艺学（玉雕设计与加工工艺方向）课程设置计划

| 课程类别 | 课程编码 | 课程名称 | 学分 | 总学时 | 授课 | 实验 | 上机 | 实践 | 第一学年上16周 | 第一学年下15周 | 第二学年上15周 | 第二学年下16周 | 第三学年上15周 | 第三学年下16周 | 第四学年上16周 | 第四学年下16周 | 考核方式 | 备注 |
|---|---|---|---|---|---|---|---|---|---|---|---|---|---|---|---|---|---|---|
| 公共基础课模块 必修课 | 010101 | 思想道德修养与法律基础 | 2 | 32 | 24 | | | 8 | 2 | | | | | | | | 考试 | 思想政治课 |
| | 010102 | 中国近现代史纲要 | 1* | 16* | 16* | | | | | 1* | | | | | | | 考查 | |
| | 010103 | 马克思主义基本原理概论 | 3 | 48 | 48 | | | | | 3 | | | | | | | 考试 | |
| | 010104 | 毛泽东思想和中国特色社会主义理论概论 | 4 | 64 | 48 | | | 16 | 4 | | | | | | | | 考试 | |
| | 010105 | 社会实践及公益劳动 | 1* | 16* | | | | | | | 1* | | | | | | 考查 | |
| | 010106 | 职业道德与安全教育 | 1* | 16* | 16* | | | | | 1* | | | | | | | 考查 | 职业教育课程 |
| | 010107 | 职业生涯与规划 | 1* | 16* | 16* | | | | | | 1* | | | | | | 考查 | |
| | 010108 | 创业教育 | 1* | 16* | 16* | | | | | | | | | 1* | | | 考查 | |
| | 010109 | 就业教育与实践 | 2* | 32* | 16* | | | 16* | | | | | | 2* | | | 考查 | |
| | 010110 | 体育（1） | 0 | 32* | 32* | | | | 2* | | | | | | | | 考查 | 体育课 |
| | 010111 | 体育（2） | 2 | 32 | 32 | | | | | 2 | | | | | | | 考查 | |
| | 010112 | 体育（3） | 0 | 32* | 32* | | | | | | 2* | | | | | | 考查 | |
| | 010113 | 体育（4） | 2 | 32 | 32 | | | | | | | 2 | | | | | 考查 | |
| | 010114 | 体育课外测试（1） | 0 | 0 | | | | | | | | | 0 | | | | 考查 | |
| | 010115 | 体育课外测试（2） | 0 | 0 | | | | | | | | | | | 0 | | 考查 | |

续 表

| 课程类别 | 课程编码 | 课程名称 | 学分 | 总学时 | 授课 | 实验 | 上机 | 实践 | 第一学年上16周 | 第一学年下15周 | 第二学年上15周 | 第二学年下16周 | 第三学年上16周 | 第三学年下15周 | 第四学年上16周 | 第四学年下16周 | 考核方式 | 备注 |
|---|---|---|---|---|---|---|---|---|---|---|---|---|---|---|---|---|---|---|
| 公共基础课模块 必修课 | 010116 | 大学计算机基础 | 4 | 64 | 32 | | 32 | | 4 | | | | | | | | 考查 | 计算机、英语、物理课 |
| | 010117 | 大学语文 | 2 | 32 | 32 | | | | 2 | | | | | | | | 考试 | |
| | 010118 | 大学英语 | 8 | 128 | 128 | | | | | 4 | | | | | | | 考试 | |
| | 010119 | 大学物理 | 4 | 64 | 48 | 16 | | | 4 | | | | | | | | 考试 | |
| | 010120 | 宝石地质学与矿物学 | 4 | 64 | 64 | | | | | 4 | | | | | | | 考试 | 自设 |
| | 010121 | 宝石学基础 | 4 | 64 | 40 | 24 | | | | 4 | | | | | | | 考试 | 自设 |
| 选修课 | | 文化素质教育课，按模块选选修8学分 | | | | | | | | | | | | | | | | |
| 专业核心技能课程模块 职业技能模块课程 必修课 | 040201 | 艺术设计基础 | 4 | 64 | 64 | | | | | | 4 | | | | | | | |
| | 040202 | 图案学与传统玉石纹样 | 4 | 64 | 48 | 16 | | | | | 4 | | | | | | | |
| | 040203 | 中外工艺美术史 | 3 | 48 | 48 | | | | | | | | 3 | | | | | |
| | 040204 | 白描 | 8 | 128 | 64 | | | 64 | | | 4 | | | | | | | |
| | 040205 | 翡翠宝石学 | 4 | 64 | 32 | 32 | | | | | 4 | | | | | | | |
| | 040206 | 中国古玉与玉文化 | 2 | 32 | 32 | | | | | | | | 2 | | | | | |

续　表

| 课程类别 | 课程编码 | 课程名称 | 学分 | 总学时 | 授课 | 实验 | 上机 | 实践 | 上16周 | 下15周 | 上16周 | 下16周 | 上15周 | 下16周 | 上16周 | 下16周 | 考核方式 | 备注 |
|---|---|---|---|---|---|---|---|---|---|---|---|---|---|---|---|---|---|---|
| 专业核心技能课程模块 | 040201 | 艺术设计基础 | 4 | 64 | 64 | | | | | | 4 | | | | | | 考查 | |
| | 040202 | 图案学与传统玉石纹样 | 4 | 64 | 48 | 16 | | | | | 4 | | | | | | 考查 | |
| | 040203 | 中外工艺美术史 | 3 | 48 | 48 | | | | | | | | 3 | | | | 考查 | |
| | 040204 | 白描 | 8 | 128 | 64 | | | 64 | | 4 | 4 | | | | | | 考查 | |
| | 040205 | 翡翠宝石学 | 4 | 64 | 32 | 32 | | | | | 4 | | | | | | | |
| | 040206 | 中国古玉与玉文化 | 2 | 32 | 32 | | | | | | | | 2 | | | | | |
| | | 小　计 | 25 | 400 | 288 | 48 | 0 | 64 | 0 | 4 | 16 | 0 | 5 | 0 | 0 | 0 | | |
| 职业技能模块课程 | 040207 | 玉材选料及绘画 | 6 | 96 | 48 | | | 48 | | | | | | 6 | | | 考查 | |
| | 040208 | 玉雕设备及工艺基础 | 6 | 96 | 48 | | | 48 | | | | | 6 | | | | 考查 | |
| | 040209 | 玉雕设计与创意 | 4 | 64 | 16 | | | 48 | | | | | | | 4 | | 考查 | |
| | 040210 | 玉雕高级技法 | 6 | 96 | 32 | | | 64 | | | | | | 6 | | | 考查 | |
| | | 小　计 | 22 | 352 | 144 | 0 | 0 | 208 | 0 | 0 | 0 | 0 | 6 | 6 | 10 | 0 | | |
| 职业技能模块课程 | 040211 | 计算机辅助设计与雕刻 | 4 | 64 | 24 | | | 40 | | | | | | 4 | | | 考查 | |
| | 040212 | 有机材料雕刻技法 | 2 | 32 | 12 | | | 20 | | | | | 2 | | | | 考查 | |
| | 040213 | 特种材料雕刻技法 | 2 | 32 | 12 | | | 20 | | | | | 2 | | | | 考查 | |
| | 040214 | 缅甸语 | 6 | 96 | 96 | | | | | 3 | | | 3 | | | | 考试 | |
| | 040215 | 玉雕作品摄影基础 | 2 | 32 | 16 | | | 16 | | | | | 2 | | | | 考查 | |
| | | 小　计 | 16 | 256 | 160 | 0 | 0 | 96 | 0 | 3 | 0 | 3 | 7 | 2 | 4 | 0 | | |

续 表

| 课程类别 | 课程编码 | 课程名称 | 学分 | 总学时 | 其中 授课 | 其中 实验 | 其中 上机 | 其中 实践 | 上16周 | 下15周 | 上15周 | 下16周 | 上15周 | 下16周 | 上16周 | 下16周 | 考核方式 | 备注 |
|---|---|---|---|---|---|---|---|---|---|---|---|---|---|---|---|---|---|---|
| 专业拓展课程 选修课 | 040401 | 字体与书法 | 2 | 32 | 32 | | | | | | 2 | | | | | | 考查 | |
| | 040402 | 中外美术作品鉴赏 | 2 | 32 | 32 | | | | | | 2 | | | | | | 考查 | |
| | 040403 | 东南亚文化简史 | 2 | 32 | 32 | | | | | | | 2 | | | | | 考查 | |
| | 040404 | 珠宝鉴赏 | 2 | 32 | 32 | | | | | | | 2 | | | | | 考查 | |
| | 040405 | 中国传统民间民俗文化 | 2 | 32 | 32 | | | | | | | | 2 | | | | 考查 | |
| | 040406 | 玉器抛光工艺 | 2 | 32 | 32 | | | | | | | | 2 | | | | 考查 | |
| | 040407 | 玉器投资与收藏 | 2 | 32 | 32 | | | | | | | | | 2 | | | 考查 | |
| | 040408 | 珠宝评估与拍卖 | 2 | 32 | 32 | | | | | | | | | 2 | | | 考查 | |
| | | 至少选8学分 | | | | | | | | | | | | | | | | |
| | | 小计 | 8 | 128 | 128 | | | | | | 2 | 2 | 2 | 2 | 0 | 0 | | |
| | | 合计 | 118 | 1888 | 1376 | 88 | 32 | 392 | 20 | 21 | 21 | 17 | 15 | 16 | 0 | 0 | | |

## 表5　集中实践性教学环节安排表

| 序号 | 课程编号 | 实践教学环节 | 学分 | 学时 | 周数 | 开课学期 | 备注 |
|---|---|---|---|---|---|---|---|
| 1 | 1006001 | 军事理论与实训 | 2 | 40 | 2 | 1 | |
| 2 | 1006002 | 企业认知实习 | 1 | 20 | 1 | 1 | 翡翠博物馆翡翠加工基地商贸城早市 |
| | 1006003 | 立体造型基础技法实训 | 2 | 40 | 2 | 2 | 陶艺与雕塑实训室 |
| 3 | 1006004 | 玉雕初级技法训练（一） | 4 | 80 | 4 | 4 | 玉雕切磨、琢形实训室 |
| 4 | 1006005 | 玉雕素材采风 | 4 | 80 | 4 | 3～4 | 外出采风 |
| 5 | 1006006 | 玉雕初级技法训练（二） | 4 | 80 | 4 | 4 | 玉雕切磨、琢形实训室 |
| 6 | 1006007 | 优秀玉雕作品赏析与实践 | 5 | 100 | 5 | 5～6 | 翡翠文化室翡翠加工基地 |
| | 1006008 | 工艺品雕刻工（高级）资格认证 | 1 | 20 | 1 | 6 | 毕业要求证书 |
| 7 | 1006009 | 玉雕 作品配饰与配座实训 | 2 | 40 | 2 | 6 | 木雕实训室 |
| 8 | 1006010 | 企业顶岗实习 | 16 | 320 | 16 | 7 | 玉雕企业或大师工作室 |
| 9 | 1006011 | 玉雕 技法综合表现及运用 | 8 | 160 | 8 | 7～8 | 大师工作室 |
| 10 | 1006012 | 毕业设计与作品 | 11 | 200 | 11 | 8 | 指导教师工作室 |
| | | 合计 | 60 | 1200 | 60 | | |

表 6 课内教学学时、学分分配表

| 纵向结构 | 学时 | 百分比 | 学分 | 百分比 | 横向结构 | 学时 | 百分比 |
|---|---|---|---|---|---|---|---|
| 公共基础课程 | 624 | 33.05% | 39 | 33.05% | 必修课 | 1632 | 86.44% |
| 专业基础课 | 400 | 21.19% | 25 | 21.19% | | | |
| 专业技能课 | 352 | 18.64% | 22 | 18.64% | | | |
| 职业技能课 | 256 | 13.56% | 16 | 13.56% | | | |
| 综合素质课 | 256 | 13.56% | 16 | 13.56% | 选修课 | 256 | 13.56% |
| 合计 | 1888 | 100.00% | 118 | 100.00% | 合计 | 1888 | 100.00 |

**二、滇西应用技术大学珠宝学院本科生人文素质培养方案**

为贯彻落实中共中央、国务院《关于深化教育改革，全面推进素质教育的决定》和《全国高校大学生综合素质全程培养方案指导意见》，有计划、有步骤、有实效地对学生进行人文素质培养，实现滇西应用技术大学和珠宝学院的办学宗旨，培养适应时代发展和珠宝事业建设与发展的高级技术技能型、复合型人才。

（一）培养目标

提高学生的思想道德品德、时代使命感和责任感、社会主义核心价值观；掌握法律法规基础知识、哲学基础知识、珠宝历史知识；提高实践与创新能力、文学和艺术基本鉴赏能力、自我完善与发展能力、跨文化交流能力和真善美丑辨别能力；具备新时代人才必备的人文基本素养和饱满的精神风貌。

（二）培养内容

1. 思想道德品格、时代使命感和责任感

培养学生拥护中国共产党，维护祖国和人民利益，具有深厚的爱国热情和建设国家的时代感与事业责任心，培养学生集体主义和助人为乐的精神品德；具有基本的明辨是非、善恶、美丑的判断标准和道德准则。

2. 自我学习、主动实践与创新能力

引导学生明确深化学习目标，培养学生对基础理论知识和专业知识的综合运用能力；开阔的知识视野和精益求精的精神，不断接受新知识、新方法和完善知识、能力结构的理想、信念和激情；对知识的感悟能力、技术创新精神、用于实践能力和艰苦创业精神；掌握新思想、新方法和新技能的学习方法。

3. 自我完善与自我发展能力

培养学生具有健全的体魄和健康的心理，具有良好的体质；具有健康的心理素质、高尚的情感和积极乐观的人生态度；具有正确的自我分析能力，较强的适应能力和耐挫折力；较广的兴趣爱好和基本的文学艺术鉴赏能力；具有和谐共处的人际关系、团队协作意识和协调能力；自我认同，自我热爱，具有自尊、自立、自信和自强精神。

4. 跨文化、宽视野的交流能力

培养学生具有全球性的国际视野，掌握基本的国内和国际相关法律知识，了解外国国家文化、历史、地理知识，掌握跨文化交流的人文底蕴、基本技能。

（三）培养方法

开设相关课程，指导学生选修；组织定期和不定期专题讲座；指导学生会、党团组织等学生团体，由学生自行组织专题活动。

（四）人文素质培养课程

1. 人文素质课程类型

珠宝学院学生人文素质拓展课程包括"中华文化与历史传承""自然科学与科技""社会与文化""自我与人生""艺术鉴赏与审美""心理健康与情商教育""时事政治讲坛""职业生涯规划""社交文化与礼仪"9 类课程，以课程群方式向学生开放，通过选修课形式，学生可以通过课堂学习、听讲座、MOOCS 和实践学习等多种途径获取学分。

2. 人文素质培养课程设置计划

人文素质质培养课程及设置见表 7。

表 7  人文素质培养课程设置计划表

| 课程<br>类别 | 课程名称 | 学分 | 学时 | 课内<br>总学时 | 课外<br>学时 | 修读<br>学期 | 备注 |
|---|---|---|---|---|---|---|---|
| 时事政<br>治讲坛 | 时事政治形势讲坛 | 2 | 32 | | 32 | 1 ~ 4 | 考查 |
| 中华文化<br>与历史传承 | 中国古代史 | 2 | 32 | 16 | 16 | 1 | 考查 |
| | 中华诗词之美 | 2 | 32 | 32 | | 1 | 考查 |
| | 中西文化比较 | 2 | 32 | 32 | | 2 | 考查 |
| | 儒学与生活 | 2 | 32 | 32 | | 3 | 考查 |
| | 中华民族精神 | 2 | 32 | 32 | | 3 | 考查 |

续 表

| 课程类别 | 课程名称 | 学分 | 学时 | 课内总学时 | 课外学时 | 修读学期 | 备注 |
|---|---|---|---|---|---|---|---|
| 自然科学与科技 | 数学文化 | 1 | 16 | 16 | | 1 | 考查 |
| | 基础生命科学 | 1 | 16 | 16 | | 2 | 考查 |
| | 魅力科学 | 1 | 16 | 16 | | 3 | 考查 |
| | 仿生学概论 | 2 | 32 | 32 | | 1~4 | 考查 |
| | 生命科学与人类文明 | 1 | 16 | 16 | | 4 | 考查 |
| 社会与文化 | 美学原理 | 2 | 32 | 32 | | 2 | 考查 |
| | 佛教文化导论 | 2 | 32 | 32 | | 4 | 考查 |
| | 文学名著导读 | 2 | 16 | 16 | 16 | 3 | 考查 |
| | 外国文化 | 2 | 32 | 32 | | 1~4 | 考查 |
| 艺术鉴赏与审美 | 设计概论 | 2 | 32 | 32 | | 1 | 考查 |
| | 影视鉴赏 | 2 | 32 | 32 | | 1~4 | 考查 |
| | 审美学 | 2 | 32 | 32 | | 2 | 考查 |
| | 人体工程学概论 | 2 | 32 | 24 | 8 | 3 | 考查 |
| | 艺术美学 | 2 | 32 | 32 | | 4 | 考查 |
| 自我与人生 | 新伦理学 | 2 | 32 | 32 | | 4 | 考查 |
| | 法学概论 | 2 | 32 | 32 | | 3 | 考查 |
| | 哲学原理 | 3 | 48 | 48 | | 5 | 考查 |
| 心理健康与情商教育 | 社会心理学 | 2 | 32 | 32 | | 2 | 考查 |
| | 心理、行为与文化 | 1 | 16 | 16 | | 1~4 | 考查 |
| | 大学生心理调适 | 1 | 16 | 16 | | 1~4 | 考查 |

（五）课时及学分要求

珠宝学院学生毕业时，人文素质培养类课程的学时、学分修读，需满足专业人才培养方案的最低要求，方准予毕业并授予学位。

**三、滇西应用技术大学珠宝学院大学生第二课堂实施方案**

（一）培养目的

为贯彻落实中共中央、国务院《关于深化教育改革，全面推进素质教育的决定》和《全国高校大学生综合素质全程培养方案指导意见》，开设大学生第二课堂，以提高大学生创新意识，加强知识应用和实践能力培养，促进学生个性发展，提高大学生综合素质，实现滇西应用技术大学办学宗旨和人才培养目标，培养适应时代发展和滇西乃至全国及面向东南亚国家珠宝事业建设与发展的新型人才。

（二）修读要求

第二课堂活动是人才培养方案的一部分。学生在保证完成本科毕业要求课程学习任务的前提下，采取自愿参加的基本原则，报名参加各类第二课堂活动或项目。学生在校学习期间，需要累计取得不少于 10 个第二课堂学分，方可获得毕业证书和学位证书。

第二课堂活动时间，除纳入教学计划规定的课堂教育时间外，其他活动或项目以课余时间为主，以不影响正常教学秩序为前提，有组织、有计划、有步骤地结合教学进程或根据知识积累进程循序实施，利用双休日、寒暑假及课余时间进行。学生在参加活动期间，服从组织和指导，按计划、任务、要求认真完成，按时提交活动或项目的相关文档材料。

（三）第二课堂内容

第二课堂活动内容分为综合素质活动、专业能力活动两大类。

1. 综合素质活动类

综合素质活动类主要分为社会实践活动、文体竞赛活动两项。

（1）社会实践活动。主要为日常社会实践、假期社会实践、公益社会实践、社团社会实践四大项，不包括认知实习和毕业实习。主要利用课余时间或寒暑假"三下乡"或到珠宝市场、企业进行岗位技能实训期间同时进行。公益社会实践，指利用课余时间进行的志愿者服务活动。社团社会实践，指参加经学院批准成立并注册的学生社团组织所开展的实践活动。

（2）文体竞赛活动。主要为以个人或集体名义参加的院内外各种文化、艺术与体育竞赛活动。此活动内容与社会实践活动特别是社团实践活动相关联或重复时，登记学分时只认定一项，不得重复认定。

2. 专业能力活动

专业能力活动分为学术科研活动、专业学科竞赛活动、参加学术报告和专业技能训练活动等。

（1）学术科研活动。主要指学生参加教师组织的科研活动或独立开展的各类学术活动，包括学生参与的各项科学研究活动，如公开发表学术论文、出版著作、承担教师科研任务或独立开展科研活动的成果、专利，公开发表的文学、文化、艺术及新闻作品等。

（2）专业学科竞赛活动。主要指参加由学院或院外组织的各种属于专业范围内的学科竞赛活动，如珠宝知识竞赛活动、珠宝职业技能大赛、职业技能培训活动等相关知识技能竞赛活动。其中相关知识技能竞赛活动指以个人或集体名义参加院或院外举办的专业能力之外的单项知识、技能竞赛活动。职业技能培训活动指参加院、市、省及国家相关部门组织的专业职业技能培训和竞赛活动（如技能大赛培训、普通话等级考试、缅语或其他小语种竞赛培训、计算机等级考试三级及以上等，学校已有规定的英语、计算机等级考试除外），并取得相应获奖证书、资格证书或等级证书等。专业学科竞赛活动的举办充分贯彻应用技术大学以赛促学的宗旨。

（3）参加学术报告活动。主要指参加学院（校）或正式学生社团组织的科学技术和人文社会科学等学术讲座与文化活动。其中参加本院组织的学术报告活动次数必须达到活动总数的50%。

（4）专业技能训练活动指珠宝学院组织或岗位技能实训期间在珠宝企业的专业能力辅导训练活动。

（四）第二课堂实施与管理

第二课堂活动组织以专业自然班为基本管理单位，由辅导员或班主任负责具体活动或项目的实施、检查与学分审定。每学期结束前两周内以班为单位交由学院教务员统一负责学分审核认定和登记，以及相关文档管理。

在开展第二课堂活动中，发扬以赛促学、艰苦奋斗、勤俭节约的精神，充分发挥现有资源的作用，提高活动执行效益。学院、各部门积极支持和配合大学生开展第二课堂活动。第二课堂活动或项目经组织评审通过后，由学院教学经费资助。

（五）附件

1. 珠宝学院第二课堂活动学分申报表。

2. 珠宝学院第二课堂活动学分个人登记表。

3. 珠宝学院第二课堂活动学分班级审核汇总表。

4. 珠宝学院大学生第二课堂活动学分认定细则。

附件1:

### 珠宝学院第二课堂活动学分申报审定表

申请时间:_____年_____月_____日 (第____至____学年)

| 姓 名 | | 学号 | | 专业 | | 申报总学分 | |
|---|---|---|---|---|---|---|---|
| 政治面貌 | | 职务 | | 籍贯 | | | |
| 活动类型<br>(在类型上画√) | 具体类别<br>(在类别上画√) | | 活动内容/级别 | | | 认定学分数 | |
| 综合素质<br>活动类 | □社会实践活动 | | | | | | |
| | □文体竞赛活动 | | | | | | |
| | □其他 | | | | | | |
| 专业能力<br>活动类 | □专业学科竞赛 | | | | | | |
| | □专业技能大赛 | | | | | | |
| | □学术科研活动 | | | | | | |
| | □参加学术报告 | | | | | | |
| | □专业技能训练活动 | | | | | | |
| | □其他 | | | | | | |
| 本人声明 | 本人声明以上信息真实无误,若有不实愿意承担一切责任和后果。<br><br>本人签字: | | | | | | |
| 班级<br>认证<br>意见 | 辅导员签章:<br>    年    月    日 | | | 学院<br>认证<br>意见 | 教务主管领导签章:<br>    年    月    日 | | |
| 备注 | | | | | | | |

附件2：

## 珠宝学院第二课堂活动学分个人登记表

姓名　　　　年级、专业　　　　学号　　　　总学分（章）

| 活动类型 | 学期 | 活动内容/级别 | 组织机构 | 学分 | 认定人 |
|---|---|---|---|---|---|
| | | | | | |
| | | | | | |
| | | | | | |
| | | | | | |
| | | | | | |
| | | | | | |
| | | | | | |
| | | | | | |
| | | | | | |
| | | | | | |
| | | | | | |
| | | | | | |
| | | | | | |
| | | | | | |
| | | | | | |
| | | | | | |
| | | | | | |
| | | | | | |
| | | | | | |
| | | | | | |
| | | | | | |
| | | | | | |
| 合　计 | | | | | |

班主任（辅导员）签章：　　　　　　　　　　　　学院签章：

年　　月　　日

附件3：

### 珠宝学院第二课堂活动学分班级审核汇总表

年级　　　　　　　　　　　　专业

| 序号 | 姓名 | 学　号 | 学　分 | 学期/学年 | 备　注 |
|------|------|--------|--------|-----------|--------|
|  |  |  |  |  |  |
|  |  |  |  |  |  |
|  |  |  |  |  |  |
|  |  |  |  |  |  |
|  |  |  |  |  |  |
|  |  |  |  |  |  |
|  |  |  |  |  |  |
|  |  |  |  |  |  |
|  |  |  |  |  |  |
|  |  |  |  |  |  |
|  |  |  |  |  |  |
|  |  |  |  |  |  |
|  |  |  |  |  |  |
|  |  |  |  |  |  |
|  |  |  |  |  |  |
|  |  |  |  |  |  |
|  |  |  |  |  |  |
|  |  |  |  |  |  |
|  |  |  |  |  |  |
|  |  |  |  |  |  |
|  |  |  |  |  |  |
|  |  |  |  |  |  |

班主任（辅导员）签章：　　　　　　　　　　学院签章：

年　　月　　日

附件 4：

## 珠宝学院大学生第二课堂活动学分认定细则

为保证珠宝学院专业学生第二课堂学分认定工作的公平公正和有效开展，使第二课堂活动与考核、学分认定过程具有科学性、规范性和可操作性，特制定本实施细则。

一、综合素质活动

该项细则主要作为记载、评定学生组织或参加的社会实践、志愿服务等活动，以及在活动中的表现和取得成绩的依据。具体内容如下。

1. 社会实践活动

（1）凡参加志愿者活动、暑期"三下乡"、学院社团重要活动、课外社会实践等各种社会实践活动，经活动组织方或志愿服务的对象、社会实践所在单位或机构盖章确认后，每次给予第二课堂 0.5 个学分，一年第二课堂累计超过 1 个学分的，按照 1 个学分计（获得表彰、奖励者除外），提供的调查报告（不少于 5 000 字）另计 0.5 分 / 篇。

（2）在社会实践活动中受院级以上单位表彰的优秀志愿者或社会实践先进个人，可按照下列标准给予第二课堂活动学分（活动本身学分另计）。

| 表彰<br>级别 | 获得优秀志愿者或社会实践先进个人等表彰 |
| --- | --- |
| 国家级 | 2 分 / 次 |
| 省级 | 1.5 分 / 次 |
| 市级 | 1 分 / 次 |
| 院级 | 0.5 分 / 次 |

（3）学生积极参加一学期（半年）以上的社团活动与社会工作，担任各班级、各级团组织、学生会、学生社团等团学组织中的职务，考核合格，发给聘书者，在院外所兼任的社会工作以及在组织、管理能力等方面得到锻炼，可获得第二课堂学分。学生兼任社团活动与社会工作的，只计最高分，不累计加分。

| 担任社团、社会工作的职务 | 学分 |
|---|---|
| 院学生会主席、副主席；院社团联合会主席、副主席；团总支书记、副书记 | 1 |
| 院学生会各具体机构负责人 | 1 |
| 院学生会、团总支各部门负责人 | 0.5 |
| 班长、副班长、团支书 | 1 |
| 班委、团支委 | 0.5 |
| 校报记者团团长、副团长 | 1 |
| 校报记者 | 0.5 |

（4）各级各类学生干部在圆满完成工作任务的基础上，由于出色的工作而被评为校级以上优秀学生干部、优秀团干部者奖励相应的第二课堂学分。

| 所获得的荣誉 | 学分 |
|---|---|
| 省、市优秀学生干部、优秀团干部 | 1.5分/项 |
| 校优秀学生干部、优秀团干部 | 1分/项 |

（5）学生定期参加社团活动，并且所在社团获得院级以上荣誉，社团主要负责人（不超过3人）及会员按照以下的第二课堂学分标准核定。

| 级 别 | 市级以上优秀社团 | | 市级优秀社团 | | 院级优秀社团 | |
|---|---|---|---|---|---|---|
| | 社团负责人 | 成员 | 社团负责人 | 会员 | 社团负责人 | 会员 |
| 学分 | 2 | 1 | 1.5 | 1 | 1 | 0.5 |

（6）在学院组织的文明寝室等各项集体活动评比中，获3次院级文明寝室称号或其他荣誉称号者给予集体成员0.5学分/次，获5次及以上院级文明寝室称号或其他荣誉称号者给予集体成员1学分/次。

2. 文体竞赛活动

学生积极参加各类院内外人文、艺术、体育等活动的竞赛和表演活动并取得相应的成绩或奖励者，可按照下列标准给予第二课堂学分。

| 等级 | 全国性比赛 | | 省、市级比赛 | | 院级比赛 | |
|---|---|---|---|---|---|---|
| | 个人 | 集体 | 个人 | 集体 | 个人 | 集体 |
| 学分 | 2分/次 | 1.5分/次 | 1.5分/次 | 1分/次 | 0.5分/次 | 0.3分/次 |

注：在院内参加的文体竞赛活动中，没有获得相应成绩和奖励者，不能获得相应的学分。

二、专业能力活动

该项细则主要作为记载学生课外所从事的、能够展示学生专业或技能的学术科研、专业学科竞赛、专业写作、参加学术报告、专业能力和岗位技能实训等活动中取得成绩的依据。主要内容如下。

1. 研究成果、

学生认真学习专业知识，积极参加教师科研项目研究或独立开展各类学术活动，其论文或其他研究成果公开发表或出版（以正式出版物为准，含参编教材）者，按照下列标准给予第二课堂学分。

（1）发表学术论文及出版著作情况。

| 级别 排名 | | 第一作者 | 合作者 |
|---|---|---|---|
| 一类刊物或国际出版物 | | 5分/篇 | 2分/篇 |
| 二类刊物或国家级出版物 | | 3分/篇 | 1.5分/篇 |
| 三类刊物或省级出版物 | | 2分/篇 | 1分/篇 |
| 四类刊物或省级以下出版物 | | 1分/篇 | 0.5分/篇 |
| 论文集 | 院外 | 1分/篇 | 0.5分/篇 |
| | 院内 | 0.5分/篇 | 0.3分/篇 |

（2）参加教师科研课题情况：学生积极参加院教师科研课题，参加时间6个月以上、获得相应的成果者，可获得学分。

| 参加教师科研课题时间 | 学分 |
|---|---|
| 6个月 | 0.5分/项 |
| 6个月至1年 | 1分/项 |
| 1年及以上 | 1.5分/项 |

注：必须能够提供参加教师科研活动所承担具体任务、获得成果的证明材料，否则不予认定学分；学生自主申报完成科研课题、哲学社会科学类学术论文和调查报告，经审查合格者，给予第二课堂1个学分。

（3）专业写作活动：学生在公开出版的报刊、杂志上发表文学、文化、艺术作品及新闻作品等，给予相应的第二课堂学分。具体内容如下：

| 级别 | 学分 |
|---|---|
| 国家级及以上 | 3分/次 |
| 省级 | 1分/次 |
| 市、厅、院级 | 0.5分/次 |

注：属于学校校报编辑、记者身份的学生采写的新闻通讯或文学、文化、艺术作品被学校校报或校内其他刊物录用的按每篇0.1个学分，每学期累计不超过0.5个学分，一年累计不超过1个学分。

2. 专业学科竞赛活动

学生积极参加各级各类专业学科竞赛、学术科技作品竞赛（含专业范围内的征文活动）等活动，以及学生以个人或集体名义参加的院内外各种相关知识技能竞赛活动（含技能大赛、科技创新竞赛、职业生涯规划大赛、创业计划大赛等）并取得奖励或相应的成绩，按照下列标准给予一定的第二课堂学分。

（1）以个人或集体名义参加获得成绩或奖励者，可按照如下标准给予第二课堂学分。

| 级别 | 学分（个人） | 学分（集体） |
|---|---|---|
| 国家级及以上 | 3分/次 | 1.5分\次 |
| 省、市级 | 2分/次 | 1分/次 |
| 院级 | 1分/次 | 0.5分/次 |
| 参加并有作品者 | 0.5分/次 | 0.3分/次 |

（2）以个人或团队形式参加院、市、省级或省级以上组织的职业生涯规划大赛、创业计划大赛等活动，获第二课堂学分：参加者 0.5 ~ 1 分 / 次，组织者 1.5 ~ 2 分 / 次。

（3）职业技能培训与教育

主要对学生参加各类专业技能培训及取得的成绩进行学分奖励。学生通过参加各类职业技能培训并取得相关证书（大学英语等级考试和计算机等级考试除外）的，可获得相应的第二课堂学分：国家级 3 分 / 项，省部级 2 分 / 项，院级 0.5 分 / 项。

注：以上活动必须提供具体证明材料，否则不予认定学分。

3. 参加学术报告活动

学生在校期间必须参加一定量的学院或社团组织的学术报告、讲座活动，参加者给予相应的第二课堂学分，按照 0.2 分 / 次计算，但总计不超过 1 个学分。登记时必须出具相关签到表和证明材料，否则不予认定。参加院组织的学术报告活动必须达到参加活动总数的 2/3。

4. 专业（科研或技能）能力训练活动

学生参加学院组织的专业能力辅导训练活动，可获得相应的第二课堂学分，按照 1 分 / 活动的标准进行认定，最高不超过 2 个学分。该项活动包括创新思维训练活动、科技论文写作训练活动、珠宝知识竞赛辅导或技能辅导训练等内容。学生必须完整地参加该活动，由指导教师进行考查，同时必须完成指导教师规定的辅导训练任务。认定学分时必须提供指导教师的签字证明材料，否则不予认定。

三、其他说明

（1）在学分评定中，如果某一项活动可以在多种第二课堂学分项目评分标准中进行交叉评分，不重复评定和计算学分，以最高项来评定和计分。

（2）学生参加社会实践活动和文体竞赛活动所获得的第二课堂学分各自不得超过获得总学分数的 1/3。

（3）未尽事宜，由学院教学处负责解释。

# 第四节 滇西应用技术大学傣医药学院 人才培养的具体实践

根据滇西应用技术大学人才培养方案制定指导意见及专业设置论证报告，结合傣医发展实际及特色鲜明的课程模块设置，特制定侧重傣医康复治疗方向的《滇西应用技术大学傣医药学院康复治疗学专业人才培养方案》。具体内容如下。

（一）人才市场需求和就业前景

1. 傣医康复治疗发展现状

1983 年，傣医药被国家确定为四大重点发展民族医药之一，具有"四塔五蕴"传统医学理论体系。其用药的特殊性、疗效的显著性、疗法的特色性为傣族人民的繁衍生息做出了巨大的贡献。目前，已挖掘出 18 项傣医独有的传统康复治疗适宜技术，其中睡药疗法被列为国家非物质文化遗产。调查显示，深受广大群众认可的傣医皮外骨伤、傣医刺法推拿、傣医口功等康复治疗技术绝大多数没有形成规模，散落在民间。由于人才匮乏，仅靠师带徒的形式传承，严重制约着该技术的推广和发扬光大，至今尚未挖掘、整理、归纳成科学的医学理论体系。如傣医皮外骨伤康复治疗技术与西医不同，具有其独特的疗效：一是不用动手术；二是治愈时间短，效果明显；三是成本低，普惠性较强，深受广大群众喜爱。因此，亟待培养一批能够挖掘、整理、传承、推广应用的高层次应用型人才，将这一民族文化瑰宝发扬光大。这既是现代康复治疗技术内涵发展和提升的需要，又是傣医传统康复治疗技术规范化和科学化发展的必然需求，更是给广大人民群众解除病痛、带去福祉的迫切需要。

2. 傣医康复治疗人才需求现状

（1）专业康复治疗人才需求现状。

2010 年全球残疾报告显示，我国有 5 000 万残疾人需要康复治疗，还有约 7 000 万老年人有康复治疗的需求，加之因慢性病致残的患者与日俱增，因此全国医疗系统共需康复治疗师 103 万人。但目前，全国仅有康复治疗师 1.43 万人，云南省各级医院有 164 人，且职称及学历结构偏低，人才紧缺的状况十分突显。

（2）现代健康产业发展人才需求现状。

西双版纳将建设成为东南亚最大的天然健康养生中心，到 2020 年，健康养生产业增加值将占 GDP 的 10% 以上。目前，全省傣医健康服务从业人员仅有

482 人，远不能满足人才的需求。

（3）国际化专门人才需求分析。

澜沧江—湄公河流域聚居着同根同源的傣民族，傣医药传统文化交流发展迅速，使傣民族达成了共同培养人才的共识。

3. 傣医康复治疗人才需求预测

（1）傣医皮外骨伤康复技术的挖掘、保护、传承，亟待培养高级应用型技能人才。傣医皮外骨伤康复特色外治技术具有显著的疗效，但目前，这门散落在民间的技术仅有 20 多名民间傣医掌握，已濒临消失，亟待培养一批能够挖掘、整理、传承、推广应用的高级技能型人才。

（2）傣医传统适宜技术的推广应用，亟待培养高级应用型技能人才。为发展傣医药事业，云南省正在积极推进全省傣医医院建设。西双版纳州已经在所有的医院、乡镇卫生院等医疗单位开展傣医适宜技术的推广。据不完全统计，目前急缺傣医康复治疗师 1 212 人，若按年增长 10% 的比例计算，未来 10 年需要3 454 人。

（3）傣医康复治疗人才拓展需求预测。目前，全国每年康复治疗专业培养的学生有 1.5 万～2 万人，到 2020 年仅能满足二、三级医院 7 万～8 万人专门人才的需求，远不能满足社区和其他机构的需求。

云南省保健品园区、西双版纳雅居乐康体运动养生中心、南方医科大学附属医院、云南省第一人民医院西双版纳医院、中老边境旅游度假村等带有医疗、康复治疗、养生保健等多方面发展项目的实施，未来 10 年，预计需要约 3 万人的专业人才为现代健康产业发展服务。

与周边国家的文化交流，需要培养一批传承传统医学的国际化专门人才。

综上所述，傣医康复治疗人才培养将有效地弥补我国及我省康复治疗人才的不足。该专业学生毕业后可在医疗卫生、福利院及养生、养老等健康服务业工作，将传统的傣医康复治疗技术传承并发扬光大。

（二）专业目标定位

本专业以服务滇西地区康复治疗及现代健康产业发展需求为目标，以挖掘、整理、传承、推广应用傣医康复治疗技术为宗旨，以傣医康复治疗和现代康复治疗岗位技术应用能力和职业技能要求为主线，设置技能模块化课程体系，以阶段性见习实习、集中强化综合训练及顶岗实习的方式在真实工作环境中开展"边练边学，边学边做"的实践教学，构建"以项目及任务过程为导向，校校、校院紧密结合，民间跟师学艺、学用结合"的人才培养模式，与现代康复治疗有效结合，积极推进傣医康复治疗技术的发扬光大。

（三）培养目标

本专业以培养现代康复治疗及傣医康复治疗人才为导向，培养德、智、体、美、劳全面发展，具备傣医康复治疗和现代康复治疗的基本知识、基本理论，面向康复治疗、养生保健一线，理论知识够用实用、技术应用能力较强，能够胜任康复治疗师、傣医康复治疗及保健养生工作岗位，具有较强的挖掘、整理、传承、应用推广能力和创新能力、爱岗敬业的应用型、复合型、国际化的高级技能人才。

（四）职业岗位（群）能力与技能分析（见表8）

表8　职业岗位（群）能力与技能分析表

| 典型岗位 | 岗位能力要求 | 职业资格证要求 |
|---|---|---|
| （傣医）康复治疗师 | 1. 具备现代康复治疗的基本理论和知识。<br>2. 掌握现代康复治疗实用技术和临床疾病康复技术。<br>3. 具有对常见功能障碍进行评估、制订计划和康复治疗的知识和能力。<br>4. 具有对常见疾病的康复评定和康复治疗的基本技能。<br>5. 具备物理治疗、作业治疗和言语治疗的基本理论和知识。<br>6. 掌握运动功能和言语功能的评定，包括肌力、关节运动范围（ROM）平衡能力、体位转移能力、步行能力及步态、日常生活活动能力、感觉及知觉、认知能力、智力测验、构音、吞咽功能的评定，并能制订、执行和训练治疗计划的能力。<br>7. 具有指导患者进行肌力、耐力、关节运动、步行、牵引、手法、太极拳、健康跑、体能训练或者感觉、知觉、认知功能训练或者言语、构音、吞咽功能训练等治疗的能力。<br>8. 具备傣医康复治疗的基本理论和知识。<br>9. 掌握傣医传统特色外治疗法的基本技能并能运用自如。<br>10. 具有开展傣医皮外骨伤康复治疗技术的基本能力。<br>11. 具有傣医刺法推拿技术的基本能力并能运用自如。<br>12. 掌握各种康复评定的方法和手段。<br>13. 熟悉国家医药卫生工作方针、政策、法规。<br>14. 掌握文献检索、资料查询的基本方法，具备分析问题、科学思维和独立工作的能力，具有一定的科学研究和实际工作能力。<br>15. 能基本掌握继续挖掘、整理、传承傣医康复治疗医技医术的能力和发展潜力。 | 康复治疗师 |

（五）培养规格与具体要求

1．思想政治与道德素质

（1）热爱医疗卫生事业，有为发展傣医康复治疗事业和医药卫生事业而奉献的精神。

（2）具有良好的职业道德，有为人民健康服务和献身的精神；关爱病人，具有人道主义精神；重视医疗的伦理问题，尊重患者的隐私和人格；尊重患者个人信仰，理解患者的人文背景和文化价值。

2．专业技能素质

具备现代康复治疗的基本理论和知识。

掌握现代康复治疗实用技术和临床疾病康复技术并能运用自如。

具备傣医康复治疗和现代康复治疗的基本理论和知识。

掌握傣医传统特色外治疗法的基本技能并能运用自如。

具有开展傣医皮外骨伤康复治疗技术的基本能力。

具有傣医刺法推拿技术的基本能力并能运用自如。

掌握各种康复评定的方法和手段。

熟悉国家医药卫生工作方针、政策及法律法规。

掌握文献检索、资料查询的基本方法，具备分析问题、科学思维和独立工作的能力，具有一定的科学研究和实际工作能力。

具有继续挖掘、整理、传承傣医康复治疗医技医术的能力和发展潜力。

3．科学文化素质

有一定的文化艺术修养、语言表达能力。

具有较强的安全意识和价值效益意识，能够科学地思考、分析和解决问题。

具有发展创新能力、良好的社交和事务协调能力。

具有计算机操作和常用软件的使用及数据分析处理的能力及信息收集与处理能力。

4．心理与身体素质

具备与公众、媒体及其他人员进行健康保健信息有效沟通的基本技能。

具有与服务对象沟通与交流的意识，使其充分参与和配合康复治疗计划。

拥有良好的身体素质和心理素质。

尊重同仁，具有良好的团队合作意识。

（六）专业能力教学标准（见表9）

表9　专业能力教学标准

| 能力要求 | 能力标准一级指标 | 能力标准二级指标 | 主要课程 |
|---|---|---|---|
| 基础能力 | 形势与政策；基本的行业法律法规；自然科学知识；计算机应用能力；英语应用能力；傣语应用能力；人体结构知识；生理病理药理知识；影像学基本应用能力。 | 掌握马列主义、毛泽东思想及中国特色社会主义理论的基本原理，能运用马克思主义哲学原理分析和解决实际问题；具有基本的职业道德与职业安全知识意识；具有一定的英语基础，具备常用英语的听说读写能力，能用英语进行日常交流接待；具有较强的傣语基础，具备常用傣语的听说读写能力，能用傣语进行日常沟通交流；掌握计算机应用的基本知识，具有一般计算机操作系统和常用运用软件的使用能力；熟悉与康复治疗有关的生理、药理、病理的基本理论和基础知识；健康、活泼、精力充沛，具有连续工作的能力。 | 毛泽东思想和中国特色社会主义理论体系概论；思想道德修养与法律基础；马克思主义基本原理概论；社会实践与公益劳动；大学英语（1）、大学英语（2）；大学计算机基础；微积分；概率论与数理统计；傣语（1）、傣语（2）及实用傣语（3）、实用傣语（4）；基础医学概论（1）、基础医学概论（2）、基础医学概论（3）；临床诊断技术；临床疾病概要（1）、临床疾病概要（2）。 |
| 专业技能能力 | 具备与傣医康复医学核心和职业能力相关的傣医传统特色疗法技术、傣医皮外骨伤康复技术、傣医刺法推拿学、临床疾病康复技术等基础知识和基本理论。 | 掌握与傣医康复治疗相关的傣药学、傣医诊断技术、康复实用技能、临床疾病康复技术，并能为重点掌握专业核心与职业技能奠定基础。掌握与傣医康复治疗学技能和职业能力相关的傣医治疗学、傣医皮外骨伤科学、傣医刺法推拿技术、康复实用技能、内外科疾病康复技术等基本技能，并能够娴熟地进行各项技能操作。具有开展疾病康复治疗工作的基本能力。掌握职业标准、熟悉各项工作流程。 | 傣医基础理论；人体运动学及发育学；康复评定技术；物理治疗学；作业治疗学；言语治疗学；傣医康复心理学；临床康复学；傣药及傣药炮制技术；傣医诊断技术；傣医治疗学。 |

续 表

| 能力要求 | 能力标准一级指标 | 能力标准二级指标 | 主要课程 |
|---|---|---|---|
| 综合素质拓展能力 | 具备良好的道德修养,关爱病人,将维护病人的健康利益作为自己的职业责任。爱岗敬业、尊重同事,有团队协作精神。了解傣医药历史文化。了解傣医营养学和传统养身的基本知识、基本理论。 | 掌握多项职业技能,并获得相应资格证书。掌握民族政策、尊重病人信仰、理解其人文背景及文化价值,具有与病人及其家属进行交流、沟通的意识和能力,使他们充分参与和配合康复治疗计划。具有熟练运用现代信息技术的能力和终身学习的发展观念。树立依法行医的法律观念,能考虑病人及其家属的利益。 | 实用老挝语、实用泰语;文学鉴赏;贝叶文化;卫生法学;医学伦理学;医学心理学;针灸学;推拿学;文献检索;中国传统文化;东南亚文化;保健按摩师、推拿师、健康管理师、心理咨询师等相关职业资格培训。 |

（七）职业资格证书要求（见表 10）

表 10 职业资格证书要求

| 序号 | 职业资格证书名称 | 颁证单位 | 毕业是否必须取得 |
|---|---|---|---|
| 1 | 高级保健按摩师 | 国家人力资源和社会保障部 | 自选其一 |
| 2 | 高级推拿按摩师 | 国家人力资源和社会保障部 | |
| 3 | 高级健康管理师 | 国家人力资源和社会保障部 | |
| 4 | 高级心理咨询师 | 国家人力资源和社会保障部 | |

（八）修业年限、毕业最低学分及授予学位

学制：4 年，修业年限 4 年。

毕业最低学分：190 个学分。

授予学位：理学学士。

（九）主要课程（学位课程）

基础医学概论、临床诊断技术、临床疾病概要、傣医基础理论、人体运动学及发育学、康复评定技术、物理治疗学、作业治疗学、言语治疗学、傣医康复心理学、临床康复学、傣药炮制技术、傣医诊断技术、傣医治疗学。

（十）教学进程表（见附件 1）

主要课程有康复治疗学专业共 193 周，其中课堂教学 100 周，军训理论与实训 3 周，认知实习 1 周，寒暑假社会实践 6 周，集中教学实践 4 周，顶岗实习 40 周，毕业设计 2 周，考试 6 周，假期 31 周。

（十一）课程设置计划（见附件 2）

康复治疗学专业课程总体按公共基础课程模块→专业通用基础课程模块（包含专业基础课程和专业核心技能课程）→专业职业技能课程模块→专业技能拓展模块→综合素质教育模块（具体见综合素质培养方案）→课外活动社会实践教育模块（具体见课外活动学生学分认定方案）。

（十二）集中实践性教学环节计划（见附件 3）

（十三）考试与考核要求

本专业考核分为考试、考查两种。公共基础课程及专业基础课程实行考、教分离，实行开卷或闭卷考试。专业核心技能课程实行理论、实验、见习等平时成绩考核。专业职业技能课程重点考核学生的实际操作技能、职业态度及所学理论知识。技能拓展课程注重过程考核。总之，对学生学习成绩进行综合评定，全面考核学生的职业素养和职业能力，并且与岗位职业标准接轨。考核方式根据课程性质和内容，理论实行开（闭）卷考核，技能实行实习报告、口试、案例分析、技能实际操作考核。

第二课堂素质拓展课程，根据学生活动和奖励情况进行评定，作为奖励学分，与毕业最低学分不交叉计算。

（十四）课程结构及学时学分统计表（分别见附件 4、附件 5）

附件1

## 康复治疗学专业教学进程表

符号说明：∴（：）军训　×考试　—理论教学　☆集中教学实践　△集中顶岗实习　～毕业设计实习　◎暑期社会实践　#暑期认知实习　‖假期

| 学年 | 学期 | 教学进行周次 1 | 2 | 3 | 4 | 5 | 6 | 7 | 8 | 9 | 10 | 11 | 12 | 13 | 14 | 15 | 16 | 17 | 18 | 19 | 20 | 21 | 22 | 23 | 24 | 25 | 26 | 27 | 教学周数 | 理论教学 | 军训 | 考试 | 集中教学实践 | 集中顶岗实习 | 毕业设计实习 | 暑期社会实践 | 暑期认知实习 | 假期 |
|---|---|---|---|---|---|---|---|---|---|---|---|---|---|---|---|---|---|---|---|---|---|---|---|---|---|---|---|---|---|---|---|---|---|---|---|---|---|---|
| 一 | 1 | ∴ | ∴ | — | — | — | — | — | — | — | — | — | — | — | — | — | — | — | — | — | × | ‖ | ‖ | ‖ | ‖ | ‖ | ‖ |  | 20 | 16 | 3 | 1 |  |  |  |  |  | 6 |
| 一 | 2 | — | — | — | — | — | — | — | — | — | × | — | — | — | — | — | × | # | # | # | × | ‖ | ‖ | ‖ | ‖ | ‖ | ‖ |  | 20 | 16 |  | 1 |  |  |  | 1 | 5 | 4 |
| 二 | 3 | — | — | — | — | — | — | — | — | — | — | — | — | — | — | — | — | # | ◎ | # | × | ◎ | ◎ | ‖ | ‖ | ‖ | ‖ | ‖ | 20 | 18 |  | 1 |  |  |  | 2 | 1 | 4 |
| 二 | 4 | — | — | — | — | — | — | — | — | — | × | — | — | — | — | — | — | # | ☆ | ☆ | × | ◎ | ‖ | ‖ | ‖ | ‖ | ‖ | ‖ | 20 | 18 |  | 1 |  |  |  | 1 | 1 | 5 |
| 三 | 5 | △ | △ | △ | △ | △ | △ | △ | △ | △ | △ | △ | △ | △ | △ | △ | △ | ☆ | ☆ | ☆ | × | ◎ | ‖ | ‖ | ‖ | ‖ | ‖ | ‖ | 20 | 15 |  | 1 | 2 |  |  | 1 | 1 | 6 |
| 三 | 6 | △ | △ | △ | △ | △ | △ | △ | △ | △ | × | △ | △ | △ | △ | △ | △ | ☆ | ☆ | ☆ | × | ◎ | ◎ | ‖ | ‖ | ‖ | ‖ | ‖ | 20 | 15 |  | 1 | 2 |  |  | 1 | 1 | 6 |
| 四 | 7 | △ | △ | △ | △ | △ | △ | △ | △ | △ | △ | △ | △ | △ | △ | △ | △ | △ | △ | △ | △ | △ | △ | △ | △ | △ | △ | △ |  |  |  |  |  | 25 |  |  |  |  |
| 四 | 8 | △ | △ | △ | △ | △ | △ | △ | △ | △ | △ | △ | △ | △ | △ | △ | ～ | ～ |  |  |  |  |  |  |  |  |  |  |  |  |  |  |  | 15 | 2 |  |  |  |

注：1. 各学期教学周数平均为20周，考试时间设1周；2. 第3、4、5、6学期社会实践适当占用暑期，但占用时间不可超过2周；3. 第5、6学期第1～17周在学校理论课程的教学由企业、行业的老师承担，但在第10周安排职业技能课程的校内实操考核，第18～19周到医院完成课程集中实践实习，第20周到医院完成课程实操考核，成绩主要由医院考核后获得相应学分。

附件2

## 滇西应用技术大学傣医药学院——康复治疗学专业全程教学计划表

| 类别 | 课程代码 | 课程名称 | 学分 | 总学时 | 理论学时 | 实践学时 | | | 基本理论、基本知识学习按学年及学期分配　每周学时数 | | | | | | | | 考核方式 | | 备注 |
|---|---|---|---|---|---|---|---|---|---|---|---|---|---|---|---|---|---|---|---|
| | | | | | | 实验 | 上机 | 实践 | 第一学年 | | 第二学年 | | 第三学年 | | 第四学年 | | 考试 | 考查 | |
| | | | | | | | | | 1 | 2 | 3 | 4 | 5 | 6 | 7 | 8 | | | |
| | | | | | | | | | 16周 | 16周 | 16周 | 16周 | 16周 | 16周 | 16周 | 16周 | | | |
| 思想政治课模块 | 1 | 思想道德修养与法律基础 | 2 | 48 | 32 | | | 16 | 2 | | | | | | | | ● | | |
| | 2 | 中国近代史纲要 | 1 | 16 | 16 | | | | | 1 | | | | | | | ● | | |
| | 3 | 马克思主义基本原理概论 | 3 | 64 | 48 | | | 16 | | | 3 | | | | | | ● | | |
| | 4 | 毛泽东思想和中国特色社会主义理论概论 | 4 | 96 | 64 | | | 32 | 4 | | | | | | | | ● | | |
| | 5 | 形势与政策（1） | 0.5 | 8 | 8 | | | | 0.5 | | | | | | | | | ● | |
| | 6 | 形势与政策（2） | 0.5 | 8 | 8 | | | | | 0.5 | | | | | | | | ● | |
| | 7 | 军事理论与实训 | 3 | 60 | | | | 3周 | | | | | | | | | | ● | |
| 公共基础课模块 | 8 | 大学英语（1） | 6 | 96 | 96 | | | | 6 | | | | | | | | ● | | |
| | 9 | 大学英语（2） | 6 | 96 | 96 | | | | | 6 | | | | | | | ● | | |
| | 10 | 大学语文（1） | 2 | 32 | 32 | | | | 2 | | | | | | | | ● | | |
| | 11 | 大学语文（2） | 2 | 32 | 32 | | | | | 2 | | | | | | | ● | | |

公共基础理论平台

理实一体实践教学（第三学年）　顶岗实习（第四学年）

续 表

| 类别 | | 课程代码 | 课程名称 | 学分 | 总学时 | 理论学时 | 实践学时 | | | 基本理论、基本知识学习按学年及学期分配 每周学时数 | | | | 理实一体实践教学 | | 顶岗实习 | | 考核方式 | | 备注 |
|---|---|---|---|---|---|---|---|---|---|---|---|---|---|---|---|---|---|---|---|---|---|
| | | | | | | | 实验 | 上机 | 实践 | 第一学年 1 (16周) | 2 (16周) | 第二学年 3 (16周) | 4 (16周) | 第三学年 5 (16周) | 6 (16周) | 第四学年 7 (16周) | 8 (16周) | 考试 | 考查 | |
| 公共基础理论平台 | 公共基础课模块 | 12 | 公共体育（1） | 1 | 32 | 32 | | | | 1 | | | | | | | | | ● | |
| | | 13 | 公共体育（2） | 1 | 32 | 32 | | | | | 1 | | | | | | | | ● | |
| | | 14 | 体育专项（1） | 1 | 32 | 32 | | | | | | 1 | | | | | | | ● | |
| | | 15 | 体育专项（2） | 1 | 32 | 32 | | | | | | | 1 | | | | | | ● | |
| | | 16 | 大学计算机基础 | 2 | 32 | | | 32 | | 2 | | | | | | | | | ● | |
| | | 17 | 微积分 | 4 | 64 | 64 | | | | 4 | | | | | | | | ● | | |
| | | 18 | 线性代数 | 2 | 32 | 32 | | | | | 2 | | | | | | | ● | | |
| | | 19 | 普通化学 | 4 | 64 | 64 | | | | | 4 | | | | | | | ● | | |
| | | 20 | 普通化学实验 | 2 | 32 | | 32 | | | | 2 | | | | | | | | ● | |
| | 学科基础课模块 | 21 | 专业导论 | 2 | 32 | 32 | | | | 1 | | | | | | | | | ● | |

续　表

| 类别 | | | 课程代码 | 课程名称 | 学分 | 总学时 | 理论学时 | 实践学时 | | | 基本理论、基本知识学习按学年及学期分配（每周学时数） | | | | | | 理实一体实践教学 | 顶岗实习 | | 考核方式 | | 备注 |
|---|---|---|---|---|---|---|---|---|---|---|---|---|---|---|---|---|---|---|---|---|---|---|
| | | | | | | | | 实验 | 上机 | 实践 | 第一学年 | | 第二学年 | | 第三学年 | | 第三学年 | 第四学年 | | | | |
| | | | | | | | | | | | 1(16周) | 2(16周) | 3(16周) | 4(16周) | 5(16周) | 6(16周) | 6(16周) | 7(16周) | 8(16周) | 考试 | 考查 | |
| 专业能力技能平台 | 专业通用基础模块 | 专业基础课 | 22 | 植物与植物生理 | 4 | 64 | 48 | 16 | | | | 4 | | | | | | | | ● | | |
| | | | 23 | 公共关系与商务礼仪 | 2 | 32 | 15 | | | 16 | 2 | | | | | | | | | ● | | |
| | | | 24 | 茶文化概论 | 2 | 32 | 32 | | | | | | | | 2 | | | | | ● | | |
| | | | 25 | 土壤肥料学 | 3 | 48 | 32 | 16 | | | | | 3 | | | | | | | ● | | |
| | | | 26 | 基础生物化学 | 4 | 64 | 32 | 32 | | | | | | 4 | | | | | | ● | | |
| | | | 27 | 农业生态基础 | 3 | 48 | 32 | 16 | | | | | 3 | | | | | | | ● | | |
| | | | 28 | 茶叶品质化学 | 4 | 64 | 32 | 32 | | | | | | 4 | | | | | | ● | | |
| | | | 29 | 市场营销学 | 4 | 64 | 48 | | | 16 | | | | | 4 | | | | | ● | | |
| | | | 30 | 电子商务 | 4 | 64 | 32 | | 32 | | | | | | | 4 | | | | ● | | |
| | | 专业核心课 | 31 | 茶树栽培管理技术 | 4 | 64 | 48 | | | 16 | | | 4 | | | | | | | ● | | |
| | | | 32 | 茶艺理论与实务 | 4 | 64 | 32 | | | 32 | | | | 4 | | | | | | ● | | |
| | | | 33 | 茶叶加工技术 | 6 | 96 | 48 | | | 48 | | | | 6 | | | | | | ● | | |

续表

| 类别 | 课程代码 | 课程名称 | 学分 | 总学时 | 理论学时 | 实验 | 上机 | 实践 | 第一学年1(16周) | 第一学年2(16周) | 第二学年3(16周) | 第二学年4(16周) | 第三学年5(16周) | 第三学年6(16周) | 第四学年7(16周) | 第四学年8(16周) | 考查 | 考试 | 备注 |
|---|---|---|---|---|---|---|---|---|---|---|---|---|---|---|---|---|---|---|---|
| 专业能力技能平台 专业（方向）职业技能模块 | 34 | 茶叶审评技术 | 4 | 64 | 16 | 48 | | | | | | | | | | | | ● | |
| | 35 | 现代茶企业管理 | 4 | 64 | 48 | | | 16 | | | | 4 | | | | | | ● | |
| | 36 | 茶叶营销与贸易 | 4 | 64 | 48 | | | 16 | | | | | 4 | | | | | ● | 学生可根据需要必须选修一个课程包的内容学习 |
| 课程包（一）生态茶园管理 | 37 | 生态茶园的建立与改造 | 2 | 32 | 24 | | | 8 | | | | | | 2 | | | | ● | |
| | 38 | 茶场规划设计与管理 | 3 | 48 | 32 | | | 16 | | | | | 3 | | | | | ● | |
| | 39 | 有机茶园生产技术 | 3 | 48 | 32 | | | 16 | | | | | | 3 | | | | ● | |
| 课程包（二）茶叶加工管理 | 40 | 发酵工程原理与技术 | 2 | 32 | 24 | | | 8 | | | | | 2 | | | | | ● | |
| | 41 | 茶叶清洁化生产概述 | 2 | 32 | 24 | | | 8 | | | | | | 2 | | | | ● | |
| | 42 | 普洱茶生产工艺及标准 | 3 | 48 | 32 | | | 16 | | | | | 3 | | | | | ● | |
| | 43 | 茶叶深加工及综合利用 | 3 | 48 | 32 | | | 16 | | | | | | 3 | | | | ● | |
| | 44 | 茶叶包装设计与贮运 | 2 | 32 | 24 | | | 8 | | | | | | 2 | | | | ● | |

续表

| 类别 | 课程代码 | 课程名称 | 学分 | 总学时 | 理论学时 | 实验 | 上机 | 实践 | 1(16周) | 2(16周) | 3(16周) | 4(16周) | 5(16周) | 6(16周) | 7(16周) | 8(16周) | 考试 | 考查 | 备注 |
|---|---|---|---|---|---|---|---|---|---|---|---|---|---|---|---|---|---|---|---|
| | | | | | | | | | 第一学年 | | 第二学年 | | 第三学年 | | 第四学年 | | | | |
| | | | | | | | | | 基本理论、基本知识学习按学年及学期分配 | | | | 理实一体实践教学 | | 顶岗实习 | | | | |
| 专业能力技能平台 专业技能拓展模块 | 45 | 茶学专题讲座（8～12个专题） | 6 | 96 | 96 | | | | | | | | | | 6 | | | ● | |
| | 46 | 测量学基础 | 2 | 32 | 16 | | | 16 | | | 2 | | | | | | | ● | |
| | 47 | 茶叶安全生产及相关法律、法规知识 | 2 | 32 | 32 | | | | | | | 2 | | | | | | ● | 茶学专题讲座为必修内容 |
| | 48 | 茶产品生产过程的质量控制与管理 | 2 | 32 | 16 | | | 16 | | | | 2 | | | | | | ● | |
| | 49 | 普洱茶文化学 | 2 | 32 | 32 | | | | 2 | | | | | | | | | ● | |
| | 50 | 茶叶标准体系及应用 | 2 | 32 | 24 | | | 8 | | | | | 2 | | | | | ● | 其他课程至少选修4个学分 |
| | 51 | 茶与健康 | 2 | 32 | 24 | | | 8 | | | | | 2 | | | | | ● | |
| | 52 | 饮料调制原理和技术 | 2 | 32 | 16 | | | 16 | | | | | 2 | | | | | ● | |
| | 53 | 茶叶检验技术 | 2 | 32 | 16 | | | 16 | | | | | 2 | | | | | ● | |
| | 54 | 茶学专业英语 | 2 | 32 | 16 | | | 16 | | | | | | 2 | | | | ● | |
| | 55 | 科技论文写作与科技文献检索 | 2 | 32 | 16 | | | 16 | | | | | | 2 | | | | ● | |
| | 56 | 多媒体应用技术 | 2 | 32 | | | | 32 | | | | | | 2 | | | | ● | |
| | 57 | 小粒咖啡生产技术 | 2 | 32 | 16 | | | 16 | | | | | | 2 | | | | ● | |

续表

| 类别 | 课程代码 | 课程名称 | 学分 | 总学时 | 理论学时 | 实验 | 上机 | 实践 | 第一学年 1 (16周) | 2 (16周) | 第二学年 3 (16周) | 4 (16周) | 理实一体实践教学 第三学年 5 (16周) | 6 (16周) | 顶岗实习 第四学年 7 (16周) | 8 (16周) | 考试 | 考查 | 备注 |
|---|---|---|---|---|---|---|---|---|---|---|---|---|---|---|---|---|---|---|---|
| 专业能力技能平台 综合实验实习实训模块 | 58 | 专业认知 | 1 | 16 | | | | 16 | 1 | | | | | | | | | ● | 54～90学分，理工农医类不低于72学分 |
| | 59 | 茶园管理综合实训 | 2 | 32 | | | | 32 | | | | 2 | | | | | | ● | |
| | 60 | 茶叶加工管理综合实训 | 2 | 32 | | | | 32 | | | | 2 | | | | | | ● | |
| | 61 | 茶艺馆经营管理综合实训 | 2 | 32 | | | | 32 | | | | 2 | | | | | | ● | |
| | 62 | 茶叶营销综合实训 | 2 | 32 | | | | 32 | | | | 2 | | | | | | ● | |
| | 63 | 茶叶新产品开发创新实践 | 4 | 64 | | | | 64 | | | | | | | 4 | | | ● | |
| | 64 | 茶产品质量检验技能训练 | 3 | 48 | | | | 48 | | | | | | | 3 | | | ● | |
| | 65 | 茶产品进出口贸易实务训练 | 1 | 16 | | | | 16 | | | | | | | 1 | | | ● | |
| | 66 | 中小型茶企业组建方案设计训练 | 2 | 32 | | | | 32 | | | | | | | 2 | | | ● | |
| | 67 | 企业顶岗实习 | 16 | 256 | | | | 256 | | | | | | | | 16 | | ● | |
| | 68 | 毕业设计 | 7 | 112 | | | | 112 | | | | | | | 4 | 3 | ● | | |

每周学时数

续　表

| 类别 | | 课程代码 | 课程名称 | 学分 | 总学时 | 理论学时 | 实验 | 上机 | 实践 | 第一学年 1(16周) | 第一学年 2(16周) | 第二学年 3(16周) | 第二学年 4(16周) | 第三学年 5(16周) | 第三学年 6(16周) | 第四学年 7(16周) | 第四学年 8(16周) | 考试 | 考查 | 备注 |
|---|---|---|---|---|---|---|---|---|---|---|---|---|---|---|---|---|---|---|---|---|
| 综合素质教育平台 | 人文与艺术 | | 大学生心理素质训练 | 2 | 32 | | | | 32 | 2 | | | | | | | | | ● | |
| | | | 大学生文化修养 | 1 | 16 | 16 | | | | | 1 | | | | | | | | ● | |
| | | | 演讲与口才 | 1 | 16 | | | | 16 | | | 1 | | | | | | | ● | |
| | | | 音乐与欣赏 | 1 | 16 | 8 | | | 8 | | | | | | 1 | | | | ● | 至少选满8学分 |
| | | | 舞蹈与欣赏 | 1 | 16 | 8 | | | 8 | | | | | 1 | | | | | ● | |
| | 社会科学与行为科学 | | 管理学 | 2 | 32 | 32 | | | | | 2 | | | | | | | | ● | |
| | | | 职业形象设计与训练 | 2 | 32 | | | | 32 | | | | | 2 | | | | | ● | |
| | | | 秘书实务 | 2 | 32 | 16 | | | 16 | 2 | | | | | | | | | ● | |
| | 自然科学 | | 计算机维护 | 2 | 32 | | | 32 | | | | | | | | 2 | | | ● | |
| | | | 图形图像处理 | 2 | 32 | | | 32 | | | | | | | 2 | | | | ● | |
| | | | 网页设计 | 2 | 32 | | | 32 | | | | | | 2 | | | | | ● | |
| | 职业规划与职业道德课程 | | 职业道德与安全教育 | 1 | 16 | 16 | | | | 1 | | | | | | | | | ● | 必选4学分 |
| | | | 职业岗位（群）导论 | 0.5 | 8 | 8 | | | | 0.5 | | | | | | | | | ● | |
| | | | 职业生涯与规划 | 1 | 16 | 16 | | | | | | 1 | | | | | | ● | | |

续表

| 类别 | 课程代码 | 课程名称 | 学分 | 总学时 | 理论学时 | 实验 | 上机 | 实践 | 第一学年1(16周) | 第一学年2(16周) | 第二学年3(16周) | 第二学年4(16周) | 第三学年5(16周) | 第三学年6(16周) | 第四学年7(16周) | 第四学年8(16周) | 考试 | 考查 | 备注 |
|---|---|---|---|---|---|---|---|---|---|---|---|---|---|---|---|---|---|---|---|
| 创业就业指导课程 | | 创业实践 | 1 | 16 | | | | 16 | | | | | | | | | | ● | |
| | | 就业指导 | 0.5 | 8 | 8 | | | | | | | | | | 0.5 | | | ● | 自选其一 |
| | | 小计 | 22 | 192 | 96 | | 32 | 64 | 2.5 | 4 | 2 | | 5 | | 2.5 | | | | |
| | | 课内共计 | 180 | 3036 | 1648 | 192 | 96 | 1100 | 30 | 29.5 | 24 | 21 | 24 | 21 | 18.5 | 19 | | | |
| 社会实践 | | 社会实践及公益劳动 | 3 | 48 | | | | 48 | 0.5 | 0.5 | 0.5 | | 0.5 | 0.5 | 0.5 | | | | |
| 职业资格认证 | | 高级茶叶加工工 | 4 | 64 | | | | 64 | | 4 | | | | | | | | | |
| | | 高级茶园工 | 4 | 64 | | | | 64 | | | 4 | | | | | | | | |
| | | 高级评茶员 | 4 | 64 | | | | 64 | | | | 4 | | | | | | | |
| | | 高级茶艺师 | 4 | 64 | | | | 64 | | | | | | 4 | | | | | |
| 学科、技能竞赛 | | 茶叶加工技能大赛 | 4 | 64 | | | | 64 | | | | 4 | | | | | | | |
| | | 茶叶审评技能大赛 | 3 | 48 | | | | 48 | | | | | 3 | | | | | | |
| | | 茶艺技能大赛 | 3 | 48 | | | | 48 | | | 3 | | | | | | | | |

（第二课堂素质拓展平台）

续　表

| 类别 | 课程代码 | 课程名称 | 学分 | 总学时 | 理论学时 | 实践学时 | | | 基本理论、基本知识学习按学年及学期分配 | | | | 理实一体实践教学 | | 顶岗实习 | | 考核方式 | | 备注 |
| | | | | | | 实验 | 上机 | 实践 | 第一学年 16周 | | 第二学年 16周 | | 第三学年 16周 | | 第四学年 16周 | | 考试 | 考查 | |
| | | | | | | | | | 1 | 2 | 3 | 4 | 5 | 6 | 7 | 8 | | | |
| | | | | | | | | | 每周学时数 | | | | | | | | | | |
| 校园文化活动 | | 迎新晚会 | 2 | 32 | | | | 32 | 2 | | | | | | | | | | |
| | | 校园歌手大赛 | 2 | 32 | | | | 32 | | 2 | | | | | | | | | |
| | | 民族健身操大赛 | 2 | 32 | | | | 32 | | | | | | 2 | | | | | |
| | | 大学生文化活动周 | 2 | 32 | | | | 32 | | | | | | | 2 | | | | |
| 学年论文 | | 专业认知实习报告 | 1 | 16 | 16 | | | | 1 | | | | | | | | | | |
| | | 课程实习报告 | 1 | 16 | 16 | | | | | | | 1 | | | | | | | |
| | | 专业顶岗实习报告 | 1 | 16 | 16 | | | | | | | | | | | 1 | | | |
| 毕业论文设计 | | 毕业论文设计 | 2 | 32 | 32 | | | | | | | | | | | 1 | | | |

附件3

### 集中实践性教学环节安排表

| 序号 | 实践教学环节 | 学分 | 学时 | 周数 | 开课学期 |
|------|------|------|------|------|------|
| 1 | 军事理论与实训 | 3 | 48 | 3 | 第一学期前3周 |
| 2 | 专业课程认知实习 | 5 | 80 | 9 | 第三、四学期的第1周 |
| 3 | 康复治疗综合技能实训 | 1 | 16 | 2 | 第五学期的学期末考试前2周 |
| 4 | 傣医常用康复治疗技术训练 | 1 | 16 | 2 | 第六学期的学期末考试前2周 |
| 5 | 顶岗实习 | 20 | 320 | 40 | 第七、八学期学期 |

附件4

### 康复治疗学专业培养计划总学时、学分统计表

| 类别 | 课内教育 | | | | 毕业最低总学分数 | 第二课堂学分数 |
|------|------|------|------|------|------|------|
| | 学时数 | 学时比例 | 学分数 | 学分比例 | | |
| 理论教学 | 1488 | 49.01% | 89 | 47.85% | 190（含毕业论文4个学分） | 30 |
| 实践教学 | 1548 | 50.99% | 97 | 52.15% | | |

附件5

### 康复治疗学专业各类课内理论教学学时、学分分配表

| 纵向结构 | 学时 | 百分比 | 学分 | 百分比 | 横向结构 | 学时 | 百分比 | 学分 | 百分比 |
|------|------|------|------|------|------|------|------|------|------|
| 公共基础课程 | 460 | 30.91% | 22.5 | 26.63% | 必修课 | 1264 | 84.95% | 70.5 | 83.43% |
| 专业基础课程 | 404 | 27.15% | 24 | 28.40% | | | | | |
| 专业核心课程 | 304 | 20.43% | 21 | 20.85% | | | | | |
| 专业职业技能课程 | 96 | 6.45% | 6 | 7.10% | | | | | |
| 专业技能拓展课程 | 80 | 5.38% | 5 | 5.92% | 选修课 | 224 | 15.05% | 14 | 16.57% |
| 综合素质课程 | 144 | 9.68% | 9 | 10.65% | | | | | |

续　表

**各类课内实验实训教学学时、学分分配表**

| 纵向结构 | 学时 | 百分比 | 学分 | 百分比 | 横向结构 | 学时 | 百分比 | 学分 | 百分比 |
|---|---|---|---|---|---|---|---|---|---|
| 公共基础课程 | 304 | 28.46% | 19 | 28.46% | 必修课 | 940 | 88.01% | 58.75 | 88.01% |
| 专业基础课程 | 268 | 25.09% | 16.75 | 25.09% | | | | | |
| 专业核心课程 | 240 | 22.47% | 15 | 22.47% | | | | | |
| 专业职业技能课程 | 128 | 11.99% | 8 | 11.99% | | | | | |
| 专业技能拓展课程 | 80 | 7.49% | 5 | 7.49% | 选修课 | 128 | 11.99% | 8 | 11.99% |
| 综合素质课程 | 48 | 4.49% | 3 | 4.49% | | | | | |

## 第五节　滇西应用技术大学普洱茶学院人才培养的具体实践

### 一、专业素质培养方案——以茶学专业（茶叶生产与管理方向）人才培养方案为例

（一）专业人才市场需求和就业前景分析

茶产业是云南省统筹城乡发展、增加就业和助农增收的传统优势骨干产业。根据云茶产业发展规划，到2020年，全省茶园面积稳定在600万亩左右，产量达40万吨，综合产值突破800亿元，力争达到1 000亿元。以普洱市为例，2013年，普洱市各类茶园面积共计336万余亩，占全省茶园总面积的57%；全市茶叶总产量8.94万吨，仅占全省茶叶总产量的29.8%；实现总产值86亿元，仅占全省茶产业总产值的28.6%。普洱市茶产业从业人员达130万人，但取得职业技能证书的专业技术人才仅有7 577人，只占从业人员的0.58%。茶产量比、产值比与面积比差距较大，单位面积产量、产值较低，这与普洱市茶产业生产力水平低下、高层次人才缺乏密切相关。根据《普洱市"十二五"茶产业发展规划》，2015年以后，普洱市茶园面积将达到371万亩，精深加工企业200家左右，茶叶总产值突破200亿元。按每千亩茶叶种植面积需种植、加工等各类高级技术人才5人测算，全省需茶产业高级技术人员3万人以上。此外，云南省将力争到2020年，实现茶产业总产值1 000亿元，要实现此目标，人才是关键，如按每实现1 000万元销售收入需要1～3名此方面专业技能人才测算，到2020

年云南省仅茶叶营销类人才就需要 1 万～3 万人。

普洱茶产业发展面临着提质增效、升级的重大问题，对高层次技术人才的数量和质量提出了新的需求。迫切需要掌握标准茶园创建及茶园标准化生产管理、茶园绿色防控技术、生态茶园建设及低产和老茶园改造等关键技术，胜任茶园建设管理方面工作的高级人才；需要掌握茶叶清洁化生产、普洱茶及其他茶类茶叶初、精制加工，茶产品 QS 认证等技术技能，胜任茶叶标准化生产管理方面工作的高级人才；需要掌握茶叶进出口检验标准、各类茶产品质量检测标准和方法、茶叶品鉴及价格评估等专业知识和技能的高级人才。同时，通过普洱茶文化的传播，国内外掀起了"普洱茶热"，茶产品生产企业、茶文化推广的传媒公司、茶馆企业等的大量涌现，都急需大批掌握茶文化基础知识、具备茶艺茶道展示技能、具备国际视野又懂得茶叶市场运作和茶产业经营的应用型专门人才。

茶学专业分为"茶叶生产与管理"和"茶文化与商贸"两个专业方向。第二学年后，由学生根据学习兴趣、学习专长和就业意向自主选择。

茶学专业（茶叶生产与管理方向）的学生具有广阔的就业前景及良好的创业机会。毕业生可在茶叶企业、事业单位、政府部门等单位从事与茶园基地管理、茶叶生产加工、质量检验、企业管理、市场开发、技术推广、新产品研发和科技成果转化等有关的教学与科研工作，亦可围绕茶产业自主创业。

茶学专业（茶文化与商贸方向）的毕业生具有广阔的就业前景，可在事业单位、茶企业、茶艺馆、旅游休闲景区、茶叶及茶文化教学、推广和科研单位，以及宾馆、酒店等接待部门工作，亦可围绕茶叶市场自主创业或从事相关领域的工作。

（二）应用型人才本科专业目标定位

茶学专业立足普洱、服务云南、面向全国、辐射"两亚"，以茶园基地、茶叶生产企业等茶叶相关产业的需求为导向，按照产教融合、校企合作的联合培养方式，以职业能力培养为核心，以强化岗位操作技能训练为重点，将基础理论与职业技能、创新创业训练有机整合，构建工学结合、理实一体、顶岗实习的应用型人才培养模式，形成具有校企深度融合特色的本科职业教育体系，培养茶叶生产技术和茶叶文化商贸等方面具有扎实的专业理论知识及良好的职业素养和能力的高层次应用型技术技能人才，为云茶产业的升级发展服务。

（三）培养目标阐述

茶学专业（茶叶生产与管理、茶文化与茶商贸专业方向）培养具有扎实的理论基础、较强的实践能力、较高的职业素质，掌握茶叶生产基本技能和茶叶品质基本知识、具备相关技术方案设计与提升能力、熟悉茶文化和茶贸易知识，能胜任茶叶企业的技术主管、新产品开发、品控和质检、产品营销策划、茶馆经营等相关工作岗位的高素质技术技能应用型人才。

（四）职业岗位（群）能力与技能分析

茶学专业（茶叶生产与管理方向）毕业生就业主要集中在茶叶企业、事业单位、政府部门等单位从事与茶园基地管理、茶叶生产加工、质量检验、企业管理、市场开发、技术推广、新产品研发和科技成果转化等有关的教学与科研工作。针对学生今后就业的岗位及职业能力分析如表11所示。

表11　茶学专业（茶叶生产与管理方向）职业岗位群与职业能力分析

| 典型岗位 | 岗位知识及能力要求 | 职业资格要求 |
| --- | --- | --- |
| 茶园基地管理岗位 | 1. 掌握生态（有机）茶园的建立与管理基础理论知识；<br>2. 掌握茶树育苗苗圃地的建立与管理、茶树短穗扦插的理论知识及操作技能；<br>3. 熟悉生态（有机）茶园基地规划与开垦的基本要求；<br>4. 掌握茶树修剪、茶园施肥、耕作及病虫草害防治等管理技能；掌握有机肥发酵及病虫害生物防治技术；<br>5. 掌握生态（有机）茶园及低产茶园的改造方法；<br>6. 了解有机茶园认证的基本程序及申报流程；<br>7. 了解绿色食品茶叶的相关标准及行业法律法规。 | 高级茶园工 |
| 茶产品加工岗位 | 1. 熟悉茶叶清洁化生产的基本要求及相关操作规程；<br>2. 掌握茶鲜叶品质鉴定、验收标准及贮青的方法；<br>3. 掌握绿茶（炒青、烘青及晒青）、滇红茶的初制及精制技术；<br>4. 掌握云南普洱熟茶特殊发酵工艺流程及技术要点；掌握云南普洱茶（生茶、熟茶）紧压茶（饼、砖、沱等）的压制方法；<br>5. 了解乌龙茶、黄茶、白茶的初制及精制技术；<br>6. 熟悉茶叶的基本分类及各类茶叶的品质特征，掌握各类茶叶的审评技术及主要化学成分检验方法；<br>7. 掌握茶产品储藏与运输的基本理论和操作规程；<br>8. 了解茶产品QS认证的标准、基本程序及申报流程。 | 高级茶叶加工工（茶叶加工技师）高级评茶员 |

茶学专业（茶文化与商贸方向）毕业生可在事业单位，茶企业，茶艺馆，旅

游休闲景区、茶叶及茶文化教学、推广和科研单位，以及宾馆、酒店等接待部门工作。其职业能力分析如表12所示。

表12　茶学专业（茶文化与商贸方向）职业岗位群及职业能力分析

| 典型岗位 | 岗位能力要求 | 职业资格要求 |
|---|---|---|
| 茶艺馆经营与茶文化推广 | 1. 熟悉中国茶文化的发展历史，懂得现代礼仪和茶艺美学；<br>2. 掌握茶会组织、茶席设计、茶艺编创、茶会展策划、茶文化旅游的组织设计等茶事服务技能；<br>3. 熟悉茶艺馆的布局设计及日常事务管理等知识；<br>4. 熟悉茶叶的品质特征、茶叶产地知识，具备茶叶感官审评能力，掌握茶叶基本冲泡技能；<br>5. 具备组织茶事服务从业人员培训与鉴定的能力；<br>6. 了解国外茶文化（日本茶道、韩国茶礼）的相关知识。 | 高级茶艺师<br>高级评茶员 |
| 茶叶商贸岗位 | 1. 掌握茶产业市场调研分析及调研报告撰写方法；<br>2. 掌握市场营销策略与管理知识，掌握茶产品、渠道、市场推广、促销等营销策划技能，能根据市场制订销售计划；<br>3. 掌握寻找与访问客户、商务洽谈、试行订约等产品销售程序及技巧；<br>4. 熟悉客户服务管理、信用管理、关系管理等基础知识；<br>5. 熟悉茶产品验收入库、分类、订货、发货、退货、运输及终端管理等知识；<br>6. 掌握网络营销策划、管理知识，具备制定网络营销策划的能力；<br>7. 熟悉国内外茶叶贸易的相关法律法规和政策、茶叶进出口业务知识和运作程序。 | 高级营销员<br>高级评茶员 |

（五）业务培养规格与具体要求

茶学专业人才应满足以下要求。

1. 思想政治及道德素质

热爱祖国，热爱社会主义，拥护中国共产党的领导，掌握马列主义、毛泽东思想及中国特色的社会主义理论体系的基本原理，了解国情；有正确的世界观、人生观和价值观。

具有学法、懂法、守法的意识，遵守职业道德和行业标准，能应用法律维护企业和个人合法权益。

热爱茶业事业，具有强烈的事业心和责任感，能吃苦耐劳，职业素养高；勇于探索，具有较强的创新和创业精神；具有诚信意识和团队精神。

2. 科学文化素质

具有严谨的学风和良好的科学品质；具有适应职业变化的终身学习能力，掌握科学的学习、思维和工作方法。

具有一定的外语基础，能阅读一般英文资料并用英语进行日常交流接待。

具有一定的文学艺术修养，知识面较广。

取得计算机信息高新技术考试合格证、普通话水平等级（二级乙等）证书及与本专业工种相关的国家三级职业资格证书。

3. 心理和身体素质

身心健康，能够客观评价自身的学习、生活，拥有健全的心智，心态平和，乐观向上；乐于助人，有集体荣誉感；具有较好的身体素质和心理素质。

具有良好的人际交往沟通能力、组织协调能力和公共关系处理能力。

4. 专业技能素质

熟悉国家对茶叶产业的基本方针、政策和法规，熟悉国家关于茶叶的生产标准、质量控制、茶叶营销、茶产品出口等方面的方针政策及相关法律法规。

了解茶产业发展状况，掌握现代茶企业管理理论知识，熟悉企业文化和企业管理制度，能较好地适应职业岗位的要求。

系统掌握茶叶审评与检验的基本原理和方法，具备茶叶品质审评的能力；掌握茶叶进出口检验的标准及茶叶检验方法；掌握茶叶生产过程质量监控技术及实时处理技能，具备对茶产品出厂检验的综合能力。

积极主动地参加各种社会实践，自觉培养和锻炼良好的综合素质，具备独立分析、解决专业问题的能力。

了解茶产业发展状况，熟悉企业文化和企业管理制度，能较好地适应职业岗位的要求。

掌握生态（有机）茶园建设规划设计基本知识，茶树育苗苗圃地的建立与管理、茶树短穗扦插的理论知识及操作技能；掌握茶树修剪、茶园施肥、耕作及有机肥发酵、病虫害生物防治技术等专业理论知识和技能，具备专业的茶园基地管理能力。

掌握茶叶清洁化生产技术，鲜叶分级标准，普洱茶及其他茶类产品的加工工艺技术及品质形成原理，茶叶 QS 认证的标准、程序等专业理论知识及技能，具备对企业进行综合技术管理的能力。

具有丰富的茶文化基础知识，系统掌握茶艺服务相关知识、现代礼仪和茶艺美学基础知识，具有茶艺创编、茶席设计及茶艺表演能力。系统掌握茶文化传承与推广的方法和技能，具有茶文化推广能力。

具有茶艺馆品茗环境设计、茶事服务、茶馆经营与管理、茶艺馆活动策划，并将茶文化元素渗透其过程的知识和能力。

掌握茶产品营销、产品及客户管理、网络营销管理的基本知识和技能，具备茶叶营销策划与经营管理能力。

（六）学生专业能力教学标准

茶学专业（茶叶生产与管理方向）学生专业能力教学标准要求如表 13 所示：

表 13　茶学专业（茶叶生产与管理方向）学生专业能力教学标准分析

| 能力要求 | 能力标准一级指标 | 能力标准二级指标 | 主要课程 |
|---|---|---|---|
| 基础能力 | 1. 了解社会主义社科知识及国家近现代历史，了解国家时事政治及法律法规；<br>2. 人际交往能力；<br>3. 计算机应用能力；<br>4. 应用文写作能力；<br>5. 外语应用能力；<br>6. 文化艺术修养；<br>7. 社会实践能力。 | 1. 了解历史、政治、法律等综合知识，掌握社会主义理论体系的基本原理；<br>2. 掌握社交基础知识，具备基本的人际沟通交往能力；<br>3. 掌握计算机应用基础知识，具备熟练操作计算机的能力；<br>4. 具备科技论文及其他应用文写作的能力；<br>5. 具有一定的外语基础，具备基本的听、说、读、写等应用能力；<br>6. 具有一定的文化艺术修养，知识面较广；<br>7. 具备较强的适应能力和参与社会实践活动的能力。 | 思想道德修养与法律基础；<br>中国近代史纲要；<br>马克思主义基本原理体系概论；<br>毛泽东思想和中国特色社会主义理论体系概论；<br>形势与政策；<br>公共关系与商务礼仪；<br>大学计算机基础；<br>科技论文写作与科技文献检索；<br>大学英语；<br>普洱茶文化学；<br>社会实践及公益劳动。 |

续 表

| 能力要求 | | 能力标准一级指标 | 能力标准二级指标 | 主要课程 |
|---|---|---|---|---|
| 专业技术能力 | 茶园基地管理能力 | 1. 生态茶园建设与改造能力；<br>2. 茶树品种与繁育技术；<br>3. 茶树栽培与管理技术；<br>4. 有机茶园生产及茶树病虫草害防治技术；<br>5. 鲜叶的采摘和贮运技术；<br>6. 低产茶园改造技术。 | 1. 了解茶场的规划设计基础知识，具备生态茶园建设及生产管理的相关知识及能力；<br>2. 掌握茶树良种选育基础知识，茶树种子繁殖、短穗扦插等繁育技术；<br>3. 掌握茶苗移栽、苗期管理技术和茶园季节性的日常管理技术，具备对茶园生产进行常规管理的综合能力；<br>4. 掌握有机茶园认证标准和有机茶园管理的主要技术措施及有机肥发酵技术、有机茶园茶树病虫草害生物防治技术；<br>5. 掌握茶树鲜叶采摘标准和技术及鲜叶贮存和运输方法；<br>6. 了解省内及当地低产茶园现状，掌握低产茶园改造技术。 | 植物与植物生理；<br>农业生态学基础；<br>土壤肥料学；<br>基础生物化学；<br>茶叶品质化学；<br>茶树栽培管理技术；<br>生态茶园的建立与改造；<br>有机茶园生产技术；<br>茶场规划设计与管理；<br>茶园管理综合实训。 |
| | 茶叶加工审评能力 | 1. 掌握茶叶清洁化生产技术，熟悉安全生产管理要求；<br>2. 指导鲜叶采摘的能力；<br>3. 加工各类茶产品的能力；<br>4. 茶叶加工过程的质量监控能力；<br>5. 茶产品的贮运技术；<br>6. 茶企业管理能力。 | 1. 掌握茶叶清洁化生产的基本要求及相关操作规程，具有指导完成茶叶清洁化生产的能力。<br>2. 掌握鲜叶的分级标准及摊放技术，能判断鲜叶的摊放程度和付制时间。<br>3. 掌握绿茶、红茶的初制及精制技术；了解乌龙茶、黄茶、白茶的初制技术；熟练掌握云南普洱熟茶特殊发酵工艺流程及技术要点；掌握云南普洱茶（生茶、熟茶）紧压茶的压制技术及方法。<br>4. 熟悉茶叶的分类依据及各类茶的品质特征；掌握各类茶的感官审评理论和技术，具备独立审评不同茶样的能力，并能确定其是否符合工艺要求和品质标准，清楚茶样品质与加工技术的关系。 | 茶叶加工技术；<br>茶叶清洁化生产概述；<br>茶叶安全生产及相关法律、法规知识；<br>普洱茶生产工艺及标准；<br>茶叶深加工及综合利用；<br>茶叶审评技术；<br>茶叶检验技术；<br>茶叶标准体系与茶产品质量安全；<br>茶叶包装设计与贮运。 |

续 表

| 能力要求 | 能力标准一级指标 | 能力标准二级指标 | 主要课程 |
|---|---|---|---|
| 专业技术能力 | 茶叶加工审评能力 | 7. 掌握茶叶进出口检验标准及茶叶检验技术；<br>8. 茶产品 QS 认证能力。 | 5. 掌握茶产品储藏与运输的相关知识和操作规程；掌握茶产品的出入库操作规程和技术。<br>6. 具备制定茶企业生产经营管理制度的能力，对产品加工全过程进行较全面的技术管理的能力；具备能主持或参与茶叶加工技术改造项目的能力。<br>7. 掌握各类茶叶的基本品质特征及主要化学成分的检验方法；熟悉茶叶进出品检验的标准，具备完成茶叶中主要化学成分检验的能力。<br>8. 了解茶产品 QS 认证标准、基本程序及申报流程，具备完成茶产品 QS 认证申报工作的能力。 | 现代茶企业管理；<br>茶产品生产过程的质量控制与管理；<br>茶叶加工管理综合实训。 |
| 职业素质能力 | 方法能力 | 1. 具备逻辑思维和判断能力，观察应变、独立完成工作的能力；<br>2. 具备获取信息、利用信息、学习与掌握新技术的能力；<br>3. 具备创新能力、人际交往与沟通能力。 | 暑期社会实践；<br>毕业设计；<br>顶岗实习；<br>科技论文写作与科技文献检索；<br>综合素质选修课等。 |
| | 社会能力 | 1. 具备崇尚科学、探究科学的学习态度和思想意识；保持吃苦耐劳、团结协作、勇于创新、诚实守信的工作态度； 忠诚于企业和自己的职业岗位。<br>2. 具备自我认知和社会认知能力；有创新精神和能灵活运用自己的专业技能去解决实际工作问题的能力。<br>3. 具备质量意识、安全生产意识、环保意识和法制观念。 | 思想政治课；<br>职业道德与安全教育；<br>社会实践及公益劳动；<br>暑期社会实践；<br>毕业设计；<br>顶岗实习；<br>课外学分课程等。 |

茶学专业（茶文化与商贸方向）职业能力教学标准要求如表 14 所示。

表 14　茶学专业（茶文化与商贸方向）职业能力教学标准分析

| 能力要求 | | 能力标准一级指标 | 能力标准二级指标 | 主要课程 |
|---|---|---|---|---|
| 基础能力 | | 1. 了解国家近现代历史，了解社会主义社科知识及国家实事政治；<br>2. 熟悉了解与茶叶生产、销售相关的法律、法规；<br>3. 人际交往能力；<br>4. 英语应用能力；<br>5. 计算机应用能力；<br>6. 应用文写作能力；<br>7. 社会实践能力。 | 1. 具有运用辩证唯物主义的基本观点及方法认识、分析和解决问题的能力；<br>2. 具有应用法律维护合法利益的能力；<br>3. 具备基本的人际沟通交往能力；<br>4. 具备常用英语的听说读写能力，能用英语进行日常交流接待；<br>5. 具有计算机应用的能力及办公软件的应用能力；<br>6. 具备科技论文、各类策划方案及其他应用文写作能力；<br>7. 具有一定的社会适应能力及参加社会活动的能力。 | 思想道德修养与法律基础；<br>中国近代史纲要；<br>马克思主义基本理论；<br>毛泽东思想和中国特色社会主义理论体系概论；<br>公共关系与商务礼仪；<br>大学英语；<br>茶学专业英语；<br>大学计算机基础；<br>科技论文写作与科技文献检索。 |
| 专业技术能力 | 茶文化传承与推广能力 | 1. 茶文化推广能力；<br>2. 茶叶生产相关知识和技能；<br>3. 茶叶审评与检验及相关技能；<br>4. 茶艺馆经营管理能力；<br>5. 茶艺编创与表演能力；<br>6. 茶叶会展组织能力；<br>7. 茶艺培训能力。 | 1. 了解茶场的规划设计基础知识，具备生态茶园建设及生产管理的相关知识及能力；<br>2. 掌握茶树良种选育基础知识，茶树种子繁殖、短穗扦插等繁育技术；<br>3. 掌握茶苗移栽、苗期管理技术，茶园季节性的日常管理技术，具备对茶园生产进行常规管理的综合能力；<br>4. 掌握有机茶园认证标准，有机茶园管理的主要技术措施，有机肥发酵技术及有机茶园茶树病虫草害生物防治技术；<br>5. 掌握茶树鲜叶采摘标准和技术、鲜叶贮存和运输方法；<br>6. 了解省内及当地低产茶园现状，掌握低产茶园改造技术。 | 植物与植物生理；<br>农业生态学基础；<br>土壤肥料学；<br>基础生物化学；<br>茶叶品质化学；<br>茶树栽培管理技术；<br>生态茶园的建立与改造；<br>有机茶园生产技术；<br>茶场规划设计与管理；<br>茶园管理综合实训。 |

续 表

| 能力要求 | 能力标准一级指标 | 能力标准二级指标 | 主要课程 |
|---|---|---|---|
| 专业技术能力 茶叶商贸能力 | 1. 市场调研与分析能力；<br>2. 客户心理分析能力；<br>3. 茶叶企业营销及管理能力；<br>4. 茶叶销售能力；<br>5. 电子商务能力；<br>6. 熟悉国际贸易相关规则；<br>7. 产品报关能力。 | 1. 具备根据茶叶市场调查分析选择市场的能力。<br>2. 具备调查和分析消费者行为与心理特征、识别目标客户及客户管理的能力。<br>3. 具备运行产品营销策划及组织实施能力；<br>（1）具备产品宣传推广、市场拓展能力；<br>（2）具备产品价格定位、财务管理、货品管理等能力；<br>（3）具备客户管理能力，能够设计并实施客户管理系统；<br>（4）具备营销督导能力；<br>（5）具备一定的商务谈判能力。<br>4. 具备茶叶实体店经营及管理能力。<br>5. 具备网络营销规划、设计，产品推销及管理能力。<br>6. 熟悉与货物进出口有关的法律、法规、规章、对外贸易、商品知识、质量标准，熟悉报关程序。<br>7. 具备办理货物进出口手续的能力，能熟练完成不同报送业务单据的填制。 | 茶文化旅游与会展策划；<br>市场营销学；<br>营销心理学；<br>营销师基础与训练；<br>茶叶实体店经营基础；<br>茶企业营销案例解析；<br>市场营销策划文案写作；<br>基础会计；<br>茶叶包装设计与贮运；<br>电子商务。 |
| 职业素质能力 | 方法能力 | 1. 具备逻辑思维和判断能力、观察应变能力、独立完成工作的能力；<br>2. 具备获取信息、利用信息、学习与掌握新技术的能力；<br>3. 具备创新能力、人际交往与沟通能力。 | 专业认知实习；<br>综合素质选修课；<br>科技论文写作与科技文献检索；<br>社会实践与公益劳动；<br>毕业设计；<br>创业实践。 |

续　表

| 能力要求 | 能力标准一级指标 | 能力标准二级指标 | 主要课程 |
|---|---|---|---|
| 职业素养能力 | 社会能力 | 1. 具备崇尚科学、探究科学的学习态度和思想意识，保持吃苦耐劳、团结协作、勇于创新、诚实守信的工作态度，忠诚于企业和自己的职业岗位；<br>2. 具备自我认知和社会认知能力、创新精神和能灵活运用自己的专业技能去解决实际工作问题的能力；<br>3. 具备质量意识、安全生产意识、环保意识和法制观念。 | 专业认知实习；社会实践与公益劳动；职业道德与安全教育；顶岗实习；课外教育学分课程。 |

（七）职业资格证书要求

茶学专业（茶叶生产与管理方向）应用型本科毕业生职业资格证书获取要求如表 15 所示。

表 15　茶学专业（茶叶生产与管理方向）职业资格证书

| 序号 | 职业资格证书类别 | 鉴定及发证部门 | 备注 |
|---|---|---|---|
| 1 | 茶叶加工工（高级） | 人力资源和社会保障部 | 毕业要求（至少获得其中一种） |
| 2 | 茶园工（高级） | 人力资源和社会保障部 | |
| 3 | 评茶员（高级） | 人力资源和社会保障部 | |
| 4 | 茶艺师（高级） | 人力资源和社会保障部 | 鼓励获得 |

茶学专业（茶文化与商贸方向）职业资格证书获取要求如表 16 所示。

表 16　茶学专业（茶文化与商贸方向）职业资格证书

| 序号 | 职业资格证书名称 | 鉴定及发证机构 | 备注 |
|---|---|---|---|
| 1 | 茶艺师（高级） | 人力资源和社会保障部 | 毕业要求（至少获得其中一种） |
| 2 | 评茶员（高级） | 人力资源和社会保障部 | |
| 3 | 营销员（高级） | 人力资源和社会保障部 | |

（八）修业年限、毕业最低学分及授予学位

学制：4 年，修业年限 3～6 年；

毕业最低学分：210 个学分；

授予学位：农学学士。

（九）主要课程

主要课程包括植物与植物生理、公共关系与商务礼仪、茶文化概论、土壤肥料学、基础生物化学、农业生态学基础、茶叶品质化学、市场营销学、电子商务、茶树栽培管理技术、茶艺理论与实务、茶叶加工技术、茶叶审评技术、现代茶企业管理、茶叶营销与贸易、茶园管理综合实训、茶叶加工管理综合实训、茶馆经营管理综合实训、茶叶营销综合实训等。

（十）教学进程表

教学进程安排按学年和学期编制，每学年共 40 周。具体课程安排分别见附件 1。

（十一）全程教学计划表

茶学"茶叶生产与管理"和"茶文化与商贸"两个专业方向之全程教学计划及学时学分分配分别见附件 2、附件 3。

（十二）集中实践性教学环节计划

茶学"茶叶生产与管理""茶文化与商贸"两个专业方向的军事理论与实训、专业认知实习、企业学分教学、教学综合实习、顶岗实习、毕业设计等分别见附件 4、附件 5。

（十三）考试与考核要求

公共基础课程及理论性的专业基础课程原则上实行教考分离，实行闭卷或开卷考试，成绩按"7+3"（即考试成绩占 70%，平时成绩占 30%）原则计分。

专业技能基础课程、专业技能主干课程侧重过程考核，教师可根据课程内容、性质和特点，按"2+6+2"（或"4+4+2"）［即理论考核占 20%（或40%），技能考核占 60%（或 40%），平时成绩占 20%］的原则计算成绩。理论考核采用闭卷（或开卷）模式进行考核，技能考核通过撰写实践报告、案例设计及实际操作等形式进行考核，部分课程推荐采用理实一体的考试方法。

教学集中性实践性环节和技能训练环节考核成绩分为"优、良、中、及格、不及格"五级，由学院和企业共同评定，并参考职业资格证书获取情况综合评定。

综合文化素质拓展课程实行过程性考核。

（十四）综合素质培养计划

学生综合素质培养计划见附件《滇西应用技术大学普洱茶学院学生综合素质培养方案》。

（十五）课程结构及学时学分统计表

茶学专业培养计划总学时、学分统计见附件 6，各类课内教学学时、学分分配表见附件 7。

## 二、滇西应用技术大学普洱茶学院学生综合素质培养方案

为贯彻落实《中共中央、国务院关于加强素质教育的若干意见》和"中央 16 号文件"精神，提高我院大学生的综合素质，促进德智体美全面发展的新型人才的培养，规范和协调学院学生课堂与教学课外活动，特制订本方案。

（一）指导思想与培养目标

为贯彻落实《中共中央、国务院关于加强素质教育的若干意见》和"中央 16 号文"精神，树立科学发展观，以服务大学生成长和成才为出发点和落脚点，以推进综合素质为核心，整合行政管理、教学、学生工作队伍力量，充分调动团、学组织的积极性，形成工作合力，构建立体的、全过程的、系统的大学生综合素质培养体系，培养一支政治方向明确、业务素质过硬、社会活动能力强、具有创新精神的，既具备基本的专业知识，又掌握本专业基本理论和技能的复合型人才。

（二）培养内容与方式

培养的内容包括：政治素质、专业素质、文化艺术素质、心理素质、身体素质等。见附件 8、附件 9。

培养方式包括课堂教学、专题讲座、课外活动、社会实践、学习竞赛等。

（三）组织管理和实施

（1）大学生的综合素质培养是一项复杂的系统工程，为保证本方案的顺利实施，学院成立"学生综合素质培养领导小组"。领导小组由学院领导、院办主任、教务处主任、团委书记、各年级辅导员和各教研室主任组成。除课堂教学由教务处协调各教研室实施之外，其他方面的素质培养均由学生管理科协同院团委、学生会执行。

（2）学院的学生活动总体上以本方案为指南，学生综合素质培养计划中所列项目为所有学生均需接受训练的内容。学生管理科可以根据每学年的社会发展形势、学校的工作重点、学生活动经费、教学计划安排等情况变化而酌情增减执

行。

（3）学生管理科在每学年初列出本学年的学生综合素质培养工作计划（包括全年的具体活动项目、实施时间、经费预算等），报学院领导审批后执行。

（四）综合素质学分制管理

（1）教育。政治辅导员在新生入学教育周或主题班会上应就综合素质学分制度对新生进行详细的讲解和说明，使学生清楚地认识到综合素质学分制度的重要意义。

（2）备案。政治辅导员负责所管辖班级的学生的综合素质学分手册的管理工作，每月对学生的综合素质学分手册进行备案，防止学生因遗失学分手册而带来麻烦。

（3）检查和督促。政治辅导员应每学期检查一次学生的综合素质学分，督促和指导学生进行综合素质教育活动。

附件1

## 茶学专业教学进程表

说明：— 理论教学　× 考试　： 军训　☆ 集中教学实践　△ 顶岗实习　~ 毕业设计　◎ 暑期社会实践　# 认知实习　= 假期

| 学年 | 学期 | 教学进行周次 1 | 2 | 3 | 4 | 5 | 6 | 7 | 8 | 9 | 10 | 11 | 12 | 13 | 14 | 15 | 16 | 17 | 18 | 19 | 20 | 21 | 22 | 23 | 24 | 25 | 26 | 27 | 教学周数 | 理论教学 | 考试 | 军训 | 集中教学实践 | 顶岗实习 | 毕业设计 | 暑期社会实践 | 认知实习 | 假期 |
|---|---|---|---|---|---|---|---|---|---|---|---|---|---|---|---|---|---|---|---|---|---|---|---|---|---|---|---|---|---|---|---|---|---|---|---|---|---|---|
| 一 | 1 | ： | ： | ： | — | — | — | — | — | — | — | — | — | — | — | — | — | — | — | — | × | = | = | = | = | = |  |  | 20 | 16 | 1 | 3 |  |  |  |  |  | 5 |
| 一 | 2 | — | — | — | — | — | — | — | — | — | — | — | — | — | — | — | # | — | — | — | × | ◎ | ◎ | = | = | = | = | = | 20 | 18 | 1 |  |  |  |  | 2 | 1 | 5 |
| 二 | 3 | — | — | — | — | — | — | — | — | — | — | — | — | — | — | — | — | — | — | — | × | = | = | = | = | = |  |  | 20 | 19 | 1 |  |  |  |  |  |  | 5 |
| 二 | 4 | — | — | — | — | — | — | — | — | — | — | — | × | ☆ | ☆ | ☆ | ☆ | ☆ | ☆ | ☆ | ☆ | ◎ | ◎ | = | = | = | = | = | 20 | 11 | 1 |  | 8 |  |  | 2 |  | 5 |
| 三 | 5 | — | — | — | — | — | — | — | — | — | — | — | — | — | — | — | — | — | — | — | × | = | = | = | = | = |  |  | 20 | 19 | 1 |  |  |  |  |  |  | 5 |
| 三 | 6 | — | — | — | — | — | — | — | — | — | — | — | — | — | — | — | — | — | — | — | × | ◎ | ◎ | = | = | = | = | = | 20 | 19 | 1 |  |  |  |  | 2 |  | 5 |
| 四 | 7 | — | — | — | — | — | — | — | — | — | — | — | — | — | — | — | — | ~ | ~ | ~ | ~ | = | = | = | = | = |  |  | 20 | 16 |  |  |  |  | 4 |  |  | 5 |
| 四 | 8 | △ | △ | △ | △ | △ | △ | △ | △ | △ | △ | △ | △ | △ | △ | △ | △ | ~ | ~ | ~ | 机动 | = | = | = | = | = | = | = | 19 |  |  |  |  | 16 | 3 |  |  | 7 |

注：1. 各学期教学周数平均为20周；考试时间设1周；

2. 第2、4、6学期社会实践可适当占用暑期，但占用时间不可超过2周；

3. 第4学期第1～12周完成部分课程的教学和考试，第13～20周在企业完成综合实践教学实习，学生分组轮岗实习，成绩主要由学院配合企业考核后获得相应学分。

**茶学专业（茶叶生产与管理方向）全程教学计划表**

| 类别 | 序号 | 课程名称 | 学分 | 总学时 | 理论学时 | 实验 | 上机 | 实践 | 第一学年 1（16周） | 第一学年 2（16周） | 第二学年 3（16周） | 第二学年 4（16周） | 第三学年 5（16周） | 第三学年 6（16周） | 第四学年 7（16周） | 第四学年 8（16周） | 考试 | 考查 | 备注 |
|---|---|---|---|---|---|---|---|---|---|---|---|---|---|---|---|---|---|---|---|
| 思想政治课模块 | 1 | 思想道德修养与法律基础 | 2 | 48 | 32 | | | 16 | 2 | | | | | | | | ● | | |
| | 2 | 中国近代史纲要 | 1 | 16 | 16 | | | | | 1 | | | | | | | ● | | |
| | 3 | 马克思主义基本原理概论 | 3 | 64 | 48 | | | 16 | | 3 | | | | | | | ● | | |
| | 4 | 毛泽东思想和中国特色社会主义理论概论 | 4 | 96 | 64 | | | 32 | 4 | | | | | | | | ● | | |
| | 5 | 形势与政策（1） | 0.5 | 8 | 8 | | | | 0.5 | | | | | | | | | ● | |
| | 6 | 形势与政策（2） | 0.5 | 8 | 8 | | | | | 0.5 | | | | | | | | ● | |
| | 7 | 军事理论与实训 | 3 | 60 | | | | 3周 | 3 | | | | | | | | | ● | |
| 公共基础课模块 | 8 | 大学英语（1） | 6 | 96 | 96 | | | | 6 | | | | | | | | ● | | |
| | 9 | 大学英语（2） | 6 | 96 | 96 | | | | | 6 | | | | | | | ● | | |
| | 10 | 大学语文（1） | 2 | 32 | 32 | | | | 2 | | | | | | | | ● | | |
| | 11 | 大学语文（2） | 2 | 32 | 32 | | | | | 2 | | | | | | | ● | | |
| | 12 | 公共体育（1） | 1 | 32 | 32 | | | | 1 | | | | | | | | | ● | |
| | 13 | 公共体育（2） | 1 | 32 | 32 | | | | | 1 | | | | | | | | ● | |

公共基础理论平台

续表

| 类别 | | 序号 | 课程名称 | 学分 | 总学时 | 理论学时 | 实践学时 | | | 基本理论、基本知识学习按学年及学期分配 每周学时数 | | | | | | | | 考核方式 | | 备注 |
|---|---|---|---|---|---|---|---|---|---|---|---|---|---|---|---|---|---|---|---|---|
| | | | | | | | 实验 | 上机 | 实践 | 第一学年 1 (16周) | 第一学年 2 (16周) | 第二学年 3 (16周) | 第二学年 4 (16周) | 理实一体实践教学 第三学年 5 (16周) | 第三学年 6 (16周) | 顶岗实习 第四学年 7 (16周) | 第四学年 8 (16周) | 考查 | 考试 | |
| 公共基础理论平台 | 公共基础课模块 | 14 | 体育专项（1） | 1 | 32 | 32 | | | | | | 1 | | | | | | ● | | |
| | | 15 | 体育专项（2） | 1 | 32 | 32 | | | | | | | 1 | | | | | ● | | |
| | | 16 | 大学计算机基础 | 2 | 32 | | | 32 | | 2 | | | | | | | | ● | | |
| | | 17 | 微积分 | 4 | 64 | 64 | | | | 4 | | | | | | | | | ● | |
| | | 18 | 线性代数 | 2 | 32 | 32 | | | | | 2 | | | | | | | | ● | |
| | | 19 | 普通化学 | 4 | 64 | 64 | | | | | 4 | | | | | | | | ● | |
| | | 20 | 普通化学实验 | 2 | 32 | | 32 | | | 2 | | | | | | | | ● | | |
| | 学科基础课模块 | 21 | 专业导论 | 2 | 32 | 32 | | | | 1 | | 1 | | | | | | ● | | |
| 专业能力技能平台 | 专业通用基础课模块 | 22 | 植物与植物生理 | 4 | 64 | 48 | 16 | | | | 4 | | | | | | | | ● | |
| | | 23 | 公共关系与商务礼仪 | 2 | 32 | 16 | | | 16 | 2 | | | | | | | | ● | | |
| | | 24 | 茶文化概论 | 2 | 32 | 32 | | | | | | | | 2 | | | | ● | | |
| | | 25 | 土壤肥料学 | 3 | 48 | 32 | 16 | | | | | 3 | | | | | | | ● | |

续 表

| 类别 | | 序号 | 课程名称 | 学分 | 总学时 | 理论学时 | 实践学时 | | | 基本理论、基本知识学习按学年及学期分配 | | | | | | | | 顶岗实习 | 考核方式 | | 备注 |
|---|---|---|---|---|---|---|---|---|---|---|---|---|---|---|---|---|---|---|---|---|---|
| | | | | | | | 实验 | 上机 | 实践 | 第一学年 | | 第二学年 | | 第三学年 | | 第四学年 | | | 考试 | 考查 | |
| | | | | | | | | | | 1 16周 | 2 16周 | 3 16周 | 4 16周 | 5 16周 | 6 16周 | 7 16周 | 8 16周 | | | | |
| | | | | | | | | | | 每周学时数 | | | | | | | | | | | |
| 专业能力技能平台 | 专业通用基础模块 | 26 | 基础生物化学 | 4 | 64 | 32 | 32 | | | | 4 | | | | | | | | ● | | |
| | 专业基础课 | 27 | 农业生态学基础 | 3 | 48 | 32 | 16 | | | | 3 | | | | | | | | ● | | |
| | | 28 | 茶叶品质化学 | 4 | 64 | 32 | 32 | | | | | | | 4 | | | | | ● | | |
| | | 29 | 市场营销学 | 4 | 64 | 48 | | | 16 | | | | | 4 | | | | | ● | | |
| | | 30 | 电子商务 | 4 | 64 | 32 | | 32 | | | | | | | 4 | | | | ● | | |
| | 专业核心课 | 31 | 茶树栽培管理技术 | 4 | 64 | 48 | | | 16 | | | 4 | | | 4 | | | | ● | | |
| | | 32 | 茶艺理论与实务 | 4 | 64 | 32 | | | 32 | | | 4 | | | | | | | ● | | |
| | | 33 | 茶叶加工技术 | 6 | 96 | 48 | | | 48 | | | | 6 | | | | | | ● | | |
| | | 34 | 茶叶审评技术 | 4 | 64 | 16 | 48 | | | | | | 4 | | | | | | ● | | |
| | | 35 | 现代茶企业管理 | 4 | 64 | 48 | | | 16 | | | | | 4 | | | | | ● | | |
| | | 36 | 茶叶营销与贸易 | 4 | 64 | 48 | | | 16 | | | | | | 4 | | | | ● | | |

续表

| 类别 | 序号 | 课程名称 | 学分 | 总学时 | 理论学时 | 实验上机 | 实践 | 1(16周) | 2(16周) | 3(16周) | 4(16周) | 5(16周) | 6(16周) | 7(16周) | 8(16周) | 考试 | 考查 | 备注 |
|---|---|---|---|---|---|---|---|---|---|---|---|---|---|---|---|---|---|---|
| 专业（方向）技能模块 | 37 | 课程包（一）生态茶园管理：生态茶园的建立与改造 | 2 | 32 | 24 | | 8 | | | | | 2 | | | | ● | | 学生可根据需要必须任意选择一个课程包的内容的学习 |
| | 38 | 茶场规划设计与管理 | 3 | 48 | 32 | | 16 | | | | | 3 | | | | ● | | |
| | 39 | 有机茶园生产技术 | 3 | 48 | 32 | | 16 | | | | | | 3 | | | ● | | |
| | 40 | 课程包（二）茶叶加工管理：发酵工程原理与技术 | 2 | 32 | 24 | | 8 | | | | | | 2 | | | ● | | |
| | 41 | 茶叶清洁化生产概述 | 2 | 32 | 24 | | 8 | | | | | 2 | | | | ● | | |
| | 42 | 普洱茶生产工艺及标准 | 3 | 48 | 32 | | 16 | | | | | 3 | | | | ● | | |
| | 43 | 茶叶深加工及综合利用 | 3 | 48 | 32 | | 16 | | | | | | 3 | | | ● | | |
| | 44 | 茶叶包装设计与贮运 | 2 | 32 | 24 | | 8 | | | | | | 2 | | | ● | | |
| 专业技能拓展模块 | 45 | 茶学专题讲座（8～12个专题） | 6 | 96 | 96 | | | | | | | | | 6 | | | ● | |
| 专业能力技能平台 | 46 | 测量学基础 | 2 | 32 | 16 | | 16 | | | 2 | | | | | | | ● | |
| | 47 | 茶叶安全生产及相关法律、法规知识 | 2 | 32 | 32 | | | | | | 2 | | | | | | ● | |
| | 48 | 茶产品生产过程的质量控制与管理 | 2 | 32 | 16 | | 16 | | | | 2 | | | | | | ● | |

表头说明：基本理论、基本知识学习按学年及学期分配　每周学时数；第一学年（1、2），第二学年（3、4），第三学年（5、6）理实一体教学，第四学年（7、8）顶岗实习。

续表

| 类别 | 序号 | 课程名称 | 学分 | 总学时 | 理论学时 | 实验 | 上机 | 实践 | 第一学年 1 16周 | 第一学年 2 16周 | 第二学年 3 16周 | 第二学年 4 16周 | 第三学年 5 16周 | 第三学年 6 16周 | 第四学年 7 16周 | 第四学年 8 16周 | 考试 | 考查 | 备注 |
|---|---|---|---|---|---|---|---|---|---|---|---|---|---|---|---|---|---|---|---|
| | | | | | | | | | | | | 每周学时数 | | | | | | | |
| | 49 | 普洱茶文化学 | 2 | 32 | 32 | | | | 2 | | | | | | | | | ● | 茶学专题讲座为必选内容，其他课程至少选修4个学分 |
| | 50 | 茶叶标准体系及应用 | 2 | 32 | 24 | | | 8 | | | | | 2 | | | | | ● | |
| | 51 | 茶与健康 | 2 | 32 | 24 | | | 8 | | | | | 2 | | | | | ● | |
| | 52 | 饮料调制原理和技术 | 2 | 32 | 16 | | | 16 | | | | | 2 | | | | | ● | |
| | 53 | 茶叶检验技术 | 2 | 32 | 16 | | | 16 | | | | | 2 | | | | | ● | |
| | 54 | 茶学专业英语 | 2 | 32 | 16 | | | 16 | | | | | | 2 | | | | ● | |
| | 55 | 科技论文写作与科技文献检索 | 2 | 32 | 16 | | | 16 | | | | | | 2 | | | | ● | |
| | 56 | 多媒体应用技术 | 2 | 32 | 16 | | | 32 | | | | | | 2 | | | | ● | |
| | 57 | 小粒咖啡生产技术 | 2 | 32 | 16 | | | 16 | | | | | | 2 | | | | ● | |
| 专业能力技能平台 | 58 | 专业认知 | 1 | 16 | | | | 16 | 1 | | | | | | | | | ● | |
| | 59 | 茶园管理综合实训 | 2 | 32 | | | | 32 | | | | 2 | | | | | | ● | |
| | 60 | 茶叶加工管理综合实训 | 2 | 32 | | | | 32 | | | | 2 | | | | | | ● | |
| | 61 | 茶艺馆经营管理综合实训 | 2 | 32 | | | | 32 | | | | 2 | | | | | | ● | |
| | 62 | 茶叶营销综合实训 | 2 | 32 | | | | 32 | | | | 2 | | | | | | ● | |

续　表

| 类别 | 序号 | 课程名称 | 学分 | 总学时 | 理论学时 | 实验 | 上机 | 实践 | 1（16周） | 2（16周） | 3（16周） | 4（16周） | 5（16周） | 6（16周） | 7（16周） | 8（16周） | 考试 | 考查 | 备注 |
|---|---|---|---|---|---|---|---|---|---|---|---|---|---|---|---|---|---|---|---|
| 专业能力技能平台（综合实验实习实训模块） | 63 | 茶叶新产品开发创新实践 | 4 | 64 | | | | 64 | | | | | | | 4 | | | ● | 54～90学分，理工农、医类不低于72学分 |
| | 64 | 茶产品质量检验技能训练 | 3 | 48 | | | | 48 | | | | | | | 3 | | | ● | |
| | 65 | 茶产品进出口贸易实务训练 | 1 | 16 | | | | 16 | | | | | | | 1 | | | ● | |
| | 66 | 中小型茶企业组建方案设计训练 | 2 | 32 | | | | 32 | | | | | | | 2 | | | ● | |
| | 67 | 企业顶岗实习 | 16 | 256 | | | | 256 | | | | | | | | 16 | | ● | |
| | 68 | 毕业设计 | 7 | 112 | | | | 112 | | | | | | | 4 | 3 | | ● | |
| 综合素质教育平台（人文与艺术） | 69 | 大学生心理素质训练 | 2 | 32 | 16 | | | 32 | 2 | | | | | | | | | ● | 至少选满8学分 |
| | 70 | 大学生文化修养 | 1 | 16 | 16 | | | | 1 | | | | | | | | | ● | |
| | 71 | 演讲与口才 | 1 | 16 | | | | 16 | | | | 1 | | | | | | ● | |
| | 72 | 音乐与欣赏 | 1 | 16 | 8 | | | 8 | | | | | 1 | | | | | ● | |
| | 73 | 舞蹈与欣赏 | 1 | 16 | 8 | | | 8 | | | | | | 1 | | | | ● | |

续表

| 类别 | 序号 | 课程名称 | 学分 | 总学时 | 理论学时 | 实验 | 上机 | 实践 | 1 | 2 | 3 | 4 | 5 | 6 | 7 | 8 | 考试 | 考查 | 备注 |
|---|---|---|---|---|---|---|---|---|---|---|---|---|---|---|---|---|---|---|---|
| 社会科学与行为科学 | 74 | 管理学 | 2 | 32 | 32 | | | | | | | | 2 | | | | | ● | |
| | 75 | 职业形象设计与训练 | 2 | 32 | | | | 32 | | | | | | 2 | | | | ● | |
| | 76 | 秘书实务 | 2 | 32 | 16 | | | 16 | | | | | | | 2 | | | ● | |
| 自然科学 | 77 | 计算机维护 | 2 | 32 | | | 32 | | | 2 | | | | | | | | ● | |
| | 78 | 图形图像处理 | 2 | 32 | | | 32 | | | | | | 2 | | | | | ● | |
| | 79 | 网页设计 | 2 | 32 | | | 32 | | | | | | | 2 | | | | ● | |
| 职业规划与职业道德课程 | 80 | 职业道德与安全教育 | 1 | 16 | 16 | | | | | 1 | | | | | | | | ● | |
| | 81 | 职业岗位（群）导论 | 0.5 | 8 | 8 | | | | 0.5 | | | | | | | | | ● | |
| | 82 | 职业生涯与规划 | 1 | 16 | 16 | | | | | | 1 | | | | | | | ● | |
| 创业就业指导课程 | 83 | 创业实践 | 1 | 16 | | | | 16 | | | | | | 1 | | | | ● | 必选4学分 |
| | 84 | 就业指导 | 0.5 | 8 | 8 | | | | | | | | | | 0.5 | | | ● | |
| 社会实践 | 85 | 社会实践及公益劳动 | 3 | 48 | | | | 48 | 0.5 | 0.5 | 0.5 | 0.5 | 0.5 | 0.5 | 0.5 | 0.5 | | ● | |

续表

| 类别 | 序号 | 课程名称 | 学分 | 总学时 | 理论学时 | 实验 | 上机 | 实践 | 第一学年1(16周) | 第一学年2(16周) | 第二学年3(16周) | 第二学年4(16周) | 第三学年5(16周) | 第三学年6(16周) | 第四学年7(16周) | 第四学年8(16周) | 考试 | 考查 | 备注 |
|---|---|---|---|---|---|---|---|---|---|---|---|---|---|---|---|---|---|---|---|
| 职业资格认证 | 86 | 高级茶叶加工工 | 4 | 64 |  |  |  | 64 |  |  |  |  | 4 |  |  |  |  |  | — |
|  | 87 | 高级茶园工 | 4 | 64 |  |  |  | 64 |  |  | 4 |  |  |  |  |  |  |  |  |
|  | 88 | 高级评茶员 | 4 | 64 |  |  |  | 64 |  |  |  | 4 |  |  |  |  |  |  |  |
|  | 89 | 高级茶艺师 | 4 | 64 |  |  |  | 64 |  |  | 4 |  |  |  |  |  |  |  |  |
| 学科、技能竞赛 | 90 | 茶叶加工技能大赛 | 4 | 64 |  |  |  | 64 |  |  |  | 4 |  |  |  |  |  |  |  |
|  | 91 | 茶叶审评技能大赛 | 3 | 48 |  |  |  | 48 |  |  |  |  | 3 |  |  |  |  |  |  |
|  | 92 | 茶艺技能大赛 | 3 | 48 |  |  |  | 48 |  |  | 3 |  |  |  |  |  |  |  |  |
| 校园文化活动 | 93 | 迎新晚会 | 2 | 32 |  |  |  | 32 | 2 |  |  |  |  |  |  |  |  |  |  |
|  | 94 | 校园歌手大赛 | 2 | 32 |  |  |  | 32 |  | 2 |  |  |  |  |  |  |  |  |  |
|  | 95 | 民族健身操大赛 | 2 | 32 |  |  |  | 32 |  |  |  |  |  | 2 |  |  |  |  |  |
|  | 96 | 大学生文化活动周 | 2 | 32 |  |  |  | 32 |  |  |  |  |  |  | 2 |  |  |  |  |
| 学年论文 | 97 | 专业认知实习报告 | 1 | 16 | 16 |  |  |  | 1 |  |  |  |  |  |  |  |  |  |  |
|  | 98 | 课程实习报告 | 1 | 16 | 16 |  |  |  |  |  |  | 1 |  |  |  |  |  |  |  |
|  | 99 | 专业顶岗实习报告 | 1 | 16 | 16 |  |  |  |  |  |  |  |  |  | 1 |  |  | 1 |  |
| 毕业论文设计 | 100 | 毕业论文设计 | 2 | 32 | 32 |  |  |  |  |  |  |  |  |  |  | 1 |  | 1 |  |

备注：第二课堂素质拓展平台；顶岗实习、理实一体实践教学；每周学时数。

## 茶学专业（茶文化与商贸方向）全程教学计划表

说明：第一学年＝第1、2学期；第二学年＝第3、4学期；第三学年＝第5、6学期；第四学年（顶岗实习）＝第7、8学期；各学期均为16周。

| 类别 | 序号 | 课程名称 | 学分 | 总学时 | 理论学时 | 实验 | 上机 | 实践 | 第1学期 | 第2学期 | 第3学期 | 第4学期 | 第5学期 | 第6学期 | 第7学期 | 第8学期 | 考试 | 考查 | 备注 |
|---|---|---|---|---|---|---|---|---|---|---|---|---|---|---|---|---|---|---|---|
| 思想政治课模块 | 1 | 思想道德修养与法律基础 | 2 | 48 | 32 | | | 16 | 2 | | | | | | | | ● | | |
| | 2 | 中国近代史纲要 | 1 | 16 | 16 | | | | | 1 | | | | | | | ● | | |
| | 3 | 马克思主义基本原理概论 | 3 | 64 | 48 | | | 16 | | 3 | | | | | | | ● | | |
| | 4 | 毛泽东思想和中国特色社会主义理论概论 | 4 | 96 | 64 | | | 32 | 4 | | | | | | | | ● | | |
| | 5 | 形势与政策（1） | 0.5 | 8 | 8 | | | | 0.5 | | | | | | | | | ● | |
| | 6 | 形势与政策（2） | 0.5 | 8 | 8 | | | | | 0.5 | | | | | | | | ● | |
| | 7 | 军事理论与实训 | 3 | 60 | | | | 3周 | 3周 | | | | | | | | | ● | |
| 公共基础课模块 | 8 | 大学英语（1） | 6 | 96 | 96 | | | | 6 | | | | | | | | ● | | |
| | 9 | 大学英语（2） | 6 | 96 | 96 | | | | | 6 | | | | | | | ● | | |
| | 10 | 大学语文（1） | 2 | 32 | 32 | | | | 2 | | | | | | | | ● | | |
| | 11 | 大学语文（2） | 2 | 32 | 32 | | | | | 2 | | | | | | | ● | | |
| | 12 | 公共体育（1） | 1 | 32 | 32 | | | | 1 | | | | | | | | | ● | |
| | 13 | 公共体育（2） | 1 | 32 | 32 | | | | | 1 | | | | | | | | ● | |

（以上课程均属"公共基础理论平台"）

续表

| 类别 | 序号 | 课程名称 | 学分 | 总学时 | 理论学时 | 实践学时 | | | 基本理论、基本知识学习按学年及学期分配 每周学时数 | | | | | | | | 考核方式 | | 备注 |
|---|---|---|---|---|---|---|---|---|---|---|---|---|---|---|---|---|---|---|---|
| | | | | | | 实验 | 上机 | 实践 | 第一学年 | | 第二学年 | | 第三学年 | | 第四学年（顶岗实习） | | 考查 | 考试 | |
| | | | | | | | | | 1（16周） | 2（16周） | 3（16周） | 4（16周） | 5（16周） | 6（16周） | 7（16周） | 8（16周） | | | |
| 公共基础理论平台（公共基础课模块） | 14 | 体育专项（1） | 1 | 32 | 32 | | | | 2 | | | | | | | | ● | | |
| | 15 | 体育专项（2） | 1 | 32 | 32 | | | | | 2 | | | | | | | ● | | |
| | 16 | 大学计算机基础 | 2 | 32 | | | 32 | | 2 | | | | | | | | ● | | |
| | 17 | 微积分 | 4 | 64 | 64 | | | | 4 | | | | | | | | | ● | |
| | 18 | 线性代数 | 2 | 32 | 32 | | | | | 2 | | | | | | | | ● | |
| | 19 | 普通化学 | 4 | 64 | 64 | | | | 4 | | | | | | | | | ● | |
| | 20 | 普通化学实验 | 2 | 32 | | 32 | | | | 2 | | | | | | | ● | | |
| 学科基础课模块 | 21 | 专业导论 | 2 | 32 | 32 | | | | | | 1 | | | | | | ● | | |
| | | 小计 | | | | | | | | | | | | | | | | | |
| 专业能力技能平台（专业通用基础模块） | 22 | 植物与植物生理 | 4 | 64 | 48 | 16 | | | 4 | | | | | | | | | ● | |
| | 23 | 公共关系与商务礼仪 | 2 | 32 | 16 | | | 16 | 2 | | | | | | | | ● | | |
| | 24 | 茶文化概论 | 2 | 32 | 32 | | | | | | | | 2 | | | | ● | | |
| | 25 | 土壤肥料学 | 3 | 48 | 32 | 16 | | | | | 3 | | | | | | | ● | |

续表

| 类别 | | 序号 | 课程名称 | 学分 | 总学时 | 理论学时 | 实验 | 上机 | 实践 | 第一学年 1 (16周) | 第一学年 2 (16周) | 第二学年 3 (16周) | 第二学年 4 (16周) | 第三学年 5 (16周) | 第三学年 6 (16周) | 第四学年 7 (16周) | 第四学年 8 (16周) | 考试 | 考查 | 备注 |
|---|---|---|---|---|---|---|---|---|---|---|---|---|---|---|---|---|---|---|---|---|
| 专业通用基础模块 | 专业基础课 | 26 | 基础生物化学 | 4 | 64 | 32 | 32 | | | | | 4 | | | | | | ● | | |
| | | 27 | 农业生态学基础 | 3 | 48 | 32 | 16 | | | | | 3 | | | | | | ● | | |
| | | 28 | 茶叶品质化学 | 4 | 64 | 32 | 32 | | | | | | | 4 | | | | ● | | |
| 专业能力技能平台 | 专业核心课 | 29 | 市场营销学 | 4 | 64 | 48 | | | 16 | | | | | | 4 | | | ● | | |
| | | 30 | 电子商务 | 4 | 64 | 32 | | 32 | | | | | | | 4 | | | ● | | |
| | | 31 | 茶树栽培管理技术 | 4 | 64 | 48 | | | 16 | | | 4 | | | | | | ● | | |
| | | 32 | 茶艺理论与实务 | 4 | 64 | 32 | | | 32 | | | 4 | | | | | | ● | | |
| | | 33 | 茶叶加工技术 | 6 | 96 | 48 | | | 48 | | | | 6 | | | | | ● | | |
| | | 34 | 茶叶审评技术 | 4 | 64 | 16 | 48 | | | | | | 4 | | | | | ● | | |
| | | 35 | 现代茶企业管理 | 4 | 64 | 48 | | | 16 | | | | | 4 | | | | ● | | |
| | | 36 | 茶叶营销与贸易 | 4 | 64 | 48 | | | 16 | | | | | | 4 | | | ● | | |

续表

| 类别 | 序号 | 课程名称 | 学分 | 总学时 | 理论学时 | 实验 | 上机 | 实践 | 第一学年 1(16周) | 第一学年 2(16周) | 第二学年 3(16周) | 第二学年 4(16周) | 第三学年 5(16周) | 第三学年 6(16周) | 第四学年 7(16周) | 第四学年 8(16周) | 考试 | 考查 | 备注 |
|---|---|---|---|---|---|---|---|---|---|---|---|---|---|---|---|---|---|---|---|
| 茶叶营销 专业（方向）技能模块 | 37 | 茶馆经营与茶事服务 | 4 | 64 | 48 | | | 16 | | | | | 4 | | | | ● | | 学生可根据需要必须任意选择一个课程包的内容学习 |
| | 38 | 茶叶实体店经营基础 | 4 | 64 | 48 | | | 16 | | | | | | 4 | | | ● | | |
| | 39 | 茶企业营销策划与案例解析 | 2 | 32 | 16 | | | 16 | | | | | | 2 | | | ● | | |
| 专业能力技能平台 专业技能拓展模块 | 40 | 茶学专题讲座（8～12个专题） | 6 | 96 | 96 | | | | | | | | | | 6 | | | ● | 茶学专题讲座为必选内容 |
| | 41 | 形体与舞蹈 | 2 | 32 | 16 | | | 32 | | | 2 | | | | | | | ● | 其他课程至少选修4个学分 |
| | 42 | 营销心理学 | 2 | 32 | 16 | | | 16 | | | 2 | | | | | | | ● | |
| | 43 | 食品营养学 | 2 | 32 | 16 | | | 16 | | | 2 | | | | | | | ● | |
| | 44 | 普洱茶文化学 | 2 | 32 | 32 | | | | 2 | | | | | | | | | ● | |
| | 45 | 茶叶标准体系及应用 | 2 | 32 | 24 | | | 8 | | | | 2 | | | | | | ● | |
| | 46 | 茶与健康 | 2 | 32 | 24 | | | 8 | | | | | 2 | | | | | ● | |
| | 47 | 饮料调制原理和技术 | 2 | 32 | 16 | | | 16 | | | | | 2 | | | | | ● | |

续表

| 类别 | 序号 | 课程名称 | 学分 | 总学时 | 理论学时 | 实验 | 上机 | 实践 | 第一学年 1（16周） | 第一学年 2（16周） | 第二学年 3（16周） | 第二学年 4（16周） | 第三学年 5（16周） | 第三学年 6（16周） | 第四学年 7（16周） | 第四学年 8（16周） | 考试 | 考查 | 备注 |
|---|---|---|---|---|---|---|---|---|---|---|---|---|---|---|---|---|---|---|---|
| 专业技能拓展模块 | 48 | 咖啡文化与调配技术 | 2 | 32 | 16 | | | 16 | | | | | | | | | | ● | |
| 专业技能拓展模块 | 49 | 茶学专业英语 | 2 | 32 | 16 | | | 16 | | | | | 2 | | | | | ● | 54～90学分，理工农医类不低于72学分 |
| 专业技能拓展模块 | 50 | 科技论文写作与科技文献检索 | 2 | 32 | 16 | | | 16 | | | | | | 2 | | | | ● | |
| 专业技能拓展模块 | 51 | 多媒体应用技术 | 2 | 32 | | | | 32 | | | | | | 2 | | | | ● | |
| 专业技能拓展模块 | 52 | 基础会计 | 2 | 32 | 16 | | | 16 | | | | | 2 | | | | | ● | |
| 专业能力技能平台 综合实验实习实训模块 | 53 | 专业认知 | 1 | 16 | | | | 16 | 1 | | | | | | | | | ● | |
| 专业能力技能平台 综合实验实习实训模块 | 54 | 茶园管理综合实训 | 2 | 32 | | | | 32 | | | | 2 | | | | | | ● | |
| 专业能力技能平台 综合实验实习实训模块 | 55 | 茶叶加工管理综合实训 | 2 | 32 | | | | 32 | | | | 2 | | | | | | ● | |
| 专业能力技能平台 综合实验实习实训模块 | 56 | 茶艺馆经营管理综合实训 | 2 | 32 | | | | 32 | | | | 2 | | | | | | ● | |
| 专业能力技能平台 综合实验实习实训模块 | 57 | 茶叶营销综合实训 | 2 | 32 | | | | 32 | | | | 2 | | | | | | ● | |
| 专业能力技能平台 综合实验实习实训模块 | 58 | 民族茶艺表演 | 2 | 32 | | | | 32 | | | | | | | 2 | | | ● | |
| 专业能力技能平台 综合实验实习实训模块 | 59 | 营销师基础与训练 | 4 | 64 | | | | 48 | | | | | | | 4 | | | ● | |
| 专业能力技能平台 综合实验实习实训模块 | 60 | 茶产品会展策划与实施训练 | 1 | 16 | | | | 16 | | | | | | | 1 | | | ● | |

续　表

| 类别 | 序号 | 课程名称 | 学分 | 总学时 | 理论学时 | 实验 | 上机 | 实践 | 1(16周) | 2(16周) | 3(16周) | 4(16周) | 5(16周) | 6(16周) | 7(16周) | 8(16周) | 考试 | 考查 | 备注 |
|---|---|---|---|---|---|---|---|---|---|---|---|---|---|---|---|---|---|---|---|
| 专业能力技能平台 综合实验实习实训模块 | 61 | "互联网+"茶产品营销实务训练 | 3 | 48 | | | | 48 | | | | | | | 3 | | | ● | |
| | 62 | 企业顶岗实习 | 16 | 256 | | | | 256 | | | | | | | | 16 | | ● | |
| | 63 | 毕业设计 | 7 | 112 | | | | 112 | | | | | | | 4 | 3 | | ● | |
| 综合素质教育平台 人文与艺术 | 64 | 大学生心理素质训练 | 2 | 32 | | | | 32 | 2 | | | | | | | | | ● | 至少选满8学分 |
| | 65 | 大学生文化修养 | 1 | 16 | 16 | | | | | 1 | | | | | | | | ● | |
| | 66 | 演讲与口才 | 1 | 16 | | | | 16 | | | 1 | | | | | | | ● | |
| | 67 | 音乐与欣赏 | 1 | 16 | 8 | | | 8 | | | | | 1 | | | | | ● | |
| | 68 | 舞蹈与欣赏 | 1 | 16 | 8 | | | 8 | | | | | | 1 | | | | ● | |
| 综合素质教育平台 社会科学与行为科学 | 69 | 管理学 | 2 | 32 | 32 | | | | | | | | 2 | | | | | ● | |
| | 70 | 职业形象设计与训练 | 2 | 32 | | | | 32 | | | | | | 2 | | | | ● | |
| | 71 | 秘书实务 | 2 | 32 | 16 | | | 16 | | | | | | | 2 | | | ● | |

续表

| 类别 | 序号 | 课程名称 | 学分 | 总学时 | 理论学时 | 实验 | 上机 | 实践 | 第一学年 1周(16周) | 第一学年 2周(16周) | 第二学年 3周(16周) | 第二学年 4周(16周) | 第三学年 5周(16周) | 第三学年 6周(16周) | 第四学年 7周(16周) | 第四学年 8周(16周) | 考试 | 考查 | 备注 |
|---|---|---|---|---|---|---|---|---|---|---|---|---|---|---|---|---|---|---|---|
| 综合素质教育平台 — 自然科学 | 72 | 计算机维护 | 2 | 32 | | | 32 | | | 2 | | | | | | | | ● | |
| | 73 | 图形图像处理 | 2 | 32 | | | 32 | | | | | | 2 | | | | | ● | |
| | 74 | 网页设计 | 2 | 32 | | | 32 | | | | | | | 2 | | | | ● | |
| 职业规划与职业道德课程 | 75 | 职业道德与安全教育 | 1 | 16 | 16 | | | | 0.5 | | | | | | | | | ● | 必选4学分 |
| | 76 | 职业岗位（群）导论 | 0.5 | 8 | 8 | | | | | 1 | | | | | | | | ● | |
| | 77 | 职业生涯规划 | 1 | 16 | 16 | | | | | | 1 | | | | | | | ● | |
| 创业就业指导课程 | 78 | 创业实践 | 1 | 16 | | | | 16 | | | | | | 1 | | | | ● | |
| | 79 | 就业指导 | 0.5 | 8 | 8 | | | | | | | | | | 0.5 | | | ● | |
| | | 课内共计 | 180 | 3036 | 1648 | | 192 | 96 | 1100 | 30 | 29.5 | 24 | 21 | 23 | 22 | 18.5 | 19 | | |
| 第二课堂素质拓展平台 — 社会实践 | 80 | 社会实践及公益劳动 | 3 | 48 | | | | 48 | 0.5 | 0.5 | 0.5 | 0.5 | 0.5 | 0.5 | 0.5 | | | ● | |
| 职业资格认证 | 81 | 高级茶叶加工工 | 4 | 64 | | | | 64 | | | | 4 | | | | | | ● | 自选其一 |
| | 82 | 高级茶园工 | 4 | 64 | | | | 64 | | | 4 | | | | | | | ● | |
| | 83 | 高级评茶员 | 4 | 64 | | | | 64 | | | | | | 4 | | | | ● | |
| | 84 | 高级茶艺师 | 4 | 64 | | | | 64 | | | 4 | | | | | | | ● | |

续表

| 类别 | 序号 | 课程名称 | 学分 | 总学时 | 理论学时 | 实践学时 实验/上机 | 实践 | 每周学时数 第一学年 1(16周) | 2(16周) | 第二学年 3(16周) | 4(16周) | 第三学年 5(16周) | 6(16周) | 第四学年 7(16周) | 8(16周) | 考试 | 考查 | 备注 |
|---|---|---|---|---|---|---|---|---|---|---|---|---|---|---|---|---|---|---|
| 第二课堂素质拓展平台 | 85 | 茶叶加工技能大赛 | 4 | 64 | | | 64 | | | | 4 | | | | | | | |
| | 86 | 茶叶审评技能大赛 | 3 | 48 | | | 48 | | | | | 3 | | | | | | |
| | 87 | 茶艺技能大赛 | 3 | 48 | | | 48 | | | 3 | | | | | | | | |
| 校园文化活动 | 88 | 迎新晚会 | 2 | 32 | | | 32 | 2 | | | | | | | | | | |
| | 89 | 校园歌手大赛 | 2 | 32 | | | 32 | | 2 | | | | | | | | | |
| | 90 | 民族健身操大赛 | 2 | 32 | | | 32 | | | | | | 2 | | | | | |
| | 91 | 大学生文化活动周 | 2 | 32 | | | 32 | | | | | | | 2 | | | | |
| 学年论文 | 92 | 专业认知实习报告 | 1 | 16 | 16 | | | 1 | | | | | | | | | | |
| | 93 | 课程实习报告 | 1 | 16 | 16 | | | | | | 1 | | | | | | | |
| 毕业论文设计 | 94 | 专业顶岗实习报告 | 1 | 16 | 16 | | | | | | | | | | 1 | | | |
| | 95 | 毕业论文·设计 | 2 | 32 | 32 | | | | | | | | | 1 | 1 | | | |
| 课外共计 | | | 30 | 480 | 80 | | 400 | | | | | | | | | | | |

附件 4

**茶学专业（茶叶生产与管理方向）集中实践性教学环节安排表**

| 序号 | 实践教学环节 | | 学分 | 学时 | 周数 | 开课学期 | 备注 |
|---|---|---|---|---|---|---|---|
| 1 | 军事理论与实训 | | 3 | 60 | 3 | 1 | |
| 2 | 专业认知实习 | | 1 | 16 | 1 | 1 | |
| 3 | 茶叶生产管理方向综合实训 | 茶园管理综合实训 | 2 | | | | ※ 根据实践教学计划，学生在企业分组轮岗安排综合实践教学实习，由企业考核评定学分 |
| | | 茶叶加工管理综合实训 | 2 | 4※ | 64 | 4 | 4 |
| | 茶文化与商贸方向综合实训 | 茶艺馆经营管理综合实训 | 2 | | | | |
| | | 茶叶营销综合实训 | 2 | 4※ | 64 | 4 | 4 |
| 4 | 茶叶新产品开发创新实践 | | 4 | 64 | 4 | | 根据实践教学计划，学生在校内及校外实训基地完成实训内容，由学校和企业共同考核评定学分 |
| | 茶产品质量检验技能训练 | | 3 | 48 | 3 | 7 | |
| | 茶产品进出口贸易实务训练 | | 1 | 16 | 1 | | |
| | 中小型茶企业组建方案设计训练 | | 2 | 32 | 2 | | |
| 5 | 企业顶岗实习 | | 16 | 256 | 16 | 8 | |
| 6 | 毕业设计 | | 7 | 112 | 7 | 7、8 | |

附件5

## 茶学专业（茶文化与商贸方向）集中实践性教学环节安排表

| 序号 | 实践教学环节 | | 学分 | 学时 | 周数 | 开课学期 | 备注 |
|---|---|---|---|---|---|---|---|
| 1 | 军事理论与实训 | | 3 | 60 | 3 | 1 | |
| 2 | 专业认知实习 | | 1 | 16 | 1 | 1 | |
| 3 | 茶叶生产管理方向综合实训 | 茶园管理综合实训 | 2 | | | | ※ 根据实践教学计划，学生在企业分组轮岗安排综合实践教学实习，由企业考核评定学分 |
| | | 茶叶加工管理综合实训 | 2 | 4※ | 64 | 4 | 4 |
| | 茶文化与商贸方向综合实训 | 茶艺馆经营管理综合实训 | 2 | | | | |
| | | 茶叶营销综合实训 | 2 | 4※ | 64 | 4 | 4 |
| 4 | 民族茶艺表演 | | 3 | 48 | 3 | | 根据实践教学计划，学生在校内及校外实训基地完成实训内容，由学校和企业共同考核评定学分 |
| | 营销师基础与训练 | | 3 | 48 | 3 | 7 | |
| | 茶产品会展策划与实施训练 | | 1 | 16 | 1 | | |
| | "互联网+"茶产品营销实务训练 | | 3 | 48 | 3 | | |
| 5 | 企业顶岗实习 | | 16 | 256 | 16 | 8 | |
| 6 | 毕业设计 | | 7 | 112 | 7 | 7、8 | |

附件6

## 专业培养计划总学时、学分统计表

| 类别 | 课内教育 | | | | 课外教育学分 | 毕业最低总学分数 |
|---|---|---|---|---|---|---|
| | 学时数 | 学时比例 | 学分数 | 学分比例 | | |
| 理论教学 | 1648 | 54.3% | 103 | 57.2% | 30 | 210 |
| 实践教学 | 1388 | 45.7% | 77 | 42.8% | | |

　　注：此统计表实践教学学时数包含课内实验、上机和实践学时及专业技能课程单独设课的实验学时。

附件7

### 各类课内教学学时、学分分配表

| 纵向结构 | 学时 | 百分比 | 学分 | 百分比 | 横向结构 | 学时 | 百分比 | 学分 | 百分比 |
|---|---|---|---|---|---|---|---|---|---|
| 公共基础理论课程 | 924 | 30.4% | 48 | 26.7% | 必修 | 2684 | 88.4% | 158 | 87.8% |
| 学科基础课程 | 32 | 1.1% | 2 | 1.1% | | | | | |
| 专业通用基础课程 | 896 | 29.5% | 56 | 31.1% | | | | | |
| 专业（方向）技能课程 | 160 | 5.3% | 10 | 5.6% | | | | | |
| 综合实验实习实训 | 672 | 22.1% | 42 | 23.3% | | | | | |
| 专业技能拓展课程 | 160 | 5.3% | 10 | 5.6% | 选修 | 352 | 11.6% | 22 | 12.2% |
| 综合素质教育课程 | 192 | 6.3% | 12 | 6.7% | | | | | |

附件8

## 滇西应用技术大学普洱茶学院人文素质教育课程计划

　　人文素质教育课程是主要用于培养学生综合素质和人文素养的课程，是拓宽学生知识面，培养、发展学生潜能和兴趣特长的课程。主要包括哲学与社会学、经济学、管理学、中国传统文化、文学、音乐、艺术、心理学等相关课程。学生可根据个人的兴趣及学习能力，自主选择修读，并取得规定的学分（8个学分）。

　　人文素质教育课程在全院范围内统一实行和管理，从第二学期起开设，详见人文素质教育课程计划表。

### 人文素质教育课程计划表

| 序号 | 类别 | 课程名称 | 课程代码 | 课时 合计 | 课时 理论 | 课时 实作 | 学分 | 备注 |
|---|---|---|---|---|---|---|---|---|
| 1 | 体育类 | 体育舞蹈 | B50001 | 16 | 2 | | 1 | |
| 2 | | 民族健身操 | B50002 | 16 | 2 | | 1 | |
| 3 | 外语类 | 大学英语进阶（1） | B50003 | 32 | 32 | | 2 | 分段开设的外语类课程，应先选1再选2 |
| 4 | | 大学英语进阶（2） | B50004 | 32 | 32 | | 2 | |
| 5 | | 缅甸语（1） | B50005 | 64 | 64 | | 4 | |
| 6 | | 缅甸语（2） | B50006 | 64 | 64 | | 4 | |
| 7 | | 英语口语 | B50007 | 32 | 32 | | 2 | |

续 表

| 序号 | 类别 | 课程名称 | 课程代码 | 课时 合计 | 课时 理论 | 课时 实作 | 学分 | 备注 |
|---|---|---|---|---|---|---|---|---|
| 8 | 人文社科类 | 大学生文化修养 | B50008 | 16 | 16 | | 1 | |
| 9 | | 中国文化概论 | B50009 | 32 | 32 | | 2 | |
| 10 | | 西方文化概论 | B50010 | 32 | 32 | | 2 | |
| 11 | | 国学选学 | B50011 | 32 | 32 | | 2 | |
| 12 | | 民俗文化 | B50012 | 16 | 16 | | 1 | |
| 13 | | 职业形象设计与训练 | B50013 | 32 | 16 | 16 | 2 | |
| 14 | | 大学生心理素质训练 | B50014 | 32 | 32 | | 2 | |
| 15 | | 管理学 | B50015 | 32 | 32 | | 2 | |
| 16 | | 秘书实务 | B50016 | 32 | 32 | | 2 | |
| 17 | | 演讲与口才 | B50017 | 16 | 16 | | 1 | |
| 18 | | 大学生 KAB 创业教育 | B50018 | 32 | 32 | | 2 | |
| 19 | 艺术类 | 音乐与欣赏 | B50019 | 16 | 16 | | 1 | |
| 20 | | 美术与欣赏 | B50020 | 16 | 16 | | 1 | |
| 21 | | 文学与欣赏 | B50021 | 16 | 16 | | 1 | |
| 22 | | 书法与欣赏 | B50022 | 16 | 16 | | 1 | |
| 23 | | 舞蹈与欣赏 | B50023 | 16 | 16 | | 1 | |
| 24 | 自然科学类 | 现代农业装备 | B50024 | 32 | 32 | | 2 | |
| 25 | | 计算机维护 | B50025 | 32 | 24 | 8 | 2 | |
| 26 | | 数理统计 | B50026 | 64 | 64 | | 4 | |
| 27 | | Visual Basic 程序设计 | B50027 | 64 | 32 | 32 | 4 | |
| 28 | | 图形图像处理 | B50028 | 64 | 32 | 32 | 4 | 根据专业实际必须任选一门 |
| 29 | | 网页设计 | B50029 | 64 | 32 | 32 | 4 | |
| 30 | | Visual Foxpro 程序设计 | B50030 | 64 | 32 | 32 | 4 | |

附件9

## 滇西应用技术大学普洱茶学院学生综合素质拓展（课外活动）方案

课外活动是课堂的延伸，是培养学生职业能力和职业素养的必要途径，是学院人才培养的重要过程，是学生获得课外学分的基本保证。

课外活动主要以有利于学生职业能力和职业素养，以及创新、创业能力的培养为主，主要包括讲座、体育运动、大学生创新活动、社团活动、职业技能竞赛、学科竞赛、社会公益活动、社会实践等等，学生毕业时至少获得 10 个课外学分。

一、学生必须参加的活动及要求

学生必须参加的课外活动包括入学教育、讲座、体育运动、社会实践及毕业教育等活动，共计 5 个学分，见学生必须参加的活动及要求表。

二、学生自选参加的活动及要求

学生自选参加的活动包括学院组织的大学生创新活动、社团活动、职业技能竞赛、学科竞赛及社会公益活动等，活动中积极参与、开拓进取、取得一定成绩者，按一定程序审核认定后，可获得一定的课外奖励学分，学生毕业时需取得至少 5 学分的课外奖励学分。具体按学院相关工作计划和课外学分管理办法执行，见《课外活动学生学分认定办法》。

**学生必须参加的活动及要求表**

| 序号 | 活动名称 | 学分数 | 学期安排 | | | | | | | | 备注 |
|---|---|---|---|---|---|---|---|---|---|---|---|
| | | | 1 | 2 | 3 | 4 | 5 | 6 | 7 | 8 | |
| 1 | 入学教育 | 0.5 | √ | | | | | | | | 参加学院组织的入学教育，达到各专题相关要求。 |
| 2 | 毕业教育 | 0.5 | | | | | | | | √ | 参加学院组织的系列专题教育活动，达到各专题教育活动的要求。 |
| 3 | 劳动 | 1 | √ | √ | √ | | √ | √ | | | 主要指清洁区打扫。在校每学期 0.2 个学分。 |
| 4 | 讲座（报告） | 1 | √ | √ | √ | | √ | | | | 自由选择参加 10 次学院公开安排的讲座（报告）活动（课程内讲座除外）。 |
| 5 | 体育运动 | 1 | √ | | √ | | √ | | | | 参加 2 次学院组织的班级中长跑集体活动项目，并达到合格标准。 |
| 6 | 暑期社会实践 | 1 | √ | | | √ | √ | | | | 第 1～3 学年间的暑假期间完成，每次 1～2 周。 |
| | 合计 | 5 | | | | | | | | | |

# 第四章　滇西应用技术大学特色学院产教融合、校企合作机制

## 第一节　应用技术型高校校企合作的困境与对策

校企合作办学，是实现合理利用社会资源，实现资源整合的有效途径，是实现理论联系实际的重要举措，这不仅为高校解决了产学研的瓶颈问题，也为企业实践生产带去了长远的经济效益，更为社会减少了就业压力和社会矛盾。

### 一、校企合作办学所面临的问题[①]

（一）校企合作办学未形成长效机制

基于传统教学模式的影响，部分师生对校企合作办学持否定态度，很多高校和企业并没有充分认识到校企合作办学的重要性。在市场经济条件下，企业发展是以利益为导向的，在企业发展的过程中，面对校企合作办学的经济效益周期长、见效慢的实际问题，企业更加青睐对上岗人员的短期培训，那样既节省了开支和时间，又能取得较快的效果。看似明智的选择，其实企业却仅仅注重眼前利益，而忽略了校企合作办学所能给企业带来的发展长远性保障和提高经济效益的科研成果。就高校而言，很多高校实习实践基地很多，而与企业合作办学的应用型基地却不足以满足学生实践实习、教师科研需求和学校培养应用型人才的实际需要。校企双方都没有对校企合作办学的内涵给予充分重视，这也是校企合作办学没有形成长效机制的根源所在，校企合作办学的必要性应引起校企双方足够重视。

---

① 冯鹏羽：《应用技术型高校校企合作对策研究》，载《绥化学院学报》2016年第11期。

（二）校企合作办学还仅仅停留在知识理论表面，并没有进入到实际意义上深度合作的阶段

就当前形式来看，校企合作已经成为高等教育发展的一个大难题，在校企合作深度上并没有得到圆满的解决，实际上校企合作并没有完全合二为一。高等教育本应该围绕为企业输送优秀应用型人才，并与企业深度、紧密合作。校企合作没有达到深度融合，其根本原因是缺少规章制度去推动应用技术型高校的办学主体放在企业并使其发挥作用。现在应用技术型高校的办学主体是高校，而企业没有成为办学主体，并没有充分发挥企业在应用技术型高校教育中的作用，没有将企业作为培养应用型人才的一个重要环节，可以说这在一定程度上也妨碍了高等教育的发展。

（三）企业办公条件有限，师生进入企业开展工作略显棘手

对于长期处于相对安逸的大学校园里的授教者和学生，突然进入企业进行实践活动，多少会有些不大适应，加之个别企业办公条件较差，尤其是中小型企业的药厂等加工企业。高校师生进入企业后，为了更好更快地进入生产实践中去，很多人选择进入生产一线——车间，而相对于管理层的办公室而言，显然车间的条件较差，车间环境的好坏、有害气体的排放与治理程度直接关系到工作人员的工作状态和身心健康。很多师生怀着满腔热情加入了校企合作办学的队伍中来，当他们进入企业的生产一线时，面对眼前的恶劣环境，面对脏、乱、差的场面望而却步了。企业办公条件的改善不仅关系到职工的切身利益，而且对企业树立良好形象、形成良好的企业口碑也起着积极的推动作用。

（四）应用技术型高校的课程设置结构与企业发展的实际需要存在一定距离

应用技术型高校的课程设置应适应社会人才需求，应以适合用人单位和适应学生就业为导向。现在高校的培养模式与课程设置难以与企业岗位用人需求相结合，加大了校企合作的难度，这一问题在新兴的本科院校中尤为突出。应用技术型高校只有以企业人才培养需要来设置课程，才能培养出适合校企合作办学的优秀人才和符合企业需要的工作者。只有坚持培养目标，课程建设满足社会需求，教学内容满足职业需求，合作教育满足企业需求，以课程设置满足企业的用人需要为前提，才能使课程培养设置具有科学性、实用性、合理性，使人才产出的针对性和实用性发挥到极致。

## 二、实现校企合作办学的建议——香港理工大学校企合作的成功经验 [①]

香港理工大学"校企合作"主要有两种形式：一是学生利用假期在企业的顶岗实习；二是学生在香港理工大学工业中心的实操训练。工业中心是"校企合作"的核心与纽带，是学生走向企业的助推器、企业选择学生的前沿阵地。在为企业培养"首选毕业生"，推动毕业生高质量、高水平就业方面具有十分重要和不可替代的作用。

1. 科学定位、创新理念

以"校企合作"为切入点，产、学、研结合，培养创造力，为企业输送"首选毕业生"，是香港理工大学工业中心目前的定位，这个定位是经过 30 年 3 次飞跃式发展逐步形成的。在 1976 年工业中心成立初期，仅仅是将各个工程系的实训室合并，统一为各种专业实训课程提供基础技能培训；到 1991 年，工业中心开始预见工程教育的转变并探寻工程教育的新模式，从实训中心转变为增值培训中心——学习工厂（与目前大陆"前校后厂"相类似）；到 1999 年提出培训"创意与创新"的发展路向，通过产品和过程设计，启迪创意，推动发明成为崭新的学习工厂——研习工厂（没有工人，也不大量生产某个产品）。在研习工厂，由研发人员带领学生组团为企业进行新产品的项目研发，经费由企业提供，新产品的知识产权、生产、使用和推广应用由企业负责。学生通过亲自参与项目研发，学会相关专业知识的综合运用，训练和掌握相关技能，培养科学态度、与人合作能力、团队精神、分析解决问题的能力和创新能力，达到为企业培养"首选毕业生"的目的。香港理工大学工业中心以"应用为本、服务社会、服务学生、不断创新"的人才培养理念，贯彻以服务社会为使命的发展战略，在创新应用的前提下讲授前沿的生产技术，以产品和过程设计为媒体的综合学习模式，培养学生知识和技术运用能力、创新能力和积极向上的工作态度。以项目驱动实现高水平的"校企合作"和"产、学、研"结合。

2. 先进的设备、强势的队伍

香港理工大学工业中心楼高 6 层，面积 11 000 平方米拥有超过 20 个培训工厂和超过 10 个认可、认证及联合培训中心，提供电子、工业自动化、电脑数控制造、表面处理、焊接、钣金、光蚀刻、数字化检测及建模、特种加工、金属切削、快速成型、产品设计、工业工程策划、建筑、电机及层宇设备、职业及环

---

① 《香港理工大学校企合作的成功经验》，http://www2.hhstu.edu.cn/atu/contents/2063/44674. html。

境安全、科技与设计等多元化的专业培训。不但设备齐备，而且先进，完全能满足学生实训、项目研究、产品开发的需要，某些设备是香港最先进的，是许多企业渴望得到的。

除了先进的设备，香港理工大学工业中心"校企合作"成功又一个重要的基础与保证就是其具有实战经验的技术培训队伍。在114名职工中，中、高级以上的技术人员占到80%，形成了近20个不同学科、不同专业的技术创新团队，团队中的成员都有5～10年的企业工作经历，有的甚至是企业的高级工程技术人员或高层管理人员。在实施"校企合作"项目过程中，提倡跨学科合作和综合技术应用的开发，根据项目需要，不同学科之间，随机组合，自主选择，没有扯皮，更无推诿，每位职工为能参与项目研发而感到高兴和自豪，形成了一个和谐、团结、奋进、创新的强势队伍。

3. 规范的制度、优秀的文化

在企业界流传这样一句话："小企业看老板，中企业看制度，大企业看文化"。就是说当一个企业刚开始只有几个人的时候，实际上靠的更多的不是管理，也不是文化，而是老板的个人魅力和员工的个人能力。当企业发展到几十人上百人的时候，单凭老板的个人魅力已经越来越感到吃力了，这个时候，企业制度管理的作用就发挥出来了。但到了几百人上千人，甚至更大规模的时候，老板的个人魅力、制度管理等都有了不同程度的局限性，这时，企业文化的作用就能充分展示出来。

香港理工大学工业中心之所以在不断创新中发展壮大，靠的是科学的管理和规范的制度，以及与其管理制度相配套的监督机制、奖惩制度和执行力。在"工业中心"没有加班费，靠实绩说话，靠预期目标评价，所有员工努力工作，为中心分忧，为老板分忧，在不断的检讨和学习中，迅速成长。除了规范的制度，优秀的文化是香港理工大学工业中心校企合作项目的又一成功因素和原动力。"从上层到下层，有效的沟通渠道、高透明度、公平公开、关心及分享；不断发掘英才及有能力者，给予多方面的培训，鼓励开创精神及自我推动力，营造高度的工作满足感；得到充分的信任及授予足够的权力，奖励全情投入者；互相合作，互相体谅，尽力协调，上下一心，为同一个目标而努力。"这是香港理工大学工业中心不断追求完美的创新文化。"无形的比有形的重要、软件比硬件重要"，这就是当前经济发展时代的特征。经过长期"积淀"，深深"内化"于员工心里的"企业文化"是企业持久竞争优势的来源和内在驱动力。

4. 校友牵线、项目搭桥

香港理工大学工业中心校企合作的另一个成功经验是"校友牵线、项目搭桥"。在30多年的办学过程，香港理工大学工业中心培养了一大批在企业工作的工程技术人员和管理人员，这些人员是社会的财富、企业的财富，更是学校的财富，他们不忘母校，回报母校，服务母校，成为学校"校企合作"的牵线人和主力军。通过与母校的项目合作，实现真正的"校企合作"。工业中心与工业界紧密联系的核心在于其合作项目来自于企业的需要和科学技术的进步，还有工业中心为企业分忧、为社会服务的赤诚之心。项目是纽带，是财富，是效益，是科学技术的进步，是社会的发展，是"校企合作"的真正支柱和无穷动力。

## 第二节　滇西应用技术大学产教融合、校企合作的总体思路

校企合作办学是现代职业教育改革的重要方向，是应用型人才培养的基本途径和必然选择。《国务院关于大力发展职业教育的决定》明确提出，"坚持校企合作、工学结合，强化教学、学习、实训相融合的教育教学活动"，要"依靠行业企业发展职业教育，推动职业院校与企业的密切结合"。

滇西应用技术大学是一所创建中的应用技术类新型高等教育机构，以培养服务滇西特色优势产业发展所需要的高层次技术和管理人才为目标，积极探索应用技术本科教育办学规律和人才培养模式，为我国高等教育和高等学校分类改革提供经验。

根据上述要求，滇西应用技术大学及其特色学院和应用技术研究院必须树立为行业、产业和企业服务的意识，积极开展校企合作，培育"服务需求、产教融合"的办学特色。现就推进校企合作办学过程中的有关问题提出如下意见。

### 一、指导思想

以《国务院关于大力发展职业教育的决定》和教育部、人力资源和社会保障部、国家发展和改革委、财政部、农业部、国务院扶贫办六部门下发的《现代职业教育体系建设规划（2014—2020年）》以及《云南省人民政府贯彻落实国务院关于加快发展现代职业教育决定的实施意见》《滇西应用技术大学试点方案》为指导，坚持以服务特色产业发展为宗旨，以促进学生就业为导向，以提高人才培养质量为根本，坚持校企合作、工学结合，激发行业企业的积极性，实现资源共享，强化校企协同育人，坚持创新驱动，不断创新校企合作办学的领域、方式

和体制机制，促进共同发展。

## 二、基本原则

（一）主动服务原则

滇西应用技术大学及其特色学院应牢固树立为行业、企业服务的思想，主动深入行业企业生产经营一线，开展调研，掌握行业企业人才数量需求，特别是岗位能力的实际要求，将企业需求融入人才培养体系的各个方面，提高育人的针对性和实用性，提升企业对人才的认同感。同时，应最大限度地服务并满足职工培训以及技术研发与成果转化、促进企业转型升级等方面的实际需要，提高社会服务能力。

（二）务实合作原则

行业企业和学校都是高等职业教育办学主体，是建立在共同理想和互利互惠基础之上的合作关系，是在人才培养活动中各尽所能、优势互补、深度融合的有机整体。行业企业根据对人才需求的深刻认识和理解，发挥技术人才、生产经营要素、生产环境和实际的工作任务以及就业岗位等资源优势，参与学校建设、管理和人才培养全过程，使学校的专业设置、教学条件建设和人才培养更具针对性。滇西应用技术大学及其特色学院应发挥熟悉高等教育政策和人才培养规律的优势，有效利用自身教育资源，积极与行业企业开展合作，共同培养企业生产经营所需的高等应用型人才。在以人才培养为主线的同时，滇西应用技术大学及其特色学院还应充分发挥自身人才和科技研发的优势，积极与行业企业合作建立应用技术研究机构，开展技术攻关和新技术、新产品、新工艺研发及科技成果转化与应用研究，解决企业发展技术难题，提升企业技术研发能力和成果利用水平。

（三）互利共赢原则

应用技术教育先进国家和地区的经验告诉我们：任何形式的校企合作都必须建立在"共赢"基础之上，否则合作是难以深入和持久的。因此，只有在合作中充分顾及彼此关系和核心利益，找准互利共赢结合点，才能不断深化双方合作。

（四）目标统一原则

校企合作是多元主体办学和人才培养活动，其目标是培养行业企业所需要的高素质技术技能人才。校企双方应在此统一目标下，加强交流与沟通，不断深化务实合作，并通过搭建合作平台、构建合作体制与对话协商机制、优化顶层制度设计，逐步形成统一领导、统一目标、统一规划、统一管理、统一实施的校企合作格局。

### 三、合作企业

企业作为合作办学的主体之一，在建立校企合作关系时，应满足以下基本条件。

（1）自愿参与滇西应用技术大学合作办学，并在其中发挥积极作用。

（2）具有独立的市场法人资格，能够独立承担各种经济和民事责任；无重大违法违规行为，在行业内具有良好的声誉。

（3）企业生产经营领域和生产活动与特色学院及其专业定位和培养方向紧密相关，能够为师生提供足够的专业实践岗位和任务。

（4）生产经营、内部管理和安全生产管理规范、生产技术和工艺处于区域或行业先进水平。

（5）具有中级及以上专业技术职务和技师、高级技师职务的人员不少于本企业员工总数的 5%，具备参与特色学院的专业、课程、师资队伍、实验实训条件等建设和实施教学活动的能力。

（6）对于一些从事与特色学院专业及课程相关的特殊工（技）艺及其特色产品和民族工艺品开发、生产、经营，并对师生专业相关能力具有培养作用的企业以及文化传承机构，宜开展专项合作，但因其规模较小、员工数量较少，可酌情放宽上述专业技术人员比例条件。

### 四、合作方式与内容

紧密围绕校企合作办学、合作育人、合作就业、合作发展主线，校企双方应共同探索和创新合作方式，不断丰富合作内涵，注重合作效果，提高合作水平。现阶段的主要合作方式和内容应包括以下方面。

（一）专业设置与课程体系构建

在校企共同分析研究特色产业及其产业链人才需求的基础上，灵活设置和调整专业及专业方向，真正实现专业与产业紧密对接。要分析产业技术环节或岗位所需基本知识和能力需求以及行业企业标准，并以此为依据确定专业核心能力，制定人才培养目标。

以人才培养目标为导向，共同制定课程体系。课程体系是为实现专业人才培养目标而构建的，应紧紧围绕培养目标中专业理论知识和能力培养的需要，并按照基于工作过程系统化、项目化、情景导向等工学结合方式设计课程体系，有效支撑学生最基本、最必需的专业能力培养，实现教学内容与行业企业职业标准对接。

（二）合作开发课程

课程是学生知识、能力培养的基本载体和教学实施的基本单元，是反映和落实企业对人才知识、能力需求的有效形式，因此，在课程开发和建设中，应充分尊重行业企业的意见，并积极吸收企业参与。特别是对于学生专业能力培养具有直接意义的职业认知课、专业技能（技术）课、仿真（集中）综合性实训课、生产性实训课、顶岗实习等课程均应与行业企业共同开发，并将职业岗位知识和能力培养需求集中体现在各类课程的课程标准中。要重视针对滇西扶贫攻坚和民族民间文化传承事业需要的相关教学内容开发，并将其融入课程。

课程开发团队由行业企业专家和滇西应用技术大学及其特色学院的教师组成，团队负责人可由行业企业专家担任，也可以由学校教师担任。如条件允许，上述专业技术技能课、实践课开发团队负责人最好由与课程相关的企业高级专业技术人员或企业中层及以上管理人员，或高技能人员担任，以便更好地将行业企业的需求贯穿于课程之中。

依据课程标准，校企双方应进一步合作开发各种教材、电子教案、教辅材料和其他课程资源。

（三）共同实施教学活动

积极聘请行业企业技术和管理专家、能工巧匠担任课程主讲教师，在依据课程标准传授知识和能力的同时，将技术和管理经验、企业文化潜移默化地传递给学生，对于有效改善培养与需求的关系、缩短学生入职后的岗位适应期具有积极意义。据此，在各个教学环节实施过程中，来自行业企业的兼职教师人数应逐步达到实际投入授课教师人数的 1/3，力争达到 1/2。原则上，专业人才培养方案中规定的职业认知课、就业指导课、专业技能（技术）课、集中（生产）性实训课等课程学时数总和的 50% 以上应由行业企业专家主讲完成。顶岗实习指导教师一般应以行业企业专业技术人员和管理人员为主。除特殊需要外，上述职业认知课、就业指导课和部分在企业完成的生产性实训课、顶岗实习课均应在特色学院所针对的滇西特色产业相关企业实施完成，促进教学过程的"本土化"和针对性。

（四）共同实施课程考核

实施课程考核与评价是检验课程开发与建设水平、教师教学效果和学生学习效果、激励学生学习的有效手段之一。因此，应积极构建学习效果和职业能力为导向的第三方学业考核与评价机制，将行业标准和企业需要融入考核之中，建立行业企业评价系统，评价教学效果。要主动邀请行业企业专家介入课程考核方案及试题拟定、考核方式选择，参与考核过程、成绩评定和试题库建设等活动。通过这一教学评价活动，让企业了解教学和学生学习情况，反馈对课程建设和教学工作的意见、建议，为进一步深化课程改革、优化教学内容、改善课程实施过程与方式、提高人才培养的针对性和实用性提供依据。

（五）共同开展师资队伍建设

教师是办学要素中最积极、最活跃的因素。建设一支忠诚于应用技术教育事业、结构合理、专业能力强、教学水平高的教师队伍，是办好学校的根本保障。为此，滇西应用技术大学及其特色学院应不断探索通过与行业企业合作，共同开展师资队伍建设的新路子。

（1）行业企业和学校是师资队伍建设的主体，双方应在深化合作的同时，共同制订师资队伍建设和培训方案，并着重在培训目标、内容、方式和体制机制等方面寻求创新。

（2）与企业共建"双师型"教师培训基地。充分利用企业资源和优势，有针对性地开展对教师职业思想、专业及管理能力、工艺技能等的培训和实践锻炼，增强教师实际工作感受，提升教师"双师素质"和实践能力。行业企业是实施"双师型"教师培训和教师实践锻炼指导的主体，每个特色学院应与行业企业共建至少一个"双师型"教师培训基地。

滇西应用技术大学及其特色学院还应有计划地对企业兼职教师实施高等教育学、教育心理学等理论和教学业务能力培训，逐步提高兼职教师教学业务能力和水平。

（3）积极建立企业技术及管理人员与学校骨干教师相互兼职制度。鼓励滇西应用技术大学及其特色学院教师到企业兼职或挂职，承担具体生产技术工作或管理工作，同时也为改进企业生产技术和管理服务。原则上，滇西应用技术大学及其特色学院选派到企业兼职或挂职的人数应保持在在职教师和管理人员总数的5%左右。与此同时，要千方百计吸引企业具备条件的专业技术和管理人员到学校兼任院（系）领导、辅导员、班主任等职务。通过建立相互兼职制度，可强化校企双方人员的交流与融合，提高教师和管理人员业务能力和水平。双方人员相互挂职或兼职时间一般不少于6个月。

（4）适当降低企业兼职教师学历、职称等基本准入条件，以便吸引更多兼职教师参与各特色学院教学工作。但企业兼职教师至少应具有国民教育相关专业本科学历，并从事与本专业相关实际工作3年以上；或具备本专业中级及以上专业技术职务和技师职务；或是企业中层及以上管理人员；或具有行业授予的"大师""名师"称号。

（六）合作开展实习实训设施建设

实验、实习、实训条件主要包括：基于课程教学和实践训练活动所需要的各种校内外基础性实验室、专业基础实验室、专业技能（技术）实训室（场），以及企业教学实训基地、顶岗实习基地等实践教学条件保障体系。这个体系支撑着从简单到复杂、从基础实验到专业实训、从单项能力训练到综合性专业能力提高、从教学性实践到生产性"实战"的学生能力递进培养过程。

在实习实训条件建设中，由于行业企业面向生产经营一线，最熟悉生产技术及管理过程和要求，最了解人才能力需求。因此，应充分尊重行业企业专家的意见，积极与行业企业合作，并通过以下方面的合作，完善能够有效支撑应用型人才培养的实践教学条件体系建设。

（1）合作建设校内专业技能（技术）训练和生产性实训设施。根据实习实训教学需要，并按照"校中厂"建设要求，从设施建设规划、项目立项和方案设计到仪器设备选型、主要技术参数确定、运行管理模式等方面，邀请行业企业专家参与咨询、研究和论证，直接听取行业企业的意见和建议，确保此类实习实训设施建设的生产性和针对性。

根据需要，积极引进企业技能大师进校，建立"技能大师工作室"，充分发挥其在师生技能培养中的作用。

（2）合作建设企业教学性实践基地。根据专业和课程教学要求，充分利用企业生产技术资源，并按照"厂中校"建设的要求，将教学性实训基地建在企业生产现场，使教学活动更加贴近实际工作过程和要求，满足学生能力训练的需要。基地除生产性场所外，还应具备可供师生讨论、交流的教学场所和设施。原则上，每个专业应在企业建立 2～3 个教学性实习实训基地。

（3）顶岗实习是人才培养的重要教学环节，是进一步提升毕业生专业能力和职业能力、促进就业的必要手段和途径。而顶岗实习活动的实现，是基于能够满足学生职业能力训练需要、较为稳定的企业顶岗实习基地。校企双方应在充分研究的基础上，针对学生职业能力培养要求，合作建设顶岗实习基地。在顶岗实习基地建设中，必须将专业培养的能力标准与企业职业岗位及其工作任务要求结合起来，由双方共同制定顶岗实习方案、标准、管理制度和考核办法，并组织实施。在顶岗实习过程中，由企业提供实习岗位，并对学生进行具体的实习指导、管理和评价，学校将企业考核和评价的结果记入学生学业档案，作为毕业的重要依据。

学生参加顶岗实习，必须与企业签订"实习协议书"，明确工作任务要求、安全生产责任、待遇等事项。学生在完成工作任务，并满足协议书各项要求的前提下，由企业为学生提供必要的实习工资，可在实习期满时给予优先录用。顶岗实习期可冲抵学生在本企业的试用期。

（4）制定优惠政策，吸引行业企业投资，共同建立生产经营实体，实行双方共同管理。合作采用股份制形式，在"共建协议"和章程的框架下独立运作。学校可利用土地、房产、仪器设备等固定资产和技术成果作价参股，原则上不进行资金投入。实体应进行工商注册和税务登记，取得市场法律主体地位，并实行自主经营、自负盈亏、自行管理、自我发展的管理方式和运行机制，将人才培养或技术成果推广功能融入该生产经营实体日常生产经营活动。

（七）合作开展技术研发

发挥行业企业专业技术人员和学校专业师资优势，并按照产、学、研合作模式，与行业企业合作建立"应用技术研究院"或技术研发中心。围绕滇西特色产业发展需要，特别要针对关键技术和先进工艺实施攻关，共同开展新产品开发、技术成果转化和技术改造，促进企业技术升级。同时，将技术及产品研发成果转化或融入课程，提高学生技术开发研究能力，以及新技术、新工艺的运用与推广能力。

**五、保障措施**

为在实践中进一步优化校企合作模式，逐步探索和构建"政府主导、行业指导、企业参与"办学机制，深化校企合作，确保校企合作工作的健康开展，应采取如下主要措施。

（一）加强对校企合作的领导

各特色学院及其举办方应主动争取当地政府支持，发挥政府在校企合作工作中的主导作用，要通过争取政府政策引导、制度设计、考核激励等方式，切实加强对校企合作工作的领导，引导校企合作关系向更广、更高的层次发展，促进校企合作持续、健康开展。

（二）构建校企合作体制机制

1. 构建"两委会"合作平台

从我国职业教育改革发展现状和趋势出发，并借鉴德国、瑞士等先进国家和地区，以及世界银行职业教育项目实施的经验，要使校企合作、产教融合真正落到实处，就必须在政府主导下，建立由行业、企业、科研院所和学校共同参与的校企合作委员会（或理事会）和专业教学指导委员会（下称"两委会"）合作平台，以便实现学校与行业企业平等交流与对话，共同研究、解决人才培养的相关问题。

"两委会"委员由具有较丰富的行业企业实际工作和管理经历、熟知企业岗位技术和管理要求的企业技术、管理（包括人力资源管理）专家代表和熟悉高等教育，特别是对应用技术教育有较深造诣的高校代表以及科研院所的代表组成。在"两委会"委员中，行业企业及科研院所的代表人数应占 50% 以上。

校企合作委员会按行业设立，每个特色学院原则上设立一个。除由上述代表组成外，还应该有政府及有关部门的代表参加（但不超过 3 人）。该委员会委员人数一般为 19～21 人。其主要职责是：咨询、审议特色学院专业发展、师资队伍建设和校企合作规划；审查专业人才培养方案、专业课程标准和教材编写提纲；实施教学管理和教学成果评价；制定学生毕业能力标准。

专业教学指导委员会按专业设立，一般由 9～11 名专业技术专家委员组成。其主要职责是：组织人才需求调研；编制专业人才培养方案和课程标准；根据课程标准，编制课程建设、专业实验实习实训设施建设方案；编制专业教材编写提纲，并组织编写教材；对专业教学过程实施监督；实施专业技能课和集中实训课课堂教学评价及学生学业成绩考核与评价。

各特色学院要根据上述要求并结合自身特点，进一步完善"两委会"组建和章程以及内部机构设置。章程必须经"两委会"认真协商、讨论并表决通过，并以章程为基础，细化、优化"两委会"工作职责和运行管理机制。

2. 建立校企对话、交流制度

逐步健全校企日常对话机制，及时沟通、磋商校企合作和教学工作过程中存在的各种问题。这种沟通必须是经常性的，既可以是校企合作制度层面上的问题，也可以是某些专题问题；既可以是校企双方高层次的对话与沟通，也可以是双方相关人员的沟通与交流。通过校企对话、交流，保持双方联系，增进相互理解，解决彼此关心的问题，为深化校企融合奠定良好的制度基础。

3. 完善校企合作协议

为深入开展校企合作办学，促进由"校企结合"向"校企融合"转变，滇西应用技术大学及其特色学院应根据行业企业和专业的实际，与行业企业签订各种形式的合作协议书（合同书），将校企双方的合作关系用协议书的形式固定下来，以确保双方合作目标的稳定性和合作过程的持续性。协议书的主要内容包括合作内容、合作方式、责权利关系、争议处理及违约责任、合作时限等相关问题。

（三）关注合作企业核心利益

为激发行业企业主动参与校企合作的内在动力，提高企业参与滇西应用技术大学及其特色学院的教学建设和人才培养活动的积极性，提升合作双方的相互依存度，给企业带来实实在在的好处，使校企合作真正落到实处，实现合作的可持续性，滇西应用技术大学及其特色学院应主动关注合作办学企业的核心利益，切实为企业着想，为行业企业办好事、办实事，提高企业参与合作办学的价值，改善特色学院对企业的单向依赖。为此，应主动做好以下工作。

（1）基于滇西特色产业现有人才不足、技术水平落后的状况，在强化应用性高学历人才培养的同时，积极开展企业职工专业理论和技能培训，为优化企业人力资源增量和存量、降低人力资源再教育成本、提高劳动生产率提供服务。

（2）充分利用滇西应用技术大学自身人才和整合省内外高校科技资源及研发优势，为企业提供技术和成果孵化、技术服务，促进企业技术升级和可持续发展。

（3）在校企双方共同实施教学过程中，企业所发生的教师课时费、师生差旅费、交通费、实习材料费等直接费用，应本着协商一致、合理分担的原则，由滇西应用技术大学及其特色学院支付给企业。

（4）积极配合企业争取和落实国家及云南省支持职业教育发展的有关政策。在企业税收优惠、地方教育附加费支持、职工培训费提取、校企合作专项项目立项等方面与企业通力合作，切实维护企业的合法权益。

## 第三节　滇西应用技术大学产教融合、校企合作的实践

为加强校企联合，促进资源优势互补，探寻校企联合办学的新模式，木着"真诚合作，讲究实效，互惠互利，共同发展"的原则，滇西应用技术大学展开与校外企业的合作。目前，滇西应用技术大学珠宝学院与腾冲翡翠博物馆、普洱市空山版画艺术中心、腾冲市树明玉雕有限责任公司、腾冲翡翠博物馆等展开了产教融合、校企合作的实践。附校企合作协议书（样本）。

## 校企合作协议书（样本）

甲方：

乙方：滇西应用技术大学

为充分发挥企业在应用型人才培养中的作用，积极推进校企"双主体"协同育人，构建"人才共育、过程共管、成果共享、责任共担"、企业深度参与的校企合作体制机制，增强滇西应用技术大学办学能力和社会服务能力，为培养具有良好职业素养、满足企业生产和管理需要的高层次应用型本科人才提供支撑，根据《滇西应用技术大学校企合作指导意见》和双方已签署的《战略合作框架协议》（或《合作意向书》），现就双方合作有关事宜达成如下协议：

一、总体要求

要以国家大力发展职业教育的有关精神为指导，积极探索应用型人才培养规律，坚持学生学习与工作有机结合、学习环境与工作环境有机结合、学习成果与工作成果有机结合，不断创新合作内涵和合作模式；以互利共赢为基础，彼此关注对方利益，加强协商与对话，逐步深化双方合作；合作要务实，使双方合作真正成为应用型人才培养的重要驱动力，充满生机和活力。

二、合作内容及方式

（合作内容及方式可参考以下条款，根据特色学院实际情况增减）

1. 根据产业发展和甲方的需要，并在《滇西应用技术大学人才培养方案制定指导意见》的指导下，共同论证新专业或专业培养方向和人才培养目标（或实行"订单培养"），满足甲方人才需要；共同制定课程体系、培养过程和方式，使之能够有效支撑应用性专业人才培养；共同开发工学结合课程，重点是合作开发专业学习领域课程。在本合作协议期内，着重开发_____等_____门专业能力提升课程。

2. 在专业学习领域和综合性集中实训课教材开发中，甲方均应积极参与。原则上，没有甲方人员参与开发的上述教材，甲方将不予支持。在本合作协议期内，甲方应选派具有教材编写和开发能力的专业技术和管理人员领衔开发_____等教材。上述其余教材的开发，甲方人员应积极参与。

3. 甲方派遣符合条件并具有丰富技术和管理经验的人员承担_____等专业学习领域课和综合性集中实训课的具体教学任务。乙方依据《滇西应用技术大学教师教学工作管理办法》对教师日常教学工作进行管理。

4. 甲方参与对专业学习领域课程和综合性集中实训课学生学业考核、评价方案（包括考核内容、过程和方式以及评价指标）的制定，并参与考核。

5. 建立双方人员互相挂职和兼职制度。甲方每年派遣不少于＿＿＿＿＿名具有丰富管理和技术经验的人员到乙方进行挂职，并担任副院长和系副主任；同时乙方也每年派遣不少于＿＿＿＿＿人到甲方担任生产、技术、管理部门副职或从事具体技术工作。双方挂职均以一年为限。双方积极鼓励人员相互兼职，并为兼职人员提供工作、学习和生活便利。

6. 共建实习实训基地。甲方参与对乙方拟建的满足专业学习领域和综合性集中实训设施建设及管理方案的论证工作，（并在人员和资金上予以支持）；主持校内生产性实训基地建设方案咨询、论证。（甲方同意在乙方校园内出资建设生产性实训基地，为乙方人才培养提供方便，同时应获得合理的经济收益。该生产性实训基地可采取股份合作制方式进行，具体合作方案及双方责任和权利可另行商定。）

根据教学需要和甲方实际，双方在甲方共同建设企业实训基地，充分利用甲方真实的工作任务、真实的工作过程、真实的工作环境进行实景育人，开展各种认知实习、教学实习和顶岗实习。企业实训基地建设应在乙方的参与下，由甲方主持制定实训项目的目标、内容、实施及考核方式、管理制度等，并以甲方为主组织实施，逐步完善其教学功能。

学生在顶岗实习中，甲方根据其日常表现、完成任务情况和对企业的贡献，发给相应报酬和补贴。

7. 甲方为乙方提供就业岗位，在毕业生愿意的前提下，甲方优先录用在甲方顶岗实习学生的 70% 以上；同时，乙方要把好人力资源输出质量关，为甲方输送合格人才。

8. 根据甲方需要，乙方将积极为甲方开展以提升学历、增强专业技术和管理人员理论素养和技术研究能力、岗前培训为主的职工培训，培训面应覆盖甲方生产技术和管理人员的 80%，为全面提高甲方技术和管理队伍整体素质做出贡献。非学历短期培训项目、目标、内容和培训方式等方案制订，应充分尊重甲方的意见和需求，并与甲方共同制定实施。（在培训费用收取方面，乙方将最大限度地予以优惠，原则上不超过物价部门规定收费标准的 60%。）

9. 针对甲方生产技术和产业转型升级需求，乙方将利用自身科技研发资源优势，积极与甲方合作开展科技成果应用、技术研发和工艺技术攻关，为甲方解决实际技术问题。

三、双方的责任、权利和义务

（一）甲方

1. 甲方应提供有效的工商营业执照、企业法人代码证、税务登记证、企业基本情况介绍和相应的资质证明等基本资料，已证明其具有真实合法的法律地位，同时便于资料存档。

2. 甲方作为办学主体之一，享有办学工作的知情权及参与乙方发展规划和年度工作计划及招生计划制订，参与乙方与人才培养相关的各种教学和管理活动的权利；有权对乙方人才培养工作提出意见和建议，并对办学和人才培养质量负责。

3. 为满足企业实习实训基地教学要求，不断创造和改善教学条件，提供必要的教学场所和设施以及耗材；学生到甲方开展各种实习实训时，负责安排食宿并指导学生实习；对学生开展安全生产教育，树立学生安全生产意识，严格执行安全生产法规，并与学生签订"安全生产责任状"。当发生安全事故时，应及时处理，并协助处理善后事宜。

4. 在人员选派方面，应选派思想素质高、专业能力强、管理业务精、职业经验丰富的专业技术和管理人员参与乙方教学、科研、管理和建设工作。

5. 甲方根据生产和产业发展需要，及时向乙方提供人力资源需求情况和用人计划，特别是人力资源岗位需求数量、知识和能力规格要求、职业资格证书要求等信息。

6. 在与毕业生建立劳动关系时，应严格按照《中华人民共和国劳动合同法》和地方实施条例的程序要求，签订劳动合同并办理相关手续。

（二）乙方

1. 乙方作为办学和人才培养的专门机构，在一些具体工作中，应积极寻求甲方的参与、支持和帮助。通过主动建立与甲方有效的对话和沟通机制，适时了解甲方需求，重视并认真研究甲方提出的各项意见建议，将有益的意见建议及时融入教学和各项管理工作中，提高为甲方服务的思想意识和能力。

2. 负责为甲方优先推荐和输送职业思想端正、综合素质高、职业能力强、发展较为全面的优秀学生，供甲方选拔和录用。

3. 选派责任心强和管理能力强、善于沟通的教师和管理人员参与企业实习实训基地学生实习管理，协助企业教师指导实习，处理学生日常事务，协助企业处理学生安全事故。

4. 结合"高校教师资格证"培训和取证，负责对甲方参与教学工作的教师实施以高等教育学、教育心理学和教学法为主要内容的业务培训。

5. 为参与乙方工作的甲方教师和管理人员提供必要的工作、学习和生活便利；按有关规定支付甲方人员报酬、差旅费和交通费等费用。

6. 根据甲方需求，负责招生计划拟订、开展招生宣传、生源组织并完成招生任务。

四、其他约定

五、本协议有效期及终止程序

本协议有效期自_____年____月____日至_____年____月____日止。本协议未到期，若一方需终止本协议，应提前30天书面通知另一方，且经另一方同意并签字后，才可终止。

六、本协议正本一式肆份，双方各执两份，自签字盖章之日起生效，具有同等效力。

甲方（盖章）　　　　　　　　　　乙方（盖章）

代表（或授权）人：　　　　　　　代表（或授权）人：

　　　年　月　日　　　　　　　　　　　年　月　日

# 第四节　滇西应用技术大学产教融合、校企合作的个案研究

## ——普洱茶学院共建校外实验实习实训基地模式研究与实践

通过校企、校院深度合作，以"校中厂、厂中校"为教学平台，共建实验实习实训基地，是创新"工学结合、岗位导向、理实一体"教学模式，实现特色技能人才培养目标的重要前提。在滇西应用技术大学普洱茶学院筹建工作不断推进的过程中，学院认真学习研究借鉴国内外应用技术大学的成功模式，大胆实践，先后与3家骨干企业和2家科研院所达成"校中厂、厂中校"建设意向，共建校内外实验实习实训基地，并对建设模式、运行管理机制等核心问题进行了研究与实践，取得了初步成果。

### 一、问题的提出

#### （一）课题研究的背景

随着国家现代职业教育体系建设的不断完善，校企合作成为高等职业教育发展的重要战略之一，产教融合发展引导着特色应用技术大学改革、创新和发展的

方向。国家人力资源开发扶贫计划和《教育部、云南省人民政府加快滇西教育改革和发展共同推进计划（2012—2017 年）》，使滇西地区教育扶贫、智力扶贫和人力资源开发不断深化，进一步推动了滇西应用技术大学建设。通过探索滇西应用技术大学建设模式，按照产教融合的理念设置专业，按照工学结合的方式培养人才，推动高等职业教育走上紧密服务区域经济社会发展的轨道。

开展校企、校院深度合作共建实验实习实训基地的模式研究与实践，是实现滇西应用技术大学人才培养模式的改革创新，实施工学结合、岗位导向、理实一体的人才培养模式的重要基础和条件，是现代职业教育体系建设的重要内容。在"滇西应用技术大学建设模式探索"总课题下，以《教育部、财政部关于进一步推进国家示范校建设计划的通知》（教高〔2010〕8 号）、《国务院关于加快发展现代职业教育的决定》（国发〔2014〕19 号）及《现代职业教育体系建设规划（2014—2020 年）》等文件精神为指导，以普洱茶学院"工学结合、岗位导向、理实一体"教学模式探索为样本，开展"校中厂，厂中校，校企、校院深度合作，共建校外实验实习实训基地模式研究与实践"子课题研究。

本子课题的最终成果作为总课题的支撑成果之一，对总课题的研究有着重要作用。同时，有利于滇西职业教育创新发展，形成合理的教育结构，促进云南高等教育科学发展。

（二）课题研究的主要问题

本课题主要研究校企共建实验实习实训基地所面临的以下 3 个方面的问题：

（1）依托"校中厂、厂中校"等教学平台，通过校企、校院深度合作，实现"工学结合、岗位导向、理实一体"教学模式创新问题；

（2）产教深度融合过程中校企双方合作建设实验实习实训基地的思路和做法及价值利益驱动问题；

（3）产教深度融合过程中校企合作的运行机制问题。

（三）课题研究的目的和现实意义

本课题研究的目的在于，通过对普洱茶学院探索"工学结合、岗位导向、理实一体"教学模式的研究与实践，寻求校企深度融合，真正发挥行业企业参与办学的积极性，形成"人才共育、过程共管、成果共享、责任共担"的紧密型合作办学机制，促使学院办学主动适应区域产业升级与发展的需要，为地方产业实施创新驱动发展战略提供人才。

产教深度融合作为校企合作职业教育新模式，是新时期职业教育改革发展的重要战略选择，在国务院颁布《关于加快发展现代职业教育的决定》等重大决策，大力推进现代职业教育体系建设的时代背景下，积极开展本课题研究，契合国家职业教育改革发展和人力资源开发战略，具有重大而深远的现实意义。

第一，有利于进一步探索产教深度融合过程中校企双方价值利益驱动问题，对充实和完善职业教育理论体系具有重要的意义。

第二，有利于进一步探索产教深度融合过程中校企合作机制问题，在实践层面探讨解决产教深度融合难以深入的措施和方法，对加强校企合作内涵建设具有重要意义。

第三，有利于探索民族地区职业教育发展和人才培养模式改革，进一步满足地方产业转型升级对急需的高层次技术技能人才的需求，为地方产业实施创新驱动发展战略提供人才支撑。

（四）课题研究采用的技术路线和方法（见图1）

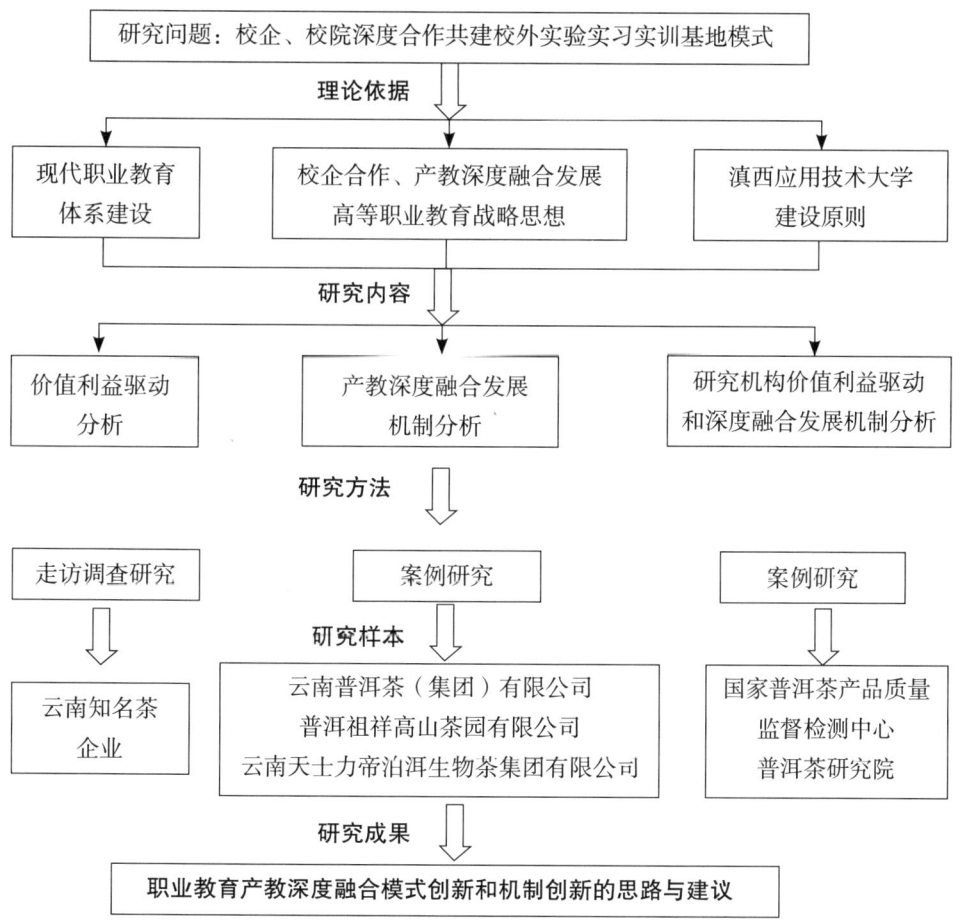

图1　课题研究采用的技术路线和方法

（五）课题研究现状综述

1. 课题研究现状

我国的高等职业技术教育自 20 世纪 80 年代初开始举办，虽然已走过了 30 余年的办学历程，但相对于高速发展的经济社会对高层次应用型技术人才的需求而言，职业教育体系建设和职业教育的研究仍然滞后。探索高层次应用型技术人才培养模式，加快职业教育体系建设，满足经济社会高速发展对人才的需求，已成为迫切需要解决的问题。

2014 年国务院颁发《关于加快发展现代职业教育的决定》，明确提出要"创新发展高等职业教育"，"引导普通本科高等学校转型发展"，建立以职业需求为导向、以实践能力培养为重点、以产学结合为途径的人才培养模式，形成适应发展需求、产教深度融合的现代职业教育体系。教育行政部门和高职院校在学习借鉴德国、瑞士等国外应用技术大学成功模式的基础上，在校企合作研究领域进行了卓有成效的大胆实践，积累了宝贵的经验。为推广先进经验，应用技术大学（学院）联盟和中国教育国际交流协会于 2014 年 4 月和 12 月分别在驻马店、宁波举办了首届产教融合发展战略国际论坛之春季论坛和秋季分论坛，促进了现代职业教育体系建设和产教深度融合、校企合作领域的相关研究，取得了"驻马店共识"等诸多成果。如：研究重点是探讨现代职业教育体系建设和校企合作过程中存在的产教深度融合问题及对策；中国经济新常态与产业链、创新链、教育链融合发展模式等。校企合作培养人才和协同创新的经验与思想得到充分交流和碰撞，研究成果的实践指导意义逐渐增强。

通过对当前校企合作模式研究现状的分析发现，主要存在下列问题：一是研究侧重于对现有校企合作现象、问题的分析以及宏观战略意义，理论分析较多，实践性探索较少；二是研究者本身基本上都在高校和研究机构，直接介入校企活动有限，对校企双方价值利益驱动问题的研究不够深入。在创新驱动发展、产教深度融合的校企合作中，校企双方各自能获得什么利益？其他利益相关者又能获得什么利益？这些都是备受关注但又悬而未决的问题。

2. 研究课题的实践与创新

滇西应用技术大学普洱茶学院在近两年来的筹建过程中，紧紧围绕"创办一个学院，振兴一个产业，致富一方群众"办学目标，按照"需求驱动，产教融合；开放衔接，合作办学；整合资源，特色发展"的原则创新办学特色，在云南省内做了大量的走访调研、合作洽谈工作，取得了阶段性的成果。

一是云茶产业及普洱茶产业历史悠久、茶叶种植面积广阔，茶园类型齐全、茶企业众多、茶产业发展成熟度较高，形成了完整的茶产业链；国家普洱茶产品质量监督检验中心、普洱茶研究院等科研机构实力强，产学研合作办学基础条件良好。二是云茶产业及普洱茶产业在茶叶种植、茶园管理、茶叶加工、茶文化推广、茶叶市场营销和商贸方面的高层次技术技能人才缺口较大，茶叶行业和茶企业急需茶学专业高层次技术技能人才，且需求数量大，普洱茶学院的建立能有效满足茶行业和茶企业人才需求，企业参与办学的愿望强烈、积极性高。三是普洱茶学院筹备组与 18 家企业和科研院所签订了《校企合作协议》。其中选择了合作办学积极性较高、基础较好、企业规模较大、管理较为规范，并代表着茶产业链不同方向的 3 家茶企业和 2 家科研院所开展了校企深度合作。四是普洱茶学院在校企及校院（中心）深度合作办学方面已建立了良好的管理运行机制，与深度合作办学企业签订了共建"校中厂、厂中校"生产性、经营性实训实习基地，共同制订人才培养方案，合作开发教材，理论和实践教师团队建设协议；与科研单位签订了专业建设、教学合作、师资合作、课程教学模块开发、普洱茶文化研究、科研成果转化、专家示范引领、科研课题咨询、人才培养实验实训等协议。对于高层次应用型技术技能人才培养，提高人才培养的针对性，实现"专业与产业对接，专业课程内容与职业标准对接，教学过程与生产过程对接，学历证书与职业资格证书对接，职业教育与终身学习对接"具有积极意义。

　　上述各项相关调研、研究工作渐进推进，校企及校院（中心）深度合作工作的开展与落实，将为本课题研究提供充实的材料和高质量的研究成果。表 1 是企业问卷调查情况统计。

表 1　企业与学院合作意向情况问卷调查统计

| 合作意向<br>企业名称 | 学生实习 | 学生就业 | 投融资 | 实验实习实训基地共建 | 人才培养 | 提供师资 | 企业员工培训 | 无意向 |
|---|---|---|---|---|---|---|---|---|
| 普洱（茶）集团有限公司 | √ | √ | √ | √ | √ | √ | √ | |
| 云南天士力帝泊洱生物茶集团有限公司 | √ | √ | | √ | √ | | √ | |
| 普洱祖祥高山茶园有限公司 | √ | √ | | √ | | √ | √ | |
| 云南龙生茶业股份有限公司 | √ | √ | | √ | | | √ | |
| 澜沧古茶有限公司 | √ | √ | | √ | | √ | √ | |
| 云南茶祖茶业有限公司 | √ | √ | | √ | | | √ | |

续　表

| 合作意向　企业名称 | 学生实习 | 学生就业 | 投融资 | 实验实习实训基地共建 | 人才培养 | 提供师资 | 企业员工培训 | 无意向 |
|---|---|---|---|---|---|---|---|---|
| 普洱天福生物科技发展有限公司 | √ | √ | | √ | √ | √ | √ | |
| 国家普洱茶质量监督检验中心 | √ | √ | | √ | √ | √ | | |
| 普洱茶研究院 | √ | √ | | √ | √ | √ | | |
| 所占比例 | 100% | 100% | 0.11% | 89% | 100% | 78% | 78% | 0 |

　　本课题的创新之处有以下三个方面：一是在探索产教深度融合过程中企业方价值利益驱动方面（包括人才需求驱动、经济效益驱动、社会责任驱动、提升企业社会美誉度需求驱动等）。二是在探索产教深度融合过程中校企合作机制创新方面，包括治理结构创新，共享资源。实施"厂中校"生产性实习实训基地建设；引企入校，实施"校中厂"生产经营性实习实训基地建设等实习实训基地建设新模式。三是在探索滇西边境地区、经济欠发达地区、少数民族集聚区、高等教育基础薄弱地区高层次技术技能人才培养方面，以产教深度融合为契机，创新本科职业教育的办学模式和人才培养模式，为滇西贫困地区发展高等教育，实施教育扶贫、智力扶贫和人力资源开发提供参考和借鉴。

　　（六）课题研究主要理论依据和关键概念的界定

　　1. 主要理论依据

　　（1）博弈论。学院和企业作为校企合作中的博弈双方（"双主体"），当其中的任何一方行为主体进行决策选择时，都会受到另一方行为主体选择的影响，同时也反过来影响另一方行为主体的决策选择；校企合作的过程也是校企双方各自利益的博弈过程，只有寻找到校企双方共同的利益结合点，建立一种校企双方互惠互利的"双赢"模式，让企业能从校企合作中获得其期望的利益回报，企业才能做出积极参与校企合作的决策选择。

　　（2）系统论。系统论为现代科学研究提供了理论和方法，在基于产教深度融合视角的校企合作模式中，学院和企业作为一个整体系统的组成部分而存在，二者通过协调工作、合作发展，可以整合人才、资金、设备、技术等各种资源，实现有价值的交流和对接，进而发挥系统的整体功能，实现校企双方的互惠互利。通过产教深度融合将学院的人才培养方案与企业的人力资源需求紧密结合，依据产业发展和企业需要来设置专业、开设课程，以"校中厂、厂中校"的教学环境建设有效展开，本质上都须遵循系统论基本原理的要求。

（3）教育与生产劳动相结合理论。在《资本论》中，马克思明确指出，教育与生产劳动相结合"不仅是提高社会生产的一种方法，而且是造就全面发展的人的唯一方法"。随着社会生产力水平的不断提高，生产劳动过程对科学技术、文化知识水平的要求也越来越高，这使得学院和企业这两个本来属于不同社会系统的独立部门之间的关系越来越密不可分。劳动者可以通过学院教育学到现代科学技术和文化知识，学会运用科学原理来解决生产劳动中遇到的实际问题。学院同企业的深度合作，可以使在校学生得到有针对性的技术训练，使生产劳动得到科学原理的有效指导，有利于学院教育质量的提高和增强企业的市场竞争力，进而推动产业发展。

（4）人力资本理论。教育投资是人力资本投资的主要方式，教育在人力资本的形成和发展中起着至关重要的作用，这是人力资本理论的核心观点之一。这一观点为产教深度融合的开展提供了坚实的理论基础。伴随着经济增长方式转变对人力资本积累提出的巨大需求，基于不同的利益考虑，校企合作业已成为教育部门和产业部门适应社会变革的必然选择。对职业院校而言，要培养出适合生产岗位需要的，既有知识又有技能的高层次技术技能人才，就必须将校企深度合作纳入到本校的人才培养方案中；对企业而言，高层次技术技能人才的拥有和储备已经成为影响其生存和发展的关键一环，为了不断增强发展潜力，企业也应该积极主动地参与到学校办学中来，参与学院的人才培养工作，与学校共同培养、培训适合本企业生产需要的实用人才。

（5）高等教育大众化理论。纵观世界高等教育历史，几乎所有发达国家经济腾飞的过程，也是高等教育从精英教育走向大众教育的一个过程，发达国家经济振兴的一个重要原因就是高等教育的大众化。从当今世界经济格局来看，世界经济大国往往也就是高等教育强国，是世界知识创新、科技创新和高等教育创新的集散地。高等教育强国的主要标志有两个：一是高端性，即高等教育的国际影响力；二是依存度，即高等教育在国家发展中的实际作用。可见，高等教育不仅要培养精英人才，还要培养应用型的、职业型的专门人才。因此，我们不能把大众化高等教育视为高等教育内部系统的突变，而是高等教育系统由社会系统的边缘走向中心的不断调整自身、适应社会的过程。高等教育大众化理论具有独创性和前瞻性，对后发国家的高等教育发展具有很好的指导意义。

2．主要政策依据

（1）《教育部、财政部关于进一步推进"国家示范性高等职业院校建设计划"实施工作的通知》（教高〔2010〕8号）中把"探索建立'校中厂、厂中校'实习实训基地"作为专业建设与人才培养模式改革的目标之一提出来。

（2）《国务院关于加快发展现代职业教育的决定》（国发〔2014〕19号）中把服务需求、就业导向作为基本原则，提出了产教整合、特色办学的"五个对接"，激发职业教育的办学活力，强化职业教育的技术技能积累作用，推进职业院校与行业企业共建技术工艺和产品开发中心、实验实训平台、技能大师工作室等，促进校企合作、工学结合，强化教学、学习、实训相融合，校企一体化育人的人才模式创新。

（3）《现代职业教育体系建设规划（2014—2020年）》明确提出：探索举办特色学院，鼓励企业、科研机构参与举办以服务产业链为目标，主要依托企业开展实训、人才培养和职业培训融为一体，产教、科教融合发展，专业特色明显的特色学院。把完善校企合作、工学结合的人才培养体系作为建立职业教育质量保障体系的重要内容之一。

3．关键概念的界定

（1）校企合作。关于校企合作的含义，学者们给出的解释不尽相同。我们认为，真正意义上的校企合作，应该是一种校企双向主动参与的行为，它不仅仅是一种职业教育培养人才的模式，也是一种有利于企业长远发展的企业生存发展模式。可以从两个角度对校企合作的内涵进行解读：第一，它是教育与产业这两个相对独立部门之间的合作，是建立在社会分工日益精细和科技水平日益提高的基础上的，这种合作既要遵循教育发展规律，也要遵循经济发展规律；第二，校企合作是一种校企双方互动的行为，它建立在校企双方彼此需要的基础之上，是校企双方各自发挥自身优势、相互支持、相互促进并最终达到利益共享的一种模式。

（2）产教深度融合。产教深度融合就是职业教育与产业深度合作，是职业院校为提高其人才培养质量而与行业企业开展的深度合作，其基本内涵是产教一体、校企互动。实现职业院校教育教学过程与行业企业生产过程的深度对接，融教育教学、生产劳动、素质陶冶、技能提升、科技研发、经营管理和社会服务于一体，不仅能促进高素质劳动和技术技能型人才培养，还能将职业院校和企业的研发成果转化为现实生产力，推动企业技术进步和产业升级转型，更好地服务地方经济发展。

（3）校中厂。"校中厂"就是由学校提供场地，与行业企业合作，将企业生产设备、技术人员等资源引入学院实训基地，与学校设备、师资进行整合，同时，引进企业真实项目，采用企业运作管理流程，实施"双轨交互并行"的教学方式，实现"工学结合、理实一体"。

（4）厂中校。"厂中校"是指具有一定规模并相对稳定的能够提供学生参加校外实习和社会实践、教师培训、产学研合作、社会服务的重要场所。在企业建设教学和生活设施，完善教学条件，共享企业先进设备资源，提高校外实训实习基地的教学功能，确保校外教学实训实习、顶岗实习等教学需要和学生的实训实习质量，形成校企双方合作培养、共同考核的校外实训实习管理机制。

## 二、课题研究目标

课题研究的目标主要有以下三方面。

（1）通过对企业方在校企合作过程中的不同价值利益驱动研究，探索产教深度融合模式的实践与创新。

（2）通过"校中厂、厂中校"，校企、校院深度合作，共建校外实验实习实训基地模式的具体案例、具体操作和现实问题的研究，对本科职业教育校企合作的模式创新以及相关运行机制提出切实可行的思路和建议。

（3）本课题研究取得的成果是总课题的研究成果之一，对总课题的研究起支撑作用。

## 三、课题研究的思路

### （一）研究的思路

首先是在国家现代职业教育体系建设规划和校企合作、产教深度融合发展高等职业教育战略思想指导下，按照滇西应用技术大学"需求驱动，产教融合；开放衔接，合作办学；整合资源，特色发展"建设原则要求，在滇西应用技术大学普洱茶学院筹建工作的不断推进过程中，积极开展"校中厂、厂中校"，校企、校院深度合作，共建校外实验实习实训基地模式研究与实践。其次，对普洱茶学院筹建过程中产教深度融合模式创新的具体案例进行研究分析；最后，对本科职业教育校企合作模式创新以及相关运行机制建设提出可供参考和借鉴的思路与建议。

### （二）研究对象的选择

我们以普洱茶学院筹建过程研究为例，以合作办学双方的利益共赢为前提，以实现学院办学目标为目的，以人才培养方案为依据，在调研分析的基础上，选择 3 家企业、2 个科研院所作为学院筹建方案制订及办学初期共建实验实习实训基地模式探索研究与实践的对象。

（三）研究的步骤

本课题研究分三个步骤进行：

第一阶段（项目的前期准备阶段）：2013 年 4 月—2014 年 1 月，共建"校中厂、厂中校"教学实验实习实训基地合作单位的选择，通过实地调研、座谈、协商初步确定合作单位，制订共建实践教学平台的研究计划。

第二阶段（项目的实施阶段）：2014 年 2 月—2014 年 12 月，"校中厂、厂中校"，校企、校院深度合作，共建校外实验实习实训基地模式研究与实践。充分听取合作办学企业、院所意见建议，借鉴已有的成功经验，结合特色学院的办学思路开展探索研究。

第三阶段（项目的总结阶段）：2015 年 1 月—2015 年 2 月，加工整理材料，撰写论文，总结"校中厂、厂中校"，校企、校院深度合作，共建校外实验实习实训基地模式，为特色学院实施产教深度融合，实现培养高层次应用型技术技能人才目标奠定基础。

## 四、课题研究的方法

（一）学习提高，理论研究

一是以国内外关于产教融合、校企合作的理论做指导，对产教融合、校企合作的概念、特征、模式的内涵进行认真学习。课题组成员先后参加了教育部在合川、驻马店、宁波等地举办的产教融合发展战略国际论坛。二是对教育部制定的滇西应用技术大学的设置方案、设置条件及办学思想进行认真的学习理解。三是对普洱茶学院的办学基础条件、办学目标思路等进行系统分析研究，在此基础上，初步形成了特色学院产教融合、校企合作培养高层次应用型人才模式的理念。

（二）走访调研，实例研究

在 2013 年普洱茶学院建设方案制订初期，按照教育部对特色学院的设置要求，课题组在校企、校院深度合作办学方面进行了大量企业走访、实地调研，考察学习，把共建实验实习实训基地、提高人才培养的针对性和实用性作为深度合作的重要项目，反复多次到企业、科研院所进行调研和沟通，共同分析研究建立"校中厂、厂中校"，校企、校院共建实验实习实训基地的深度合作模式，并达成了合作共识。确定合作办学单位，签订合作意向框架协议，拟订校企、校院共建实践教学平台的方案。

（三）确定重点，深化项目研究

针对实地调研、座谈、协商的情况，结合普洱茶学院办学目标、人才培养方案及项目研究对象的实际，重点选择普洱（茶）集团有限公司、普洱祖祥高山茶园有限公司、云南天士力帝泊洱生物茶集团有限公司 3 家企业和国家普洱茶产品质量监督检验中心作为"厂中校"模式研究对象，选择普洱（茶）集团有限公司、普洱茶研究院作为"校中厂"模式研究对象，进行合作模式的探索与研究，拟订初步合作意向方案。

**五、课题研究的内容**

（一）研究的主要内容

校企、校院深度融合共建实验实习实训基地的模式探索，是实现人才培养模式的改革，建立"工学结合、岗位导向、理实一体"人才培养模式的重要基础。我们将课题研究的主要内容分解为以下几个方面。

（1）以服务特色优势产业转型升级发展为目的，按照"需求驱动，产教融合；开放衔接，合作办学；整合资源，特色发展"的原则，探索特色学院人才培养与地方特色优势产业相结合，与企业、科研院所相结合，共建实验实习实训基地的方法、路径，实现"校中厂、厂中校"的校企、校院深度合作。

（2）探索校企深度合作，共建实验实习实训校外基地，加强学生实践能力、创业能力、就业能力培养新模式。

（3）探索应用技术研究院建设，建立技术创新中心、产业孵化基地等，开展科技成果转化及推广，实现产、学、研、用一体化模式研究。

在以上课题研究的具体内容中，我们认为该课题选题需要突破的难点有以下两点。

（1）如何结合应用型本科院校人才培养目标、人才培养方案、学生认知规律及合作办学双方实际，共建能体现现代职业教育办学模式改革，满足高层次应用型技术技能人才培养需要的"校中厂、厂中校"实验实习实训基地，实现产学研用一体，实现合作双方共赢。

（2）如何建立共建实验实习实训基地运行的长效管理机制，促进双方的长期协同创新发展。

（二）共建校内外实验实习实训基地模式的研究与实践

1．"厂中校"实验实习实训基地的建设模式

"厂中校"，对应用技术大学而言，其根本任务是培养生产、管理、服务一

线的高素质技术技能型人才，"厂中校"建设的根本目的是为了提高人才培养质量。把企业、院所的资源充分利用起来为实践教学服务，发挥行业企业重要办学主体作用，使学院高层次技术人才培养质量与现代茶企业产业群所需人才水平同步提升，为促进茶产业的发展提供更好的服务。

（1）"厂中校"的功能定位。一是"工学结合，理实一体"教学模式实施基地。按照普洱茶学院人才培养方案中提出的"（校企）双主体培养"，实施基于工学结合、岗位导向的"厂中校"分阶段人才培养模式，通过"厂中校"实现课程体系与工作过程相融合、教学模式与工作现场相融合，提高学生实践能力。二是顶岗实习教学基地。顶岗实习是"厂中校"建设的重要功能之一。校企双方共同制订人才培养方案，共同组织实施实战性培养。三是学生就业。在"厂中校"的实习过程中，通过生产技能的训练，学生可以掌握本专业岗位群真实的企业生产技能，应该具有的质量意识、成本意识，可以生产企业真实产品，对企业生产过程提出改进意见等，实现与企业的"零距离对接"，增加学生的就业机会。四是师资培养。"厂中校"可以为学校兼职教师的聘用、一体化教师的培养提供平台，提升教师队伍的整体素质。五是员工培训。利用"厂中校"的资源开展企业的员工培训，提高企业员工素质。

（2）合作建设的思路和做法。一是教学设施建设。学生教学实习实训及顶岗实习期间不仅要在企业车间进行生产性实习，并且还需要进行相关理论学习，因此，校企双方要共同规划实习实训场所建设与实习设备的配置，在原有生产设备的基础上增加相应的教学仪器设备（如多媒体设备等）、实习教学场地，建立学生实习实训生产线。二是人才培养方案建设。企业参与人才培养方案的研究制订、课程开发、考核评价机制建立等。三是师资队伍建设。企业选聘技术骨干作为"厂中校"企业指导教师，与学校选派进厂的专业教师共同实施教学，指导学生实习，承担学生实习教学过程管理、考核与评价等工作。

以普洱茶学院为例。共享资源，实施"厂中校"生产性实习实训基地建设，合作培养茶叶专业高层次应用型技术技能人才，是校企合作办学的主要内容之一。普洱茶学院筹建工作领导小组办公室与18家企业签订了合作办学协议，企业愿意为学院提供实习实训条件。充分利用企业原料生产基地（车间）、茶叶加工设备、营销商贸资源和技术人才资源，结合企业生产实际，共建茶学专业高层次应用型技术技能人才培养机制，共同把人才培养融入企业的生产及管理之中。

普洱茶学院针对不同企业的生产实际、办学基础以及学院人才培养目标定位，确定不同"厂中校"实验实习实训基地建设内容。一是与普洱祖祥高山茶园有限公司共建有机茶园建设生产性实习实训基地，将欧盟认证的有机茶园建设的成功经验融入教学，培养生态有机茶园建设人才，服务云南生态茶园建设；二是与云南天士力帝泊洱生物茶集团有限公司共建茶叶精深加工生产性实习实训基地，开展规模化、标准化、数字化、清洁化、现代化高层次生物茶、保健茶、茶功能饮料等为主的相关知识和技术及能力的培养；三是与云南普洱茶（集团）有限公司共建传统普洱茶生产加工实习实训基地，共同开展以高品质传统普洱茶生产工艺、茶园建设与管理为主的能力培养；四是与国家普洱茶产品质量监督检测中心共建普洱茶产品质量检测实验实习基地，学院可利用该中心大型精密仪器设备，对学生进行产品质量标准运用、指标测试、检测分析等训练，同时可承担学院的相关茶及茶制品产品质量检验基础知识教学、精密仪器实际操作教学，茶及茶制品标准体系教学，实验室可供学生进行实际操作培训，为茶产业和企业培养具有较强质量意识、懂得正确运用国家及行业产品质量标准并能贯彻执行、掌握茶产品质量检验检测的本土化高层次的技术人才；五是在普洱茶研究院建立微生物实验室、组培实验室、生化与分子生物学实验室和产品开发研究实验室等校外实验基地，利用普洱茶研究院技术资源，与研究院达成了专业建设、师资合作、课程教学模块开发、普洱茶文化研究、科研成果转化、专家示范引领、科研课题咨询、人才培养实验实训等协议，研究院能为学院教师和学生开展实验实训、培养和提升师生科研能力提供保障和支持，还可为专业硕士研究生培养提供平台支撑。

在企业期间，通过企业提供的真实的生产性项目和工作环境，使学生得到课堂上难以获得的职业体验和感受，可帮助学生认知职业、了解职业、端正职业态度，增强就业的核心竞争力。对企业来讲，可增进对毕业生的了解，提前对满意的毕业生进行针对性的选拔和培养，并最终使其留下来工作，实现校企互惠双赢。

2. "校中厂"实验实习实训基地的建设模式

"校中厂"是深化校企合作的新模式，是实施人才培养目标的物质基础和必要条件，是高等职业教育教学改革的新尝试。利用学院的场地及人力资源，通过引企入校，探索建立"校中厂"实习实训基地的新模式，实现校企深度融合。

（1）"校中厂"功能定位：一是推进人才培养模式创新，完成实践教学。为实施工学结合、理实一体化教学模式，推行项目教学、工作过程导向、任务驱动等教学法探索，及学生完成专业课程学习提供条件。二是促进教学管理与企业生产结合。按校企合作方案，制定系列实训基地管理制度，将企业文化、现代企业运行管理机制等引入"校中厂"来，以确保"校中厂"实训基地的正常运转和生产性实习的正常开展。利用校园资源和企业资源实现教学过程与生产过程对接、课程内容与职业标准对接目标，有效地训练学生的实践技能。学生通过这个实践平台，既了解和掌握企业最新生产模式及各个重要环节，丰富了专业知识和实际综合能力，同时能接受校园文化、企业文化双重熏陶，实现学校和企业两育人环境相结合，构建学校和企业共同培养学生职业素养的"双环境"。三是实施协同创新中心、应用技术研究。以加快新技术新产品新工艺研发，推进科研成果转化与应用，掌握、积累核心技术，突破技术瓶颈，推动教育与产业协同创新，增强知识创新能力和科技创新能力，服务滇西产业转型升级与可持续发展。如学院与企业以某项目为纽带，将产、学、研结合在一起，学院可按照企业的项目要求或项目的修正方案开展技术研发，为学生及教师科研提供平台，企业成为项目成果的最终受益者。

（2）合作建设的思路和做法：一是由学院提供场地，企业提供平台及必要设备与资金，校企双方共同投资建设，双方依照校纪校规和企业的规章制度对基地的运行进行管理；二是将生产车间与专业实习实训室结合起来，将现代企业真实工作环境引入进入实训室，按企业文化、管理制度等设置实训室，使学生一进教室就如进车间的状态；三是将教学任务与生产任务结合起来，以生产任务为主线，制订教学计划，按工学结合、岗位导向实施分段教学。

以普洱茶学院为例。普洱市有大量的茶业生产加工企业，部分企业有较好的技术优势，他们参与教学的积极性较高，愿意成为普洱茶学院人才培养的主体之一。学院把引企入校、实施"校中厂"生产经营性实习实训基地建设作为学院办学体系建设的重要目标之一。普洱茶学院筹备组与云南普洱茶（集团）有限公司签署了合作共建普洱茶体验馆项目协议书，由云南普洱茶（集团）有限公司提供了较为详细的《校企合作建设普洱茶体验馆计划书》，明确将普洱茶体验馆建在普洱茶学院内。双方约定：由学院提供建设场地，企业提供土建、设备、技术、管理和师资支撑，计划总投资约4 500万元。合作模式为：企业控股，按股分配利润，以企业管理为主。云南普洱茶（集团）有限公司投资比例占55%，利润收益占比55%；普洱茶学院投资比例占45%，利润收益占45%。

普洱茶体验馆是以全方位亲身体验方式展示、传播、推广普洱茶文化的载体，集生产加工、品鉴销售、培训、学生实训、传统与现代生活为一体，将传统茶文化精髓与现代生活理念相融合，打造以普洱茶为中心的关联业务平台，拓展开发茶叶储藏拍卖、茶餐饮、茶山行旅游等项目，为学生提供方便、灵活的"实战"体验训练平台和创业演习基地。

（三）共建校内外实验实习实训基地的运行管理机制的研究与实践

（1）组建管理机构。以普洱茶学院为例。学院与企业、科研院所共同参与成立理事会和专业指导委员会，为校企、校院深度合作将企业融入人才培养提供平台。并规定合作办学单位委员所占比例不低于50%，3个深度合作企业董事长或总经理为常务理事，参与学院重大事项的研究，并对决定的实施情况进行监督，以保证共建实验实习实训基地既满足实践教学、生产性实习，同时又完成企业的生产任务。

（2）设立协调机构。在3个深度合作企业设立相关协调机构，落实相关人员，明确工作职责，负责协调处理校企共建实验实习实训基地正常运行的相关问题。如：云南普洱茶（集团）有限公司成立普洱茶学院校企合作项目指导委员会，由董事长任主任、总经理任副主任、相关副总经理及下属公司总经理等为成员，校企合作日常工作由董事长秘书具体执行对接，并由总经理负责实习实训基地、生产车间的季节性生产计划，实习实训岗位安排指导教师调配等对接工作；云南天士力帝泊洱生物茶集团有限公司成立校企合作推进组，推进组由总经理助理任组长，推进小组主要负责总体规划、协调整合相关资源，组织企业科研人员和技术骨干参与学院人才培养方案制订、课程开发，制订工学结合、工学交替教学方案，全方位推进普洱茶学院的先期筹办工作和后期校企合作的相关事宜；普洱祖祥高山茶园有限公司总经理董继文亲自负责校企合作总体策划，并协调相关工作。安排专人具体对接、落实有机茶园实训基地建设、茶园有机肥技术研究合作项目立项磋商。

（3）探索妥善解决产教深度融合，共建实践教学基地过程中双方价值利益驱动方面的问题。一是把学校的培养目标与企业的需求结合起来，校企共同制订人才培养方案，与生产季节、岗位特点结合，采取灵活的教学安排实施教学，实现教学与生产同步，相互促进；二是学院的合作要定位于社会、企业和生产一线的需要，主要为企业提升竞争力、地方产业升级服务。

（4）建立校企合作管理长效机制体制。制定能保障学院、企业、科研院所利益，维护学生权益的保障措施。双方从管理制度、运作程序、操作规范等多个方面做好校企、校院合作内涵建设，理清校企合作共同办学发展思路，并建立长效管理机制，保证合作具有可操作性。如：《普洱茶学院理事会章程》《普洱茶学院校企共建实验实习基地管理办法》《普洱茶学院校企、校院合作设备使用管理流程及办法》《普洱茶学院教学实习管理流程实施程序》《普洱茶学院实验室、实习实训车间功能介绍》《普洱茶学院实验实习实训设备安全操作规范》等等，细化过程管理，不断完善校企合作管理长效机制体制。

## 六、研究结果的分析与讨论

通过本课题研究，对普洱茶学院在筹建过程中积极探索"工学结合、岗位导向、理实一体"教学模式，开展校企共建"校中厂、厂中校"实验实习实训基地的研究与实践的相关资料、数据以及实施活动所取得的成效进行了搜集和系统整理。普洱茶学院在寻求校企深度融合，真正发挥行业企业参与办学的积极性，形成"人才共育、过程共管、成果共享、责任共担"的紧密型合作办学机制等方面与合作企业和科研院所达成了共识，签订了合作协议，拟订了《共建"校中厂、厂中校"实验实习实训基地的实施方案》（讨论稿），编写了共建实验实习实训基地相关管理制度等。在"校中厂、厂中校"，校企、校院深度合作，共建校内外实验实习实训基地模式探索方面具有一定的先进性，对应用型本科院校创新教学模式方面具有一定的指导意义。表2是我们与3家达成的合作情况一览表。

表2 普洱茶学院校企（校）合作一览表

| 序号 | 合作机构名称 | 合作机构性质 | 合作主要内容 |
|---|---|---|---|
| 1 | 云南普洱茶（集团）有限公司 | 民营企业 | ①参与理事会和专业指导委员会各项工作，并发挥积极作用；<br>②共建实习实训基地（厂中校）；<br>③共建普洱茶体验馆和营销中心（校中厂）；<br>④互派教师，共建实习实训基地和师资交流平台，促进"双师型"教师培养；<br>⑤冠名"普秀"班，合作培养高层次应用型技能人才；<br>⑥合作开展就业服务和吸纳毕业生就业。 |
| 2 | 云南天士力帝泊洱生物茶集团有限公司 | 股份制民营企业 | ①参与理事会和专业指导委员会各项工作，并发挥积极作用；<br>②共建实习实训基地和师资交流平台（厂中校）；<br>③共同开发"职业素养标准和职业行为规范"（暂定名称）教材；<br>④冠名"帝泊洱"班合作培养高层次应用型技能人才；<br>⑤合作开展就业服务和吸纳毕业生就业。 |
| 3 | 普洱祖祥高山茶园有限公司 | 民营企业 | ①参与理事会和专业指导委员会各项工作，并发挥积极作用；<br>②共建实习实训基地（厂中校）；<br>③共同开发"职业素养标准和职业行为规范"（暂定名称）教材；<br>④冠名"祖祥茶园"班合作培养高层次应用型技能人才；<br>⑤共建有机茶运用技术研究中心（厂中校）。 |

## 七、研究结论

以普洱茶学院为例，开展"校中厂、厂中校"，校企、校院深度合作，共建实验实习实训基地模式研究与实践表明，只有充分地把学校与企业融于一体，创新"工学结合、岗位导向、理实一体"教学模式，才能构建学生就业的直通车，提高学生的就业质量，达到学生在知识、能力、素质上与企业岗位要求的"零距离对接"，实现特色技能人才培养。课题研究的相关支撑材料已作为校企、校院深度合作的重要内容写入筹建方案，并通过教育部专家组评审。课题组认为，本课题研究达到课题申报的要求，完成了课题规定的任务，达到预期目标。

## 八、存在的问题与后续的研究

（一）存在的问题

在本课题研究中，无论是"厂中校"还是"校中厂"都存在以下共同问题：一是校企、校院合作办学的利益驱动及利益平衡点问题（共赢点支撑）；二是学院教学任务与企业和科研院所生产及科研任务两不误、两促进问题；三是如何建立共建基地的运行管理长效机制体制，促进双方和谐创新发展问题。

（二）后续的研究

1. 政策保障问题

校企合作是教育部门与产业部门这两个相对独立部门之间的合作，深度合作过程中既要遵循教育发展规律，也要遵循企业发展规律。应有国家相应的政策和法规来调节、规范和推动，用法律形式确保合作关系的稳定，保证企业投资渠道畅通和合法利益，落实相关税费减免和资金扶持政策，调动企业参与合作的积极性。

2. 机制保障问题

全方位构建政府主导、学院主体、行业指导、企业参与办学的体制机制，是校企双方各自发挥自身优势、相互支持、相互促进，最终实现学院与区域经济社会融合发展的基本保证。应在学院的治理结构和管理体制机制方面加强研究，争取有所突破。

3. 学生学业成绩评价机制问题

在校企、校院深度合作，创新"'教、学、训、做、评'一体化"教学模式，充分发挥合作企业在学生技能水平提升和评价中的主导作用方面还需进一步加强研究与实践。

# 结　语：滇西应用技术大学创办小型精品特色学院的思考

滇西应用技术大学目前确定的若干特色学院，分别围绕不同州市的某一特色优势产业展开，同时办学体制不同，对特色学院的建设就需要进行充分的可行性分析和科学论证，科学建设特色学院。同时特色学院办学模式具有普遍性，它与当前的一般地方本科高校在人才培养、办学定位等方面都有差别，如何实现通过小规模、精细化、特色化的优势服务产业人才需求和技术升级要求，推动产业发展是当前特色学院建设中需要着力解决的问题。

## 一、进一步明确办学宗旨与总体定位

办学宗旨和定位对高校发展起到方向指引的重要作用。滇西应用技术大学在总体定位下如何按照产教融合、校企合作的模式，培养服务于区域特色优势产业发展急需的生产、管理一线的具有良好理论知识和人文素养、爱岗敬业的高层次技术技能型人才？从滇西应用技术大学总体设计上要明确特色学院的定位不是简单地通过学生规模实现办学效益，不是以所谓办学层次的提升为发展的目标，要在特色学院专业设置原则和调整机制上充分体现这一宗旨和定位。特色学院自身要清晰地定位自我为应用型人才培养的机构，要在人才培养、应用研究、社会服务等方面以这一宗旨和定位为工作指导。如，在办学规模定位上，要注重汲取优质生源，严把新生入门关，确保生源质量。借鉴法国巴黎高师的经验，对新生进行严格选拔。如，巴黎高师在中学设立预备班培养自己未来的新生，招生的原则是中学毕业取得学士学位后再在预备班里准备 2 ～ 3 年，且规定预备班里一般不能留级（除因病休学也只能允许留级一年），只有符合其报考条件的学生才有资格报考，实行笔试与面试相结合，而且入学考试录取率之低是法国屈指可数的高校之一。要规范办学规模、采用小规模办学。建设好应用技术大学特色学院，重在质量的提升，并非规模的扩大。温家宝同志曾强调过："高校办得好坏，不在规模大小，关键是办出特色，形成自己的办学理念和风格。"学校规模的大小与质量不一定能够形成正比，这种小规模运营，有力地保障了白金汉大学教育质量的稳步提升，并使其以优质的教育质量跻身于英国名校之列，成为"小而优、小而强"的典范。

## 二、进一步构建精简高效的治理结构

形成精简高效的治理结构是特色学院办学成功的重要内在因素。当前，特色学院有民办、公办、混合所有制等多种形式，其治理结构也会有很大差异，在这种情况下需要在实践中探索特色学院中党的领导、行政体系、教授治校等之间的关系，即推动学术权力与行政权力之间相互配合、发挥合力，要在理事会（董事会）或院务会领导下的院长负责制与专业指导委员会、教授委员会、教职工代表大会等机构形成协调的关系。同时，特别需要在这个过程中探索形成高效内部治理的各项制度规定，明确各管理主体之间的关系，形成可推广、复制的做法经验。

## 三、进一步建立健全应用型人才培养模式

（一）贯彻高层次技术技能型人才培养目标

要在办学定位指导下，通过深化产教融合、校企合作，创新校企（校）联合培养、工学结合、理实一体、顶岗实习，形成应用型人才培养方案。根据产业发展动态灵活调整、设置专业与课程，全面拓展学生的综合素质和人文素养，培养学生的自主学习能力、创新能力和就业能力，将高层次技术技能型人才培养目标贯彻在教育教学和管理的每一个环节。

（二）紧密衔接中等和高等职业教育

应用型人才过硬的技能需要在实践中培养、锻炼，因此，要形成紧密衔接的中高职院校牵头制订校际合作实施方案，成立中高职校际合作指导委员会，建设中高等职业学校合作项目，实现师资共建、实训设备共享等。要推动特色学院与中等职业学校在各领域的深化合作，实现校际合作衔接的制度化、规范化、常态化，推进中高等职业教育人才培养的有效衔接和资源共享。

（三）探索长效双赢的多元化合作办学机制

合作办学是小型精品特色学院建设的重要环节，多元化的合作办学机制对于人才培养具有深远意义，要实现企业对口人才培养方案，探索院校联合办学道路；探索与科研机构共同开发项目的途径和机制，探索引进国外高校优质资源，

实现合作办学的国际化的办法。多元合作是在特色学院创办之初确保人才培养质量的重要途径。要加强校企合作，建立独特的培养模式。在校企合作责任分配上要进一步明确。借鉴德国校企合作的经验，学校、企业和学生通过签订合同的方式明确各自的权利和义务。

### 四、加强双师型队伍建设，突破制约应用技术大学建设的瓶颈[①]

国外小规模高校的成功经验已经证明优秀教师是办好学校的关键。特色学院建设离不开一支高水平、精干的教师队伍，尤其需要"双师型"教师的保障。在当前的办学条件下，特色学院首要的任务之一就是形成服务办学需要和人才培养要求的师资队伍。要形成能工巧匠、企业技术精英骨干纳入教师队伍的机制，构建师资队伍建设保障机制；要形成校院两级管理、两级负责体制和建立目标责任考核制度来完善师资队伍建设工作机制；形成以新型人事分配制度为基础的现代职业教育的师资考核评价体系，形成既能引进人才又能稳定人才的规范制度管理，要形成师资队伍建设经费保障机制。

从国内情况看，当前，制约地方高校尤其是新建本科院校向应用技术大学成功转型的瓶颈还是师资。近年来，各高校从国内甚或国外重点大学引进了一批博士、博士后，他们接受了研究型大学系统扎实的学术训练，思想活跃、知识系统，且积极性、主动性、创新性较强，为提高高校学科专业的教学水平与科研水平提供了活水源泉。但由于他们大多是在研究型大学接受的教育，自觉不自觉地习惯沿用研究型大学的教材、教学方法，教学的学科理论知识系统性强，对学生的动手实践能力、思维创新能力和就业创业能力培养意识弱，尚不具备专业/职业实践动手操作技术与能力，甚至从思想上轻视、排斥企业实践，进而从行为上抵制校企合作与学生的企业实习和实训。

因此，应加大引进和培养"双师型"的教师力度，培养应用技术型的人才需有一支称职的应用技术型的师资队伍。为此，首先，要注意对大批引进的海内外毕业的青年博士进行企业锻炼，每3~5年一轮，全职到企业实际上岗工作或研究一年，晋升高级职称必须先取得相关行业的工程师、技师等职称证书或职（执）业资格证书。使青年教师一方面既具备宽厚的专业基础知识、扎实的行业实践知识，更要具备较强的专业应用能力、实践教学能力、应用研发能力和社会

① 董立平：《地方高校转型发展与建设应用技术大学》，载《教育研究》2014年第8期。

服务能力，真正达到"双师型""双技型""双能型"水平。其次，对"双师型"教师的全职、兼职或柔性的引进、聘用。切实提高专业课教师中具备在企业工作的工程经历的教师比例，确保在4年内每一届学生有不少于8门专业课是由具备5年以上在企业工作的工程经历教师主讲。对工科教师的评聘与考核从侧重评价理论研究和发表论文，转向评价工程项目设计、专利、产学合作和技术服务等方面。可借鉴国际经验，如德国《高等学科总法》规定，应用科学大学（FH）教授的聘任条件：一是高校毕业；二是具有教学才能；三是具有从事科学工作的特殊能力，一般应有博士学位；四是在科学知识和方法的应用或开发方面具有至少5年的职业实践经验，其中至少3年在高校以外的领域工作，并做出特殊的成绩。为了鼓励教授们加强与企业的合作，进行技术转让或从事应用型科研开发活动，有些联邦州还规定，应用科学大学（FH）的教授每4年可以申请6个月的学术假，深入企业了解企业发展的最新状况。[①]

另外，应用技术大学应以"教师教学发展中心"为枢纽，以"教学名师工程""双师型教师工程"为动力机制，加强现代教育教学理论与企业岗位技术技能的培训、学习与研究，把"亲产业、亲企业、亲行业，培养应用技术型人才"教育教学体系改革落实到每一位教师的教育教学理念之中与行为之上，使每一位教师的课堂教学与实践教学行为发生实质性的变化。[②]

## 五、进一步探索特色学院办学模式

### （一）办学体制

实行合作办学模式。特色学院合作办学方包括地方政府、企业、行业协会、科研机构、国内外高校（含对口支援部委属高校、东部高校、省属重点高校、当地高校及境外高校）等。

鼓励各类办学主体联合办学。特色学院可由各类办学主体通过独资、合资、合作等多种形式举办，办学性质可为公办、民办、中外合作办学。以政府投入为主举办的为公办，以行业企业为主投入举办的为民办，境内外高校及企业合作办学的为中外合作办学。积极探索建立股份制、混合所有制特色学院，允许以资本、知识、技术、管理等要素参与办学并享有相应权利。

---

① 刘建强：《德国应用科技大学模式对实施"卓越工程师培养计划"的启示》，载《中国高教研究》2010年第6期。

② 董立平：《新建本科院校人才培养体系之构建》，载《集美大学学报》（教育科学版）2013年第3期。

签订合作协议。合作办学各方要在坚持互利共赢的基础上，签订合作办学协议。合作办学协议应当包括办学宗旨、培养目标、出资数额和方式、各方权利义务、合作期限、争议解决办法等内容。资金、实物、土地使用权、知识产权、管理资源、教育教学资源等均可成为股份的组成。

（二）治理结构和管理体制

特色学院根据办学性质采用理事会（董事会）或院务会领导下的院长负责制。特色学院院长由理事会聘任，实行公开招聘或由企业或合作办学高校派出。

### 六、进一步提高特色学院办学质量和效益

特色学院以本科教育为主，并开展非学历教育和继续教育，条件具备时应开展专业硕士教育，培养高层次技术技能人才和技术创新人才。考虑到特色学院建设必需的规模效益，每个特色学院设置初期，4 年内全日制在校生规模应达到 500 人以上，具体办学规模根据相关产业需求设定。非全日制学生折合学生数不低于全日制在校生的 50%。

提出特色学院设置初期，4 年内全日制在校生规模达到 500 人以上，规模适中，主要基于以下因素的考虑：第一，规模过小无法形成一定的规模效益，影响特色学院的办学积极性，特别是企业投资办学的积极性；第二，对当地的优势特色产业要发生影响，特别是要推动产业转型、企业技术进步，必须有一定数量的毕业生进入当地企业；第三，考虑到特色学院分布在滇西各地，需要有一定数量的在校生才能形成大学氛围，为特色学院办学形成良好的校园文化；第四，特色学院虽然有在昆高校、当地高校、部委属高校乃至国外高校的合作办学，但办学都是从无到有，相关条件需要逐步建设，规模过大必然影响人才培养的质量。

### 七、建立政、产、学、研、用良性互动机制[①]

借鉴职业技术教育发达国家的先进经验，充分发挥政府的引导作用、行业组织的指导作用、企业的社会责任与高校联动作用，实现校企、产学深度合作。

1. 充分发挥政府的立法、统筹和引导作用

借鉴德国《高等教育总法》、英国《应用技术学院和其他学院发展计划》、荷兰《高等职业教育法案》、奥地利《应用技术大学法案》以及澳大利亚、日本

---

① 董立平：《地方高校转型发展与建设应用技术大学》，载《教育研究》2014 年第 8 期。

等国建立体系完备的应用科技大学的相关法律法规的成功经验，通过立法、出台政策，建立健全与完善国家和地方各级政府的法律规范体系、政策支持与体制保障体系，因势利导，推进校企深度合作的制度化、常态化和规范化。

2. 运用行业组织（协会）的优势，协助政府做好校企深度合作

行业组织（协会）可以说是连接政府、高校和企业的联动轴、润滑剂与缓冲器，具有非常重要的作用。行业组织在校企合作中可以代表学校向政府和企业提出建议、扩大学校与企业合作的空间和机会，代表企业参与学校的管理，对学校的专业布局、课程体系、培养模式、评价标准、教材建设、实习实训、师资队伍建设等应用技术型人才培养的各个方面提出建设性的指导意见。

3. 企业要履行社会责任

企业要积极参与校企合作，履行社会责任。可通过法律法规和政策性制度保障，建立一个完善的校企合作的动力激励机制，出台相应的配套措施促进企业的发展和保护企业的利益，因势"利"导，增强企业积极参与校企合作的积极性，营造一种全社会积极参与校企合作的新局面。[①]

4. 高校联动的"政、产、学、研、用"良性合作机制

高校要以高素质应用技术人才供给与高质量的科技开发、科技服务为企业排忧解难，解决产品研发与技术攻关难题，与企业积极合作、互动共赢。在政府、行业组织、企业、高校四者紧密合作中，高校是互动中心，高校积极联动各方充分发挥作用的角色意义重大。

应用技术大学是部分地方高校转型发展的一种方向性目标要求，并非一种标准化、定型化的模式，更不是低层次、低水平高校的称谓。应用技术大学的主体是培养应用技术型人才，但并不是说一所大学的所有学科专业都要统一化、标准化，每一所学校应该根据自身的办学传统与办学条件以及所处区域社会经济建设发展的需求来进行新的目标定位，其内部都应存在多元化与多样化的培养目标与培养模式，以满足不同层次、不同个性、不同特长学生的个性化、特色化发展，培养各界精英。

高等教育的多元化发展模式、多样化发展形态正是高等教育大众化的本质所在和必然要求。由中国高等教育自身发展中的困境所产生的内生动力与中国产业结构升级转型与社会转型对高等教育发展所产生的外驱动力所共同作用、催生出来的应用技术型大学，是中国高等教育结构的一次重大变革，其必将对中国高等

---

① 尹庆民：《校企合作研究》，北京知识产权出版社 2012 年版，第 132 页。

教育科学发展产生重大影响。

## 八、加大资金投入力度 [①]

普通高校转型为具有职业教育属性的应用技术大学，欣逢各项优惠政策出台。然而，迄今为止，我国高职院校尚无教育部直属大学，更无"985"、"211"工程大学的名分，绝大部分归属各省（市、区）教育厅（局）主管，少部分则属于地级市的教育局主管。国务院、教育部等部门的善政如何落实到具体的高职院校，需要高层进行检查监督。同时，各地教育厅（局）在认真贯彻执行中央政策的基础上，应该积极主动加大投入。毕竟，高职院校是以培养应用型职业技术人才为目标的，更为中国制造业领域的国际竞争提供智力支持，整个培养过程所需的师资、经费、设备等各项投入远高于普通高校。尤其是实力雄厚的省（市、区），对高职院校的投入力度应该更大，这既是对高职院校多年来资金短缺的弥补，也是认真落实中央政策的应然举措。

诚如此，高职院校不但将有充足的经费强化实训，而且"栽好梧桐树，能引凤凰来"，凭借雄厚的经济实力，一定能够吸引更多优秀专家加盟，从而大大缓解师资队伍"积弱"的被动局面。新近转型的应用技术大学更是借此东风，全力加快发展步伐。

## 九、完善特色学院风险评估与防范机制

在特色学院建设之初就要建立起完善的风险评估和防范机制，对办学过程中可能遇到的各种风险进行预估并提出相应的对策。

第一要坚持科学的、理性的可持续发展观，摒弃短期办学思想，认真做好学校的发展定位与规划，防范因定位不当而带来的办学风险；第二要树立风险意识，建立起完整的风险预测和预警系统，提高对风险的应对能力，防患于未然；第三要完善法人治理机制，提高决策管理的科学性，防范管理决策风险；第四要完善学校财务管理机制，拓宽融资渠道，防范财务风险；第五要完善质量保障与监控机制，加强教学管理，防范教育质量风险；第六要完善"学院经营"机制，积极开展学院营销，防范市场风险。对于特色学院而言，关键是要评估和规避产业发展变化的风险。应用技术大学的特色学院需要满足地方经济社会发展的需

---

① 胡解旺：《应用技术大学需明确自身职教属性》，载《成都航空职业技术学院学报》2016 年第 3 期。

要，但应该注意它也不是地方经济发展的"应声虫"，而应该理性地分析地方社会经济和产业当前乃至未来 20 年甚至更长时间社会经济结构与专业人才需求结构和规格的发展趋势来进行整体的发展规划，构建特色学院的专业结构，要规避由于宏观经济环境变化和各种其他情况出现产业发展波折而导致所需产业人才数量、规格迅速变化带来的风险。

特色学院及滇西应用技术大学的建设是中国高等教育发展中的一次重要探索，是一个全新的命题。当前小规模精英化的高等教育机构主要注重学生学术能力的培养，以其高师生比、高水平学术成果获得赞誉，已经有相当多的成功经验，形成了相对成熟的办学模式。而滇西特色学院的办学则是小规模的高等职业教育。在当前高等教育发展大众化趋势下，获得良好办学效益的往往是较大规模的职业院校或地方应用型本科高校。如何凭借较小的办学规模、充分运用各种政策优势和条件，积极开展体制机制创新，培养高等职业教育中的"精英"，在适应和引领地方优势特色产业转型发展中发挥出关键的作用，形成小而精的办学品牌是今后小型精品特色学院建设研究中仍需要进一步研究和解决的问题。

# 附　录

## 附录1：滇西应用技术大学校企合作工作的指导意见（试行）

根据《国务院关于加快发展现代职业教育的决定》（国发〔2014〕19号）（以下简称《决定》）和《教育部　云南省人民政府加快滇西教育改革和发展共同推进计划（2012—2017年）》有关精神和要求，为实现滇西应用技术大学（以下简称"滇西大"）积极开展校企合作；培育"服务需求、产教融合"办学特色；培养服务滇西特色优势产业的高层次技术技能人才；积极探索应用技术本科教育办学规律和人才培养模式；为我国高等教育和高等学校分类改革提供经验的目标，特制定校企合作工作的指导性意见。

### 一、指导思想

以国务院《决定》和教育部等6部委印发的《现代职业教育体系建设规划（2014—2020年）》、《云南省人民政府贯彻落实国务院关于加快发展现代职业教育决定的实施意见》以及《滇西应用技术大学试点方案》为指导，坚持以服务特色产业发展为宗旨，以促进学生就业为导向，以提高人才培养质量为根本；坚持校企合作、工学结合，激发行业企业的积极性，实现资源共享，强化校企协同育人；坚持创新驱动，不断创新校企合作办学的领域、方式和体制机制，促进共同发展。

### 二、基本原则

#### （一）需求驱动

滇西大总部及其特色学院应牢固树立为行业企业服务的思想，以服务特色优势产业转型升级发展为目的，以产业发展对技术技能人才（岗位）需求为驱动，以促进学生就业为导向，以紧密结合产业发展需要为原则，主动深入行业企业生产经营一线开展调研，掌握行业企业对人才数量和规格的需求，特别是对岗位能力的实际要求，将企业需求融入人才培养体系的各个方面，提高育人的针对性和实用性，提升企业对人才的认同感。同时，以企业需求为导向，努力培养符合企业需求的人才，解决企业急需的技术和管理难题。

（二）互利共赢

行业企业和学校都是高等职业教育的办学主体，是建立在共同理想和互利互惠基础上的合作关系，是在人才培养活动中各尽所能、优势互补、深度融合的有机整体。

行业企业根据对人才需求的深刻认识和理解，发挥技术人才、生产经营要素、生产环境和实际工作任务以及就业岗位等资源优势，参与学校建设、管理和人才培养全过程，使学校的专业设置、教学条件建设和人才培养更具针对性。

滇西大总部及其特色学院应发挥熟悉高等教育政策和人才培养规律的优势，有效利用自身教育资源，积极与行业企业开展合作，共同培养企业生产经营所需的高等应用型人才。在以人才培养为主线的同时，滇西大总部及其特色学院还应充分发挥自身人才和科技研发的优势，积极与行业企业合作建立应用技术研究机构，开展技术攻关和新技术、新产品、新工艺研发及科技成果转化与应用研究，解决企业发展技术难题，提升企业技术研发能力和成果利用水平。将区域特色优势产业需求与滇西大总部及其特色学院有机结合，建立合作共赢机制，激发各方参与办学的积极性，实现资源最大整合与共享。

（三）改革创新

探索学校、企业新型合作模式。引入骨干企业、科研院所、部（省）属高校和民间投资者参与合作办学。吸纳企业、科研院所人才共同参与到人才培养、课程建设、实践基地建设中来。通过购买服务、委托管理、网络资源共享等方式嫁接企业、科研院所骨干企业优质资源，共建"双师双能型"教师队伍、教学实践基地（实验实习实训场所）等。创新产教对接方式，建立产教对接平台，实现人才培养、技术支持、产品研发目标。同时，应最大限度地服务并满足员工培训以及技术研发与成果转化、促进企业转型升级等方面的实际需要，提高社会服务能力。

校企合作是多元主体办学和人才培养活动，其目标是培养行业企业所需要的高素质技术技能人才。校企双方应在统一目标下，加强交流与沟通，不断深化务实合作，并通过搭建合作平台、创新体制机制、改革合作体制与对话协商机制，优化顶层制度设计，逐步形成统一领导、统一目标、统一规划、统一管理、统一实施的校企合作新格局。

### 三、合作企业条件

企业作为合作办学的主体之一，在建立校企合作关系时，应满足以下基本条件：

（一）自愿参与滇西大合作办学，并在其中发挥积极作用。

（二）具有独立的市场法人资格，能够独立承担各种经济和民事责任；无重大违法违规行为，在行业内具有良好的声誉。

（三）企业生产经营领域和生产活动与特色学院及其专业定位和培养方向紧密相关，能够为师生提供足够的专业实践岗位和任务。

（四）生产经营、内部管理和安全生产管理规范，生产技术和工艺处于区域或行业先进水平。

（五）具有中级及以上专业技术职务和技师、高级技师职务的人员不少于本企业员工总数的5%，具备参与特色学院的专业、课程、师资队伍、实验实习实训条件等建设和实施教学活动的能力。

（六）对于一些从事与特色学院专业及课程相关的特殊工（技）艺及其特色产品和民族工艺品开发、生产、经营，并对师生专业相关能力具有培养作用的企业及文化传承机构，宜开展专项合作。但因其规模较小、员工数量较少，可酌情放宽上述专业技术人员比例条件。

### 四、合作方式与内容

紧密围绕校企合作办学、合作育人、合作就业、合作发展主线，校企双方应共同探索和创新合作方式，不断丰富合作内涵，注重合作效果，提高合作水平。现阶段的主要合作方式和内容包括：

（一）共同培养应用型本科人才

积极联系区域内大中型企业，充分调动企业的行业背景和真实需求，对接相关专业，在招生前与企业签订联合办学协议，在录取时与学生、家长签订委培录用协议，录用时与学生综合测评成绩挂钩，实现招生和招工同步，实习与就业联体，校企双方联合制定培养应用型本科人才的标准和要求。

积极聘请行业、企业技术和管理专家、能工巧匠担任课程主讲教师，在依据《课程标准》传授知识和能力的同时，将技术和管理经验、企业文化潜移默化地传递给学生，对于有效改善培养与需求的关系，缩短学生入职后的岗位适应期具有积极意义。据此，在各个教学环节实施过程中，来自行业、企业的兼职教师人数应逐步达到实际投入授课教师人数的1/3，力争达到1/2。原则上，专业人才培养方案中规定的职业认知课、就业指导课、专业技能（技术）课、集中（生产）性实训课等课程学时数总和的50%以上应由行业企业专家主讲完成；顶岗实习指导教师一般应以行业企业专业技术人员和管理人员为主；除特殊需要外，上述职业认知课、就业指导课和部分在企业完成的生产性实训课、顶岗实习课均应在特色学院所针对的滇西特色产业相关企业实施完成，促进教学过程的"本土化"和针对性。

（二）共同构建专业设置与课程体系

1．共建专业设置：在校企共同分析研究特色产业及其产业链人才需求的基础上，灵活设置和调整专业及专业方向，真正实现专业与产业紧密对接。分析产业技术环节或岗位所需基本知识和能力需求以及行业企业标准，并以此为依据确定专业核心能力，制定人才培养目标。

2．共同制定课程体系：以人才培养目标为导向，共同制定课程体系。课程体系是为实现专业人才培养目标而构建的，应紧紧围绕培养目标中专业理论知识和能力培养的需要，并按照基于工作过程系统化、项目化、情景导向等工学结合方式设计课程体系，有效支撑学生最基本、最必需的专业能力培养，实现教学内容与行业企业职业标准对接。

3．共同开发课程：由行业、企业专家和滇西大总部及其特色学院的教师组成课程开发团队，对于学生专业能力培养具有直接意义的职业认知课、专业技能（技术）课、仿真（集中）综合性实训课、生产性实训课、顶岗实习等课程均应与行业企业共同开发，并将职业岗位知识和能力培养需求集中体现在各类课程的《课程标准》之中。专业技术技能课、实践课开发团队负责人最好由与课程相关的企业高级专业技术人员、企业中层及以上管理人员或高技能人员担任，以便更好地将行业企业的需求贯穿于课程之中。同时，要重视针对滇西扶贫攻坚和民族民间文化传承事业需要的相关教学内容开发，并将其融入课程。

依据《课程标准》，校企双方应进一步合作开发各种教材、电子教案、教辅材料和其他课程资源。

（三）共同建设教学实践基地（实验实习实训场所）

实验实习实训条件主要包括：基于课程教学和实践训练活动需要的各种校内外基础性实验室、专业基础实验室、专业技能（技术）实训室（场），以及企业教学实训基地、顶岗实习基地等实践教学条件保障体系。这个体系支撑着从简单到复杂、从基础实验到专业实训、从单项能力训练到综合性专业能力提高、从教学性实践到生产性"实战"的学生能力递进培养过程。

在实验实习实训条件建设中，由于行业企业面向生产经营一线，最熟悉生产技术及管理过程和要求，最了解人才能力需求。因此，应充分尊重行业企业专家的意见，积极与行业企业合作，并通过以下方面的合作，完善能够有效支撑应用型人才培养的实践教学条件体系建设：

1. 合作建设校内专业技能（技术）训练和生产性实训设施。根据实习实训教学需要，并按照"校中厂"建设要求，从设施建设规划、项目立项和方案设计到仪器设备选型、主要技术参数确定、运行管理模式等方面，邀请行业企业专家参与咨询、研究和论证，直接听取行业企业的意见和建议，确保此类实习实训设施建设的生产性和针对性。

根据技能教学需要，积极引进企业技能大师进校，建立"技能大师工作室"，充分发挥其在师生技能培养中的作用。

2. 合作建设企业教学实践基地（实验实习实训场所）。根据专业和课程教学要求，充分利用企业生产技术资源，并按照"厂中校"建设的要求，将教学性实践基地建在企业生产现场，使教学活动更加贴近实际工作过程和要求，以满足学生能力训练的需要。基地除生产性场所外，还应具备可供师生讨论、交流的教学场所和设施。原则上，每个专业应在企业建立 2 ～ 3 个教学性实习实训基地。

3. 顶岗实习是人才培养的重要教学环节，是进一步提升毕业生专业能力和职业能力，促进就业的必要手段和途径。而顶岗实习活动的实现，是基于能够满足学生职业能力训练需要的较为稳定的企业顶岗实习基地。校企双方应在充分研究的基础上，针对学生职业能力培养要求，合作建设顶岗实习基地。在顶岗实习基地建设中，必须将专业培养的能力标准与企业职业岗位及其工作任务要求结合起来，由双方共同制定顶岗实习方案、标准、管理制度和考核办法，并组织实施。在顶岗实习过程中，由企业提供实习岗位，并对学生进行具体的实习指导、管理和评价，学校将企业考核和评价的结果记入学生学业档案，作为毕业的重要依据。

学生参加顶岗实习，必须与企业签订"实习协议书"，明确工作任务要求、安全生产责任、薪酬待遇等事项。学生在完成工作任务，并满足协议书各项要求的前提下，由企业为学生提供必要的实习工资，可在实习期满时给予优先录用。顶岗实习期可冲抵学生本企业的试用期。

4．制定优惠政策，吸引行业企业投资，共同建立生产经营实体，实行双方共同管理。合作采用股份制形式，在"共建协议"和《章程》的框架下独立运作。学校可利用土地、房产、仪器设备等固定资产和技术成果作价参股，原则上不进行资金投入。实体应进行工商注册和税务登记，取得市场法律主体地位，并实行自主经营、自负盈亏、自行管理、自我发展的管理方式和运行机制。将人才培养或技术成果推广功能融入该生产经营实体日常生产经营活动。

（四）共同建设"双师双能型"教学团队

不断探索通过与行业企业合作，共同开展师资队伍建设的新路子。

1．行业企业和学校是师资队伍建设的主体，双方应在深化合作的同时，共同制定师资队伍建设和培训方案，并着重在培训目标、内容、方式和体制机制等方面寻求创新。

2．与企业共建"双师双能型"教师培训基地。充分利用企业资源和优势，有针对性地开展对教师职业思想、专业及管理能力、工艺技能等培训和实践锻炼，增强教师实际工作感受，提升教师"双师素质"和实践能力。行业企业是实施"双师双能型"教师培训和教师实践锻炼指导的主体，每个特色学院应与行业企业共建至少一个"双师双能型"教师培训基地。

有计划地对企业兼职教师实施高等教育学、教育心理学等理论和教学业务能力培训，逐步提高兼职教师教学业务能力和水平。

3．积极建立企业技术及管理人员与学校骨干教师相互兼职制度。鼓励滇西大总部及其特色学院教师到企业兼职或挂职，承担具体生产技术工作或管理工作，同时也为改进企业生产技术和管理服务献计献策。原则上，滇西大总部及其特色学院选派到企业兼职或挂职的人数应保持在在职教师和管理人员总数的5%左右。与此同时，要千方百计吸引企业具备条件的专业技术和管理人员到学校兼任院（系）领导、辅导员、班主任等职务。通过建立相互兼职制度，可强化校企双方人员的交流与融合，提高教师和管理人员业务能力和水平。双方人员相互挂职或兼职时间一般不少于6个月。

4．适当降低企业兼职教师学历、职称等基本准入条件，以便吸引更多兼职教师参与各特色学院教学工作。但企业兼职教师至少应具有国民教育相关专业本科学历，并从事与本专业相关实际工作3年以上；或具备本专业中级及以上专业技术职务和技师职务；或企业中层及以上管理人员；或具有行业授予的"大师""名师"称号。

（五）合作开展技术研发

发挥行业企业专业技术人员和学校专业师资优势，并按照产学研合作模式，与行业企业合作建立"应用技术研究院"或技术研发中心。围绕滇西特色产业发展需要，特别要针对关键技术和先进工艺实施攻关，共同开展新产品开发、技术成果转化和技术改造，促进企业技术升级。同时，将技术及产品研发成果转化或融入课程，提高学生技术开发研究能力，以及新技术、新工艺的运用与推广能力。

（六）共同实施课程考核

实施课程考核与评价是检验课程开发与建设水平、教师教学效果和学生学习效果、激励学生学习的有效手段之一。因此，应积极构建学习效果和职业能力为导向的第三方学业考核与评价机制，将行业标准和企业需要融入考核之中，建立行业企业评价系统，来评价教学效果。要主动邀请行业企业专家介入课程考核方案及试题拟定、考核方式选择，参与考核过程、成绩评定和试题库建设等活动。通过这一教学评价活动，让企业了解教师教学和学生学习情况，反馈对课程建设和教学工作的意见、建议，为进一步深化课程改革、优化教学内容、改善课程实施过程与方式、提高人才培养的针对性和实用性提供依据。

**五、保障措施**

为在实践中进一步优化校企合作模式，逐步探索和构建"政府主导、行业指导、企业参与"的办学机制，深化校企合作，确保校企合作工作的健康开展，应采取如下主要措施：

（一）加强对校企合作的领导

各特色学院及其举办方应主动争取当地政府支持，发挥政府在校企合作工作中的主导作用，要通过争取政府政策引导、制度设计、考核激励等方式，切实加强对校企合作工作的领导，引导校企合作关系向更广、更高的层次发展，促进校企合作持续、健康开展。

（二）制定目标规划

在制订学校和特色学院发展规划、专业规划、教师培训规划、年度计划时，要结合学校和专业门类实际，将校企合作办学作为重要目标，并在共同培养应用型本科人才、构建专业设置和课程体系、建设教学实践基地（实验实习实训场所）、建设"双师双能型"教师团队、开展技术研究和实施课程考核方面制定不同层次的、更加紧密的校企合作的有效措施，努力实现建设一所与区域特色优势产业深度融合，高起点、高标准、高水平的新型应用技术大学。

（三）构建校企合作体制机制

1. 构建"两委会"合作平台

从我国职业教育改革发展现状和趋势出发，并借鉴德国、瑞士等先进国家和世界银行职业教育项目实施的经验，要使校企合作、产教融合真正落到实处，就必须在政府主导下，建立由行业、企业、科研院所和学校共同参与的校企合作委员会（或理事会）和专业教学指导委员会（下称"两委会"）合作平台，以便实现学校与行业企业平等交流与对话，共同研究、解决人才培养的相关问题。

"两委会"委员由具有较丰富的行业企业实际工作和管理经历、熟知企业岗位技术和管理要求的企业技术、管理（包括人力资源管理）专家代表和熟悉高等教育，特别是对应用技术教育有较深造诣的高校代表以及科研院所的代表组成。在"两委会"委员中，行业企业及科研院所的代表人数应占 50% 以上。

校企合作委员会按行业设立，每个特色学院原则上设立一个。除由上述代表组成外，还应该有政府及有关部门的代表参加（但不超过 3 人）。该委员会委员人数一般为 19 ~ 21 人。其主要职责是：咨询、审议特色学院专业发展、师资队伍建设和校企合作规划；审查专业人才培养方案、专业课程标准和教材编写提纲；实施教学管理和教学成果评价；制定学生毕业能力标准。

专业教学指导委员会按专业设立，一般由 9 ~ 11 名专业技术专家委员组成。其主要职责是：组织人才需求调研；编制专业人才培养方案和课程标准；根据《课程标准》，编制课程建设、专业实验实习实训设施建设方案；编制专业教材编写提纲，并组织编写教材；对专业教学过程实施监督；实施专业技能课和集中实训课课堂教学评价及学生学业成绩考核与评价。

各特色学院要根据上述要求并结合自身特点，进一步完善"两委会"组建和《章程》以及内部机构设置。《章程》必须经"两委会"认真协商、讨论并表决通过，并以《章程》为基础，细化、优化"两委会"工作职责和运行管理机制。

2. 建立校企对话、交流制度，逐步健全校企日常对话机制，及时沟通、磋商校企合作和教学工作过程中存在的各种问题。这种沟通必须是经常性的，既可以是校企合作制度层面上的问题，也可以是某些专题问题；既可以是校企双方高层次的对话与沟通，也可以是双方相关人员沟通与交流。通过校企对话、交流，保持双方联系，增进相互理解，解决彼此关切，为深化校企融合奠定良好的制度基础。

3. 完善校企合作协议。为深入开展校企合作办学，促进由"校企结合"向"校企融合"转变，滇西大总部及其特色学院应根据行业企业和专业的实际，与行业企业签订各种形式的合作协议书（合同书），将校企双方的合作关系用协议书的形式固定下来，以确保双方合作目标的稳定性和合作过程的持续性。协议书的主要内容包括：合作内容、合作方式、责权利关系、争议处理及违约责任、合作时限等相关问题。

（四）关注合作企业核心利益

为激发行业企业主动参与校企合作的内在动力，提高企业参与滇西大总部及其特色学院的教学建设和人才培养活动的积极性，提升合作双方的相互依存度，给企业带来实实在在的好处，使校企合作真正落到实处，实现合作的可持续性，滇西大总部及其特色学院应主动关注合作办学企业的核心利益，切实为企业着想，为行业企业办好事、办实事，提高企业参与合作办学的价值，改善特色学院对企业的单向依赖。为此，应主动做好以下工作：

1. 基于滇西特色产业现有人才不足、技术水平落后的状况，在强化应用型高学历人才培养的同时，积极开展企业职工专业理论和技能培训，为优化企业人力资源增量和存量、降低人力资源再教育成本、提高劳动生产率提供服务。

2. 充分利用滇西大自身人才和整合省内外高校科技资源及研发优势，为企业提供技术和成果孵化、技术服务，促进企业技术升级和可持续发展。

3. 在校企双方共同实施教学过程中，企业所发生的教师课时费、师生差旅费、交通费、实习材料费等直接费用，应本着协商一致、合理分担的原则，由滇西大总部及其特色学院支付给企业。

4. 积极配合企业争取和落实国家及云南省支持职业教育发展的有关政策。在企业税收优惠、地方教育附加费支持、职工培训费提取、校企合作专项项目立项等方面与企业通力合作，切实维护企业的合法权益。


## 附录2：滇西应用技术大学本科学生实践教学指导性意见（试行）

实践教学（包含实习、实训）是应用型人才培养计划的重要内容，是培养学生实践工作能力、独立工作能力和理论联系实际能力、适应社会能力的重要实践性教学环节。为了规范并做好实践教学工作，提高教学质量，结合学校实际情况和人才培养的特色，特制定本意见。

## 一、实践教学的范围和形式

实践教学的范围包括：专业认知实习、课程实习、生产实习、专业实习、顶岗实习、毕业实习、社会实践、职业资格认证培训等各类实习及实践环节。

在满足实践教学要求的基础上，根据专业性质的不同以及设备、师资等条件，可采取校内实践和校外实践、集中实践和分散实践（自主联系实践基地）、单项实践和综合实践等方式进行。集中实践方式，即以班级为单位集中进行实践。分组实践方式，即将班级分为若干小组分散进行实践。学生自主实践方式，即由学生自己联系实践基地，利用教学计划中规定的时间或假期进行实践。

几种实践方式相结合的实践方式，如由各特色学院统一组织实践与学生自主实践相结合的形式。校内与校外结合的实践方式，根据专业特点和实践场所情况，还可以采取校内外相结合进行生产实践。

无论采用何种实践形式，都要满足实践教学大纲（或课程标准）要求，保证实践质量。特别是对于分组实践和学生自主实践方式，各特色学院要加强组织管理，严格实践要求，严格实践过程中的安全教育与管理工作，做好质量监控并保证实践经费的合理使用。

## 二、实践教学的目的和要求

实践教学的目的和要求在于通过实践，让学生更加了解社会，了解国情，接触实际，拓宽视野；进一步增强学生对本专业的认识和了解，加强职业素养，增强学生的事业心和责任感；培养学生运用所学知识分析和解决实际问题的能力，不断提高学生的综合技能和创新能力，并为今后走向社会积累初步的工作经验。

## 三、实践教学的组织管理

（一）特色学院职责

1. 负责制定和修订实践教学管理相关文件。

2. 根据各专业培养方案，下达实践教学任务书。

3. 审核各专业实践报表及实践实施计划。

4. 负责实践经费的预算、使用和审核。

5. 协调相关部室和特色学院做好实践教学工作。

6. 定期检查实践教学运行情况，定期组织召开实践教学工作经验交流及表彰会。

（二）实践教学负责人职责

1. 组织实践教学大纲（或课程标准）的制定、汇总和编辑出版。

2. 负责实践教学平台的建设。

3. 协助特色学院做好实践基地的联系、协调及后续的巩固、建设、签订实践协议等工作。

4. 协助特色学院做好实践教学执行情况的检查工作。

（三）各专业负责人职责

1. 根据专业培养目标的要求，制定或修订实践教学大纲（或课程标准）和实践教学指导书。

2. 负责选聘、落实指导教师，制订实践实施计划。

3. 负责选定实践地点，与校外实践基地就学生实践实施计划、安全工作进行协调沟通，制订安全管理方案，督促指导教师完成相关安全协议的签订。根据政策要求购买校外实践教学期间学生人身意外伤害保险等。

4. 检查实践队伍的实践准备工作、安全动员和实践实施计划执行情况，加强实践质量检查。

5. 负责收集、整理、审查各专业实践教学资料并立卷交特色学院档案室存档。

6. 负责专业实践基地的联系和建设工作。

7. 在特色学院下达的实践经费总额内，专业负责人根据实践的性质审批和调控实践经费使用额度。

8. 配合特色学院做好实践工作经验交流及表彰工作。

（四）实践指导教师职责

1. 全面具体负责实践教学工作和学生安全等日常管理工作，并按实践教学大纲（或课程标准）要求，完成实践教学指导任务。

2. 认真做好实践前的准备工作，校外实践需提前到实践基地了解熟悉工作与实践环境情况，会同实践基地负责人根据实践教学大纲（或课程标准）要求拟定实践实施计划和实践教学指导书。

3. 实践前做好学生的思想动员工作，负责向学生介绍实践基地的基本情况和实践计划，组织学生学习，明确实践的目的和重要性。向学生提出实践纪律要求，重点做好学生的安全教育工作，完成相关安全协议的签订。

4. 具体组织实施实践教学计划。组织学生收集资料、参观实践基地、现场教学；请实践基地技术人员做报告、举办讲座、解答学生提出的问题；组织学生进行阶段小结，交流实践经验；还应向学生布置一定量的作业或思考题，及时检查学生的实践笔记，批阅实践作业并指导学生完成实践报告。

5. 负责与实践基地的沟通与联系，协调特色学院与实践基地之间的关系，发现问题应及时处理和上报。

6. 指导教师要重视学生的思想教育工作，教育学生遵守实践基地的各项规章制度及实践纪律；对严重违纪且教育无效者要及时处理，直至停止其实践，同时及时向特色学院汇报以便做出处理。

7. 实践结束后，指导教师要认真审核、评阅学生的实践报告，考核学生的实践成绩并提交实践总结。

（五）班主任职责

1. 协助专业负责人和指导教师做好学生实践前的动员准备工作。

2. 协助指导教师做好学生的思想教育工作和安全教育工作。

3. 及时了解和掌握学生的思想动态，协调解决实践期间出现的其他问题。

## 四、实践教学大纲（或课程标准）、实践教学实施计划和实践教学指导书

实践教学大纲（或课程标准）是实践教学的指导性文件，是组织与检查实践教学的主要文件和依据。实践教学大纲（或课程标准）须根据本专业的培养目标和教学计划要求制定，经特色学院审核批准，报教学建设与规划部备案，实践前应将实践教学大纲（或课程标准）下发给指导教师。

实践教学大纲主要包括：（1）实践教学的性质、目的与任务；（2）实践教学的基本要求；（3）实践教学内容（含实践地点、教学内容、教学方式、时间安排等）；（4）考核方式（成绩考核办法和考核标准）；（5）主要参考资料（含教材及指导书）；（6）实践教学建议。

实践课程标准主要包括：（1）概述（课程性质、基本概念、设计思路）；（2）课程目标（总目标、具体目标）；（3）内容标准与要求（教学目标、教学安排、教学评价、知识要点、技能要点、学时分配）；（4）实施建议（教学建议、考核评价建议、教材编写建议、实践设备配置建议、课程资源开发与利用建议、实践基地建设）。

实践教学实施计划是根据实践教学大纲（或课程标准）的要求，结合实践场所和实践条件具体组织落实实践教学方案。主要包括：（1）实践日程安排；（2）实践项目具体内容；（3）实践指导教师；（4）参观的项目；（5）讨论的

课题或答疑问题。

实践教学指导书要根据实践教学大纲（或课程标准）的要求编写。为提高实践教学效果，各特色学院必须安排相应教师进行实践教学指导书的编写，详细说明实践教学要求和完成实践教学大纲（或课程标准）规定内容的办法，并在实践教学开始前下发给学生。实践教学指导书应全面反映实践环节的教学要求和教学内容，以便学生能够自主开展学习；实践教学指导书还应包括思考题、作业等内容，有利于启发学生的思维，培养学生主动学习的意识。

### 五、实践场所的选择

根据实践目的和要求，在满足实践教学大纲（或课程标准）的基本要求、保证实践质量的前提下，就近就地安排。

凡有条件在校内开展实践教学的专业，统一安排在校内实践，同时可根据实践教学要求安排一定时间到校外实践基地进行实践或参观，以便学生更好地了解社会，接触生产实际。

已建立有校外实践基地的专业，要优先选择到实践基地进行实践。本着"就近就地、相对稳定、专业对口、任务饱满、勤俭节约"的原则，选择具有较好社会声誉和经济效益、生产较正常、设备工艺较先进、管理水平较高、对学生实践较重视且具有一定组织指导学生实践经验的企事业基地作为实践基地。根据实践教学需要，部分专业的部分实践教学课程也可安排在省外进行，但必须报请各特色学院主管教学院长批准；未建立实践基地或因各种原因不能到指定实践基地进行实践的专业，在实践经费允许范围内，优先选择品种齐全、设备技术先进、规模较大、管理水平较高、生产正常、实践条件较好的基地进行。

实践教学基地（实验实习实训场所）的选择应满足实践教学大纲（或课程标准）的要求并力求相对稳定，提倡和鼓励各专业与选定的实践教学基地（实验实习实训场所）长期挂钩，互利合作。

### 六、实践教学组织运行程序

各特色学院按学期下达实践任务，由实践教学专业负责人安排实践指导教师后报教学规划与建设部审核。教学建设与规划部汇总实践计划报表，经主管教学院长批准后执行。

整个实践教学运行分为三个阶段：实践教学准备阶段、实践教学实施阶段和实践教学结束阶段。

（一）实践教学准备阶段需完成以下工作

1. 实践教学指导教师一般在上一学期末接受实践教学任务。教师在接受任务后，应着手联系和选定实践地点。

2. 确因特殊原因，需变更实践计划的专业，所在特色学院必须于下达实践教学任务之前书面说明原因，经主管教学院长批准，报教学建设与规划部备案。

3. 实践教学指导教师根据《实践教学大纲（或课程标准）》完成本次《实践教学实施计划》以及《实践教学指导书》，同时把《实践教学大纲（或课程标准）》《实践教学实施计划》送达接受实践基地，与接受实践的有关部门和人员共同商讨，完善实施计划，交由各特色学院主管教学院长审批后，方可进行下一步工作。对无《实践教学大纲（或课程标准）》《实践教学实施计划》和《实践教学指导书》的课程，特色学院将不予划拨实践经费。

4. 实践教学指导教师将由专业负责人审核签字的《实践教学大纲（或课程标准）》《实践教学实施计划》和《实践教学指导书》交教学建设与规划部审核后，即可填写《实践经费申请表》，由专业负责人和主管教学院长签字后借支实践经费。

5. 对于校外进行的实践课程，在实践开始之前学生需与所在特色学院签订《××学院学生校外实践安全责任书》，对拒绝签订的学生取消外出实践资格。

6. 对于由几个学生组成一个小组或者单个学生外出实践，且没有安排带队教师同行的情况，专业负责人必须指定指导教师，指导教师要经常与外出学生联系，指导学生的学习和管理学生的安全。由指导教师和学生提出书面申请，专业负责人审查并代表特色学院与接受实践的基地签订《××学院学生校外独立实践协议书》后，方能批准学生外出进行实践工作。

（二）实践教学实施阶段需完成以下工作

1. 在实践动员时，指导教师应集中学生统一进行思想动员和安全教育，组织学生学习实践教学大纲（或课程标准），明确实践的目的和重要性，并向学生提出实践要求和分组情况。

2. 在实践开始时，学生必须明确自己所做实践的题目和要求，学生人手一份《实践教学实施计划》。

3. 指导教师必须按照《实践教学大纲（或课程标准）》《实践教学实施计划》以及《实践教学指导书》的要求严格指导实践。

4. 在实践过程中，指导教师须指导学生记录《实践笔记》所要求的内容，如：实践内容、感想、意见和建议等，并定期或不定期检查学生的《实践笔记》，指导学生完成实践报告，批阅实践作业、习题；督促学生保质保量完成实践，同时记录学生平时成绩。

（三）实践教学结束阶段需完成以下工作

1. 实践结束时，有条件的实践课程应组织公开答辩。答辩可以请校内外专家参加，专家须对答辩学生的成绩进行评定。每个学生的答辩必须有答辩记录。

2. 对于各特色学院经教学主管院长批准同意的由几个学生组成一个小组或单个学生外出实践的情况，实践结束时，实践基地需对学生实践情况做出鉴定，如实填写"滇西应用技术大学实践鉴定表"。

3. 实践结束后，指导教师要认真审核、评阅学生的实践成果（包括笔记、论文、报告、图纸等），加注评语并签署姓名、日期；考核学生的实践成绩，对学生成绩要有详细的评定。

4. 指导教师严格按照学生平时成绩、公开答辩成绩、实践成果成绩评定学生成绩，并写出实践总结；填写"实践情况汇总表"，交专业负责人审核批准。成绩登记表一式两份，一份交教学建设与规划部，一份装订于实践教学归档资料中。

5. 实践教学指导教师应填写清楚"实践情况汇总表"上所有内容，统一收集"实践情况汇总表"、学生成绩、实践总结报告和每个学生实践成果（包括笔记、论文、报告、图纸等），按专业、学号整理，经专业负责人或特色学院审查、整理、汇总后全套材料送交学院档案室保管。

6. 实践教学指导教师在实践结束后一个月内应完成实践经费报账手续，所报销经费由专业负责人、教学主管院长批准方可报账。

### 七、实践成绩的考核和管理

为提高实践质量，必须严格学生实践成绩的考核。按实践教学大纲（或课程标准）要求，学生必须完成实践的全部任务，并提交实践报告后方可参加实践考核。

实践成绩的考核，既要考核学生完成业务学习的情况，也要考核其在实践中的政治思想表现、学习态度和组织纪律等。实践成绩评定分为优秀、良好、中等、及格、不及格五个等级，并上报教学建设与规划部。

优秀：学生能很好地完成实践任务，达到实践教学大纲（或课程标准）中规定的全部要求，实践报告能对实践内容进行全面、系统总结，并能运用理论知识对某些问题加以分析。在考核时能比较圆满地回答问题，并有某些独到见解。实践态度端正，实践中无违纪行为发生。

良好：能较好地完成实践任务，达到实践教学大纲（或课程标准）中规定的全部要求，实践报告能对实践内容进行比较全面、系统的总结。考核时能比较圆满地回答问题。实践态度端正，实践中无违纪行为发生。

中等：学生达到实践教学大纲（或课程标准）中规定的主要要求，实践报告能对实践内容进行比较全面的总结，在考核时能正确地回答主要问题，实践态度端正，实践中无违纪行为发生。

及格：学生实践态度端正，完成了实践的主要任务，达到实践教学大纲（或课程标准）中规定的基本要求，能够完成实践报告，内容基本正确，但不够完整、系统，考核中能回答主要问题。实践中虽有一般违纪行为但能深刻认识，及时改正。

不及格：学生凡具备下列条件之一者，实践成绩考核为不及格。

1. 学生未达到实践教学大纲（或课程标准）规定的基本要求，实践报告马虎潦草，或内容有明显错误；考核时不能回答主要问题或有原则性错误。

2. 学生未参加实践的时间超过全部实践时间 1/3 以上。

3. 学生实践中有违纪行为，教育不改，或有严重违纪行为。

实践考核可采取评阅实践报告并结合实践态度、纪律考勤、实践笔记、个人作业、实践基地评语、笔试、口试答辩等多种方式综合评定。因病或其他特殊原因未参加实践或者参加了实践但成绩不及格者，必须重新实践。重新实践的安排由学生向所在特色学院提出申请，由特色学院协调重新实践学生实践的有关事宜。到毕业时仍未取得实践学分的学生，做结业处理。

## 八、实践教学过程中对学生的基本要求

1. 要严格按照实践教学大纲（或课程标准）、实践计划、实践教学指导书的要求，听从指导教师的指挥，圆满完成全部实践任务。

2. 逐日记好实践笔记，按时完成实践思考题、作业题和实践报告。

3. 严格遵守实践教学的各项规章制度，服从指导教师的安排；严格遵守实践基地的有关规定，遵章守纪；尊重实践基地的员工，虚心向实践基地的员工学习；主动参加实践基地的公益劳动及政治学习等集体活动。

4. 发扬吃苦耐劳、团结互助精神，维护学校声誉和当代大学生良好声誉。

5. 实践期间（包括节假日），学生离队须向指导教师请假，经批准后方可离队，对无故缺席者，实践成绩按不及格处理。

6. 自行外出实践的学生，应预先提出申请，经专业负责人和主管教学院长批准后，与实践基地商定实践日程安排，并接受实践指导教师的指导，接受必要的安全技术教育，签订《××学院学生校外独立实践协议书》后，方能自行外出实践。

7. 实践结束后，原则上应集体返校。如实践结束后为假期，由学生本人提出书面申请，经指导教师批准后方可就近回家。

8. 实践期间，因违反安全规则和实践纪律，造成自身财物损失或人身伤害等不良后果者，由本人负责；造成国家或他人财物损失、人身伤害等不良后果者，应承担相应的经济或法律责任；对违法违纪造成严重不良影响者，加重处分。

### 九、实践教学质量检查与评价

实践教学应建立和完善教学检查、督导机制，加强对实践教学环节的检查与督导工作。各特色学院每学期应组织实践教学质量检查与评价工作，对实践教学任务的执行情况进行重点抽查并对抽查结果进行记录、总结、上报，以便能够及时发现和解决问题，促进实践教学质量进一步提高。

各特色学院每学期应对实践教学进行学生评价。根据"滇西应用技术大学实践教学质量评价表"，对整个实践教学环节的各质量要素〔包括实践教学大纲（或课程标准）、实践教学实施计划、任务落实、专业知识、教学方法、实践记录及报告批改、改革创新等〕进行测评，并结合检查情况、实践基地鉴定情况和学生评价，进行评优和表彰。

实践教学开始前后一周，指导教师和专业负责人应提交以下实践教学文档资料：实践教学大纲（或课程标准）、实践教学实施计划、实践教学指导书。

实践教学结束后一周内，指导教师应提交以下实践教学文档资料：学生实践考勤表，成绩登记表，实践情况汇总表，学生实践笔记（校外实践），学生实践报告，与学生签订的校外安全协议书，与相关基地签订的实践协议书，学生参加实践教学环节中典型事迹的照片、图片及音像等资料，其他必有保留价值的实践文档资料。

### 十、附则

本意见自发文之日起施行，由教学建设与规划部负责解释。

## 附录3：滇西应用技术大学课程教学大纲管理规定（试行）

课程教学大纲是组织各环节课程教学活动、检查与监控教学过程、评价教学质量的主要依据和重要教学文件之一，制定教学大纲是课程建设的重要内容，是编写或选用教材、组织教学、进行课程教学质量评价和教学管理的主要依据。为进一步规范学校的课程教学大纲，特制定本规定。

### 一、制定原则

教学大纲要准确地贯彻人才培养方案所体现的教育思想和培养目标，遵循以下原则。

（一）理实一体

课程教学大纲的基础是学科专业的科学体系，既要保持学科专业体系自身的系统性与完整性，又要充分考虑实践情况，注重理论和实践、直观和抽象交替进行。除应规定理论教学及讲授环节外，还应对习题、实践教学、课程设计等环节有相应的要求，以恰当的比例规定在课程学时中。

（二）能力为本

教学大纲应规定学生必须掌握的基本理论、基本知识和基本技能的范围与要求。教学大纲应坚持以全面素质教育为依据，能力培养为主线，构建宽基础和重实践的知识结构体系，注重教学功能和目标的整体优化。

（三）实事求是

课程教学大纲所组成的课程体系既要反映学科专业体系要求，又要接受教学原则的制约，遵循由易到难、由简到繁、由浅入深、循序渐进的认识规律，使教学目标得以顺利实现。课程教学大纲对教学的基本要求应联系专业培养实际和学生学习实际，按照培养应用型人才培养规律，以学生通过正常努力可以达到的限度为准，同时根据学生能力的不同，明确教学基本内容、选修内容、自学内容的不同要求，以利于因材施教。

### 二、制定基本要求和程序

1. 专业培养方案内的课程均应编制教学大纲，教学大纲的课程名称、编码、学分、学时数（包括理论课和实验课）等要与教学计划中对应的内容完全一致。

2．教学大纲中，除由总部统一安排和负责的公共基础课程和公共选修课程外，其余课程均由各特色学院负责组织实施，教学大纲须以课程负责人为核心、任课教师为成员组成编写组进行编写，实践教学大纲由实践课程任课教师与实践指导教师共同编写。

3．特色学院专业课程教学大纲编写完成后，应由所属特色学院组织专业指导委员会或有关专家进行评审，经学院领导审批，报学校教学建设与规划部备案和编印。

4．既有实验实习实训又有理论的课程根据教学内容分别编写理论大纲和实验实习实训大纲，并标注为理实综合课大纲。

### 三、理论课教学大纲的编写要求

（一）课程简介

本课程的基本教学内容。

（二）课程教育目标

简要说明本课程的性质、对实现培养目标所起的作用；说明学生通过学习该课程后，在思想、知识和技能等方面应达到的目标。

（三）课程的教学内容和要求

1．分章、节（任务、情景）列出标题及主要教学内容。

2．对章（或节）（任务、情景）给出参考教学时数。

3．对每章（或节）（任务、情景）必须给出具体的教学要求，即学生对本章知识点应当达到的掌握、熟悉、了解等层次。

4．教学模式和具体教学中所采用的教学方法。

（四）课程考核和成绩评定

由电课程考核的形式和最终成绩构成。

（五）参考资料

资料名称、作者、出版社、出版时间、版次等应清晰、齐全、准确，还需提出使用各种教具和现代教学手段的指导性意见。

### 四、实验课教学大纲的编写要求

1．实验课教学大纲的编写要符合专业人才培养方案的要求，既要注重学生基本知识和基本能力的培养，又要力求在实验内容的更新与拓宽上有所突破，在实验的环节安排上有所创新，突出体现培养学生的动手能力、创新能力和创业精神的内容和措施。

2. 实验教学大纲要依据专业培养目标编写。实验课程名称与相应理论课程保持一致。

3. 所有实验课要单独编写实验教学大纲。

4. 要根据教学内容和课程体系改革要求，审定可开教学实验项目内容，对有些实验内容进行系统的优化组合，开设综合性、设计性实验。

5. 实验教学大纲内容包括课程说明、课程性质与任务、实验项目、实验报告要求、实验教材及参考资料等。

6. 实验类别：基础、专业基础、专业、科研、学生毕业设计（论文）、其他等。

7. 实验类型：演示性、验证性、综合性、设计性等。

### 五、实践课大纲（或课程标准）的编写要求

1. 实践课大纲（或课程标准）编写范围。

专业认知实习、课程实习、生产实习、专业实习、顶岗实习、毕业实习、社会实践、职业资格认证培训及其他实习和实践，大纲应体现科学性、前瞻性和可操作性。［与《滇西应用技术大学本科学生实践教学指导性意见》（试行）相结合］

2. 实践教学大纲主要内容

（1）实践教学的性质、目的与任务；

（2）实践教学的基本要求；

（3）实践教学内容（含实践地点、教学内容、教学方式、时间安排等）；

（4）实践教学考核方式（成绩考核办法和考核标准）；

（5）主要参考资料（含教材及指导书）；

（6）实践教学建议。

3. 实践课程主要标准

（1）概述（课程性质、基本概念、设计思路）；

（2）课程目标（总目标、具体目标）；

（3）内容标准与要求（教学目标、教学安排、教学评价、知识要点、技能要点、学时分配）；

（4）实施建议（教学建议、考核评价建议、教材编写建议、实践设备配置建议、课程资源开发与利用建议、实践基地建议）。

## 六、本规定自发文之日起施行，由教学建设与规划部负责解释

附件：1. 理论课教学大纲参考格式（略）

2. 实验课教学大纲参考格式（略）

3. 实践课教学大纲（或课程标准）参考格式（略）

# 附录4：滇西应用技术大学科研成果奖励办法（试行）

为促进学校科学研究工作的开展，营造良好的科学研究氛围，充分调动全校教职员工（包括合作办学行业企业领军人才、挂职干部、柔性引进人才等）从事科学研究工作的积极性与创造性，促进学校教学和科研水平的持续提升，更好地服务区域优势、特色产业，提高学校的学术声誉，特制定本办法。

## 一、科研成果奖励范围

本办法涉及的科研工作奖励范围包括：学校教职工每年度公开发表（不包括只有内部准印证的出版物或内部资料）的高水平科研论文；正式出版的著作、教材；承担和完成经国家、省（含部）、市级（含厅级）人民政府所属科研管理部门批复立项的科研项目和横向（委托）科研、技术服务项目；获得国家授权的发明创造成果（专利、软件成果）；专业的文学、艺术、体育类成果；决策咨询类成果、获奖的科研成果及其他经学校认定的科研工作任务。以上科研工作均应以"滇西应用技术大学"为第一署名单位，方属于登记和奖励的范围，对于仅署名个人的科研工作不登记、不奖励。学校教职工以非第一作者身份完成的科研工作，只进行登记不予兑奖。

## 二、科研成果奖励办法

（一）科研论文

1. 在国际学术权威期刊 *Nature*、*Science* 和 *Cell* 上发表的学术论文，每篇奖励50万元人民币。

2. 被 *SCI*（科学引文索引）和 *SSCI*（社会科学引文索引）检索的论文每篇奖励10 000元；发表在专业学术期刊上被 *EI*（工程索引）检索的论文每篇奖励10 000元；发表在国际学术会议集里被 *SCI*、*EI* 或 *ISTP*（国际科学与技术会议录索引）检索的论文每篇奖励5 000元。对于被 *SCI* 检索且在本学科领域影响因

子较高（源期刊在本学科期刊中排名前 20%）的论文，每篇奖励 20 000 元。

3. 发表在学校认定为一级学术期刊上的论文每篇奖励 5 000 元；被《新华文摘》《高等学校文科学术文摘》全文转载的论文每篇奖励 10 000 元，摘编的每篇奖励 5 000 元。

4. 被《中国人民大学复印报刊资料》全文转载的论文每篇奖励 2 500 元。

5. 在《中文核心期刊要目总览》（北京大学出版社）所列核心期刊上发表的论文每篇奖励 2 000 元；在 CSSCI 来源期刊上发表的论文每篇奖励 2 000 元；在 CSSCI 来源期刊扩展版上发表的论文每篇奖励 1 000 元。

6. 在国际学术期刊上发表的学术论文，每篇奖励 2 000 元，在国际学术会议论文集公开发表的科研论文，每篇奖励 1 500 元。

（二）著作、教材

1. 学术专著以学校认定的出版社级别核定奖励。出版社按级别分为 A 类、B 类。专著奖励金额具体如下表所示（译著 80%）。

| 出版社级别 | 奖励金额（人民币） |
| --- | --- |
| A 类 | 15000 元 / 部 |
| B 类 | 10000 元 / 部 |

2. 国家级规划教材（以教育部认定为准）每部奖励 6 000 元。

3. 编著及普通教材每部奖励 3 000 元，奖励对象为第一主编。

（三）科研项目

1. 纵向项目立项奖

（1）获国家自然科学基金和社科基金项目立项，每项奖励 10 000 元。

（2）获省部级项目立项，每项奖励 2 000 元。

2. 纵向项目结题（验收）或鉴定奖

（1）国家自然科学基金和社科基金项目，奖励资助经费的 20%。

（2）省、部级科研项目：每项奖励 6 000 元。

以上予以奖励的项目为按时结题（验收）或鉴定的科研项目。延期 1 年只按 50% 奖励，延期 1 年以上不奖励。

3. 横向科研项目奖

承担的横向（委托）科研项目或技术服务项目，按科研经费实际到账金额的 15% 进行奖励。

（四）发明创造成果

1. 获国家发明专利，每项奖励 15 000 元；获国家实用新型专利，每项奖励 3 000 元；获国家外观设计专利，每项奖励 2 000 元。

2. 获得国家软件著作权证书第一著作权人奖励 5 000 元。

3. 公开发表、出版或公认的标志性的艺术创作作品（如大型油画、浮雕、雕塑等）奖励 2 000 元～4 000 元（具体级别由学校组织学科组专家认定）。

（五）文学、艺术、体育类成果

1. 文学创作作品（小说、诗歌、散文等）

单篇作品发表在国家级刊物上，每篇奖励 500 元，发表在省级刊物上，每篇奖励 300 元。发表（出版）的个人作品集（小说）、集体作品集每部奖励 1 500 元。

2. 美术作品

（1）参加国家级（由中宣部、文化部、教育部等主办）的专业美术展览，获一等奖（或金奖）奖励 10 000 元，获二等奖（或银奖）奖励 6 000 元，获三等奖（或铜奖）奖励 4 000 元，获优秀奖奖励 2 000 元。

（2）参加中国美术家协会的美术展览，获一等奖（或金奖）奖励 5000 元；获二等奖（或银奖）奖励 4 000 元，获三等奖（或铜奖）奖励 3 000 元，获优秀奖奖励 1 500 元，参展奖励 500 元。

（3）参加由省委宣传部、文化厅、教育厅主办的专业美术展览，获一等奖（或金奖）奖励 3 000 元，获二等奖（或银奖）奖励 2 000 元，获三等奖（或铜奖）奖励 1 500 元，获优秀奖奖励 1 000 元，参展奖励 200 元。

（4）参加省美术家协会主办的美术展览，获一等奖（或金奖）奖励 2 000 元，获二等奖（或银奖）奖励 1 500 元，获三等奖（或铜奖）奖励 1 000 元，获优秀奖奖励 500 元。

（5）被国家美术馆或博物馆收藏的作品奖励 10 000 元，被省美术馆或博物馆收藏的作品奖励 5 000 元，由中国美术家协会主办的个人画展奖励 10 000 元，由省美术家协会主办的个人画展奖励 5 000 元。

（6）公开出版 20 页以上的个人画册，奖励 1 500 元。

（7）在公开发行专业期刊上发表的美术作品，每幅奖励 200 元。

3. 音乐、舞蹈成果

（1）参加国家级（由中宣部、广电部、文化部、教育部等主办）的音乐、舞蹈比赛，获一等奖（或金奖）奖励 10 000 元，获二等奖（或银奖）奖励 6 000 元，获三等奖（或铜奖）奖励 4 000 元，获优秀奖奖励 2 000 元。

（2）参加中国音乐家协会主办的音乐、舞蹈比赛，获一等奖（或金奖）奖励 5 000 元，获二等奖（或银奖）奖励 4 000 元，获三等奖（或铜奖）奖励 3 000 元，获优秀奖奖励 1 500 元。

（3）参加由省委宣传部，省广电局、文化厅、教育厅主办的音乐、舞蹈比赛，获一等奖（或金奖）奖励 3 000 元，获二等奖（或银奖）奖励 2 000 元，获三等奖（或铜奖）奖励 1 500 元，获优秀奖奖励 1 000 元。

（4）参加省音乐家协会主办的音乐、舞蹈比赛，获一等奖（或金奖）奖励 2 000 元，获二等奖（或银奖）奖励 1 500 元，获三等奖（或铜奖）奖励 1 000 元，获优秀奖奖励 500 元。

（5）举办国家级个人专场音乐会的奖励 10 000 元，举办省级个人专场音乐会的奖励 5 000 元。

（6）公开出版个人创作歌曲集 20 首以上奖励 1 500 元。

（7）在公开发行专业期刊上发表的音乐作品，每件作品奖励 200 元。

4．体育比赛奖

（1）参加国家体育总局组织的体育比赛（含大运会），获单项第一名奖励 10 000 元，第二名奖励 5 000 元，第三名奖励 3 000 元。

（2）参加省体育局组织的体育比赛（含大运会），获单项第一名奖励 3 000 元，第二名奖励 2 000 元，第三名奖励 1 000 元。

（六）决策咨询类成果

1．被国家级政府部门采用的科研成果、咨询报告等奖励 10 000 元。

2．被省级政府部门采用的科研成果、咨询报告等奖励 5 000 元。

3．被州市级政府部门采用的科研成果、咨询报告等奖励 3 000 元。

4．被县级政府部门采用的科研成果、咨询报告奖励 2 000 元。

以上均应有政府部门采用该项成果的书面证明文件。

（七）获奖的科研成果

1．获国家级科技类优秀成果奖、国家哲学社会科学优秀成果奖，按其所获奖金额 1:1 进行奖励。

2．获部级科技类优秀成果奖、部级哲学社会科学优秀成果奖，按其所获奖金额 1:0.9 进行奖励。

3．获省级科技类优秀成果奖、省级哲学社会科学优秀成果奖，按其所获奖金额 1:0.8 进行奖励。

4．获厅、市级优秀成果奖，按其所获奖金额 1:0.6 进行奖励。

获奖登记范围为政府奖，不含协会、学会奖（音协、美协奖作为特例予以奖励）。

### 三、科研成果奖励程序

1. 科研成果登记核定的时间范围为每年 9 月 1 日至次年 8 月 31 日，当年 10 月份发文进行科研成果申报登记，次年 3 月以前颁奖。

2. 各部门、各特色学院（研究院、所、中心等）按照本办法认真填报滇西应用技术大学科研成果登记表，并将相应的成果证明材料附件收齐后，由部门、特色学院（研究院、所、中心等）审核后主要负责人签署意见上报教学建设与规划部复核，经主管科研的副校长审核后进行公示。

3. 对科研成果认定的级别或层次有疑义时，个人可以进行申辩，不能达成一致意见的提交校学术委员会审定。

4. 年度科研成果奖励方案经校长办公会研究通过后予以执行。

### 四、其他事项

1. 已奖励过的著作或教材的再版或出修订版时不再奖励。

2. 同一项成果经学校计奖后又获更高级别奖项的，按本办法规定的最高奖励档次计奖，不重复计奖。

3. 因论文被转载、摘录、索引而导致论文级别发生变化的，按其最高级别奖励，不重复计奖。

4. 获得学校资助出版的专著、编著、教材及文艺作品不再奖励；获得学校资助的演出、展览、竞赛活动等均不再奖励。

5. 获得上级部门立项但由学校自筹经费的项目不予奖励。

6. 获奖成果以政府部门颁发的获奖证书为认定标准。

7. 核心期刊学校认定标准为《中文核心期刊要目总览》（北京大学出版社）、CSSCI 来源期刊以《CSSCI 中文社会科学引文索引来源期刊目录》（南京大学中国社会科学研究评价中心）为准。

8. 对专利权、软件著作权属于滇西应用技术大学的各类专利予以登记奖励，专利权、软件著作权属于个人的不在登记奖励范围。

9. 各类教辅材料不登记、不奖励。

10. 发表在各级各类学报增刊、特刊、专辑上的论文及在国内专业学术会议论文集上发表的学术论文，一律不予奖励。

本办法自发文之日起施行，由教学建设与规划部负责解释。

# 参考文献

［1］阙明坤，张韦韦. 应用技术大学：地方高校"升级版"？［J］. 教育与职业，2014（7）.

［2］何金平，邹平，杨丽宏，徐延宇. 试点探索建设应用技术大学［J］. 中国高等教育，2014（10）.

［3］关剑. 德国代根多夫应用技术大学培训学习心得［J］. 科技与企业，2014（3）.

［4］张庆奎. 建设应用技术大学的战略思考——基于常熟理工学院的办学探索［J］. 常熟理工学院学报，2014（3）.

［5］王志军. 就业质量视域下高校专业设置问题及其审视——基于"应用技术大学（学院）联盟"中34所院校的分析［J］. 黑龙江高教研究，2014（4）.

［6］李建忠. 芬兰应用技术大学办学特色与经验［J］. 大学：学术版，2014（2）.

［7］林尉天，刘晓保. 试论应用技术大学的学科建设之路——以上海某高校为例［J］. 职业技术教育，2014（7）.

［8］张洪芬. 新时期应用技术大学建设与思考［J］. 邮政研究，2014（3）.

［9］乔鹏亮. 应用技术大学经管类学生创新创业体系研究［J］. 钦州学院学报，2014（5）.

［10］张君诚，许明春. 地方本科院校向应用技术大学转型"三落实"研究［J］. 三明学院学报，2014（3）.

［11］马陆亭. 应用技术大学建设的若干思考［J］. 中国高等教育，2014（10）.

［12］刘娜. "应用技术大学改革试点战略"背景下商务英语人才培养的定位与发展［J］. 兰州教育学院学报，2014（3）.

［13］孟庆国. 应用技术大学办学现实性与特色分析［J］. 职业技术教育，

2014（10）.

　　［14］刘海峰，顾永安. 我国应用技术大学战略改革与人才培养要素转型［J］. 职业技术教育，2014（10）.

　　［15］李玉静. 走有中国特色的应用技术大学发展之路［J］. 职业技术教育，2014（10）.

　　［16］王维坤，温涛. 应用技术大学：新建本科院校转型发展的现状、动因与路径［J］. 现代教育管理，2014（7）.

　　［17］杨睿宇，马箫. 浅议应用技术大学"双师型"教师［J］. 2014（4）.

　　［18］赵帅，杨增俊，刘建华. 我国应用技术大学建设与发展的路径分析［J］. 管理观察，2014（19）.

　　［19］黎永壹. 应用技术大学转型中计算机专业教学模式改革的研究［J］. 大学教育，2014（11）.

　　［20］夏平. 德国应用技术大学教育的特色和对我国高等职业教育的启示［J］. 成都纺织高等专科学校学报，2014（3）.

　　［21］孙诚，杜云英. 欧洲应用技术大学的发展思路［J］. 中国高等教育，2014（12）.

　　［22］王文达，吕炜，刘鸫根. 现代职教体系下高职教育的发展定位与路径选择［J］. 职业技术教育，2014（16）.

　　［23］曲一帆，史薇. 中国应用技术大学路向何方——基于英国与芬兰多科技术学院不同发展路径的比较研究［J］. 清华大学教育研究，2014（4）.

　　［24］陈大广. 应用技术大学图书馆建设思考——以南宁学院图书馆为例［J］. 大学图书馆学报，2014（3）.

　　［25］龚斌，熊拯. 应用技术大学背景下制药专业体系构建要素浅析［J］. 钦州学院学报，2014（8）.

　　［26］林晓娇. 应用技术大学的意义、使命和建设路径［J］. 西南交通大学学报：社会科学版，2014（5）.

　　［27］陈斌. 建设应用技术大学的逻辑与困境［J］. 中国高教研究，2014（8）.

　　［28］胡天佑. 建设"应用技术大学"的理论问题［J］. 职教论坛，2014（25）.

　　［29］王丹中. 基于战略视角的应用技术大学发展路径——兼论当前应用技术大学发展中亟需关注的若干问题［J］. 教育发展研究，2014（17）.

［30］顾德库，孙建三．民办本科高校向应用技术大学转型的战略思考［J］．黄河科技大学学报，2014（5）．

［31］胡晓敏．对应用技术大学人才培养的认识与探索［J］．教育与职业，2014（27）．

［32］董立平．地方高校转型发展与建设应用技术大学［J］．教育研究，2014（8）．

［33］董清民，张春月．发达国家和地区应用技术大学实践教育经验及启示［J］．黄河科技大学学报，2014（5）．

［34］柯瑞清．应用技术大学目标下人才强校的战略路径——以福建工程学院为例［J］．福建工程学院学报，2014（5）．

［35］王洪才．中国该如何发展应用技术大学［J］．高校教育管理，2014（6）．

［36］胡天佑．应用技术大学面临的理论与实践问题［J］．高校教育管理，2014（6）．

［37］解德渤．科研观转变：应用技术大学发展的关键［J］．高校教育管理，2014（6）．

［38］姜朝晖．德国应用技术大学人才培养模式探析——以海德堡应用技术大学为例［J］．世界教育信息，2014（20）．

［39］顾永安，刘海峰，陆正林．新建本科院校向应用技术大学转型的任务与举措［J］．现代教育管理，2014（11）．

［40］徐纯，钱逸秋，黄利非．借鉴与创新——认识德国的应用技术大学［J］．天津中德职业技术学院学报，2014（3）．

［41］龙诺春，余丽红，林春景．应用技术大学电子信息工程专业课程体系研究［J］．福建电脑，2014（8）．

［42］陈正．德国应用技术大学的历史变迁对我国职业教育的启示［J］．国家教育行政学院学报，2014（10）．

［43］刘其兵．德国应用型本科人才培养的特征和启示——以代根多夫应用技术大学为例［J］．滁州职业技术学院学报，2013（1）．

［44］夏建国．生态位视角下中国应用技术大学的发展［J］．职业技术教育，2013（25）．

［45］杜云英．荷兰应用技术大学：国家竞争力的助推器［J］．大学：学术版，2013（9）．

［46］张智．奥地利应用技术大学发展研究［J］．大学：学术版，2013（9）．

［47］赵晶晶．瑞士应用技术大学与经济社会发展的互动研究［J］．大学：学术版，2013（9）．

［48］秦琳．以应用性人才培养促进区域经济发展和国家竞争力提升——德国应用技术大学的经验［J］．大学：学术版，2013（9）．

［49］陈杰菁．德国应用技术大学培养模式的研究及启示［J］．工业和信息化教育，2013（9）．

［50］刘文华，夏建国，易丽．论应用技术大学的高等教育属性［J］．中国高教研究，2014（10）．

［51］王小云，匡才远．应用技术大学学生专业核心能力培养研究［J］．兰州教育学院学报，2014（10）．

［52］臧力克，黄利非，钱逸秋．我国应用技术大学课程对接欧洲资格框架研究［J］．教育与职业，2014（30）．

［53］黄守磊．向应用技术大学转型的重点实验室建设探究［J］．绥化学院学报，2014（12）．

［54］徐纯，钱逸秋．德国应用技术大学的应用科研建设与启示［J］．天津中德职业技术学院学报，2014（2）．

［55］王冰，陈兆金．地方本科院校向应用技术大学转型基本问题探讨［J］．天中学刊，2014（6）．

［56］刘贵富，等．应用技术大学企业实践教学体系理论构建与实践探索［J］．大学：研究版，2014（Z1）．

［57］陈洪婕，等．国外高等教育学基本文献讲读［M］，北京：北京大学出版社，2014．

［58］侯长林，罗静，叶丹．应用型大学视域下新建本课院校办学定位选择［J］．教育研究，2015（4）．

［59］黄达人．大学的转型［M］．北京：商务印书馆，2015．

［60］李志锋，高慧，张忠家．知识生产模式的现代转型与大学科学研究的模式创新［J］．教育研究，2014（3）．

［61］刘兴凯，梁珣．英国高校科研评估的制度改革、效益及其借鉴意义［J］．清华大学教育研究，2015（3）．

［62］谭广炎，林春丽，韩旭．中英高校科研管理比较研究［J］．教育与

职业，2015（18）.

［63］赵文青. 对我国应用型本科院校发展战略的思考：潘懋元先生访谈录
［J］. 高校教育管理，2014（1）.

［64］Egbert de Weert，Maarja Soo. Research at Universities of Applied
Sciences in Europe: Conditions，Achievements and Perspective［J］. Center for
Higher Education Policy Studies，2009.

［65］John Furlong，Alis Oancea. Assessing quality in applied and practice-
based educational research: a framework for discussion［J］. Oxford University
Department of Educational Studies，2005.

［66］Maarja Beerkens-Soo，Hans Vossensteyn. Higher education issues and trends
from an international perspective［J］. Center for Higher Education Policy Studies，2009.

［67］OECD. The measurement of scientific and technological activities
Frascati manual: Proposed standard practice for surveys on research and experimental
development［M］. Paris: OECD，2002.

［68］Peter James Bentley. The Relationship between basic and applied research
in universities［M］. Springerlink. com，2015.

［69］章怡. 校企合作模式创新研究——以高校人才培养为分析视角［D］.
上海：华东政法大学。

［70］王艳丽. 校企合作动力机制及其合作模式研究［D］. 太原：太原科
技大学.

［71］方丛蕙. 我国高等职业技术教育校企合作问题与对策研究［D］. 南
京：南京理工大学.

［72］孔真，于兴艳. 高职院校"校中厂、厂中校"机制体制建设的思考
［EB/OL］. 百度文库，2014.

［73］倪祥明，马中秋. "校中厂，厂中校"校企合作人才培养模式的探索
和实践［J］. 萍乡高等专科学报，2010（12）.

# 后 记

　　本书第一、二、三、四章编写由杨丽宏完成。课题组成员钟嘉玉、杨玲、聂曲、邓刚、朱力青、郑小华、杨松、王绍卿共同完成了本书其余部分的编写，参加了前期调研以及相关的编写前的讨论，并提出好的建议，感谢他们所做的贡献和努力！

杨丽宏

2017 年 5 月